대군 사랑을 얻다

1

대군

사랑을 그리다

1

왼쪽주머니

한 여인을 둘러싼 두 왕자의 핏빛 로맨스...

동생을 죽여서라도 가지고 싶었던 사랑!

그 누구도! 이 세상 아무도 다가올 수 없게 만들고 싶었던, 그 여자...

그들의 뜨거웠던 욕망과 순정의 기록

작가의 말

아버지는 단종애사를 좋아하셨다. 어린 나를 앉혀놓고 조카를 죽인 수양대군이 얼마나 나쁜 사람인지, 보위에서 쫓겨나 비참하게 죽어간 단종이 얼마나 가여운지 열변을 토하셨다. 혼자 여행을 할 수 있는 성년이 되어 내가 제일 처음으로 가본 곳이 영월의 청령포다. 한쪽은 절벽이요 나머지는 온통 물로 가로막힌 유배지. 도망칠 수 없는 곳. 단종이 앉아 있곤 했다는 나무둥치를 보며 소년이 얼마나 무서웠을지, 깊이 외로웠을지, 한없이 슬펐을지 짐작이 되었다. 나는 울었다. 그늘 짙은 청령포 숲속에서 세상에 제 편이 하나도 없는 소년의 공포를 실감하며 아버지가 단종애사를 즐겨 읽으셨던 이유를 비로소 깨달았기에. 일찍 부친을 여의고 고아나 다름없이 자라며 부당한 세상과 싸워온 아버지는 단종의 고독에 누구보다 더 절절이 공감했던 것이다. 숙종은 14세에 보위에 올랐고 성종은 13세에 보위에 올랐다. 12세에 보위에 오른 단종도 모후가 살아 있고 보호세력이 든든했다면 숙부였던 수양대군에게 그리 밀려나지는 않았을 것이다.

수양대군 이유. 그의 화려한 욕망과 반전의 일생은 이미 많은 영화와 드라마에서 다각도로 다뤄진 바 있다. 수양대군은 권좌를 차지하기 위해 조카뿐 아니라 안평대군과 금성대군 등 친동생들도 가차 없이 죽였고 김종서 이하 사육신과 생육신으로 일컬어지는 수많은 조정의 대신들을 희생시켰다. 살생부를 만들어 하룻밤 새 반대파들을 모조리 쓸어버린 살육극 계유정난은 대개 왕좌에 눈멀었던 수양대군의 권력욕으로 해석되지만 혹자는 세종이 죽고 나서 문종에서 소년왕 단종을 거치며 약화되어간 왕권을 되찾기 위한 구국의 결단으로 미화시키기도 한다.

수양대군의 라이벌로 당대 사교계와 정가의 압도적인 지지와 인기를 누리며 백성들에게도 흠모의 대상이었던 안평대군. 형과 마찬가지로 왕위를 노리다가 경쟁에서 지고 만 동생으로, 반역을 도모했다는 누명을 쓰고 사사당한 비운의 왕자 정도로 알려져 있으나 실록에는 그에 관해 눈을 의심케 하는 기록이 한 줄 남아 있으니……

의정부(議政府)에서 아뢰기를,
"이용(李瑢)의 모역(謀逆)한 정상을 대소 인민이 혹 알지 못하니, 청컨대 조목(條目)을 자세히 열거하여 중외에 효유(曉諭)하소서."
하니, 그대로 따랐다.
"용(瑢)이 성녕대군(誠寧大君)의 후사(後嗣)가 되어, 성녕의 부인 성씨(成氏)를 간통하였고…"

안평대군 이용을 사사하는 이유로 그가 반역 모의한 조목을 열거한 내용이다. 헌데 그 죄목 가운데 양모였던 성씨 부인과의 간통죄가 적시되어 있는 것이 아닌가!

성씨 부인은 태종 이방원의 늦둥이 막내, 성녕대군의 부인이다. 일설에는 막내의 영특함이 후일 보위에 오른 충녕대군을 능가하여 왕실의 총애를 한 몸에 받았다고 한다.

성씨는 열 살 어린 나이에 성녕대군의 부인이 되었으나 합방을 할 수 있을 만큼 자라기도 전에 과부가 되는 비운을 겪는다. 조선조 최고의 미모라는 칭송이 덧없어진 것이다. 태종은 요절한 막내아들의 제사를 위해 손자 안평대군으로 하여금 사후 양자가 되게 하니… 안평대군은 조선에서 가장 아름다운 처녀과부의 양아들이 되어 한 집에서 살아갔던 것이다. 나이 차이도 별반 나지 않는 양어머니와 아들. 안평대군은 부인이 죽어도 장례에 참석하지 않을 만큼 부부 사이가 좋지 않았다. 형 수양대군이 칼을 빼어 든 계유정난의 밤. 안평대군은 성씨 부인 앞에 악사를 데리고 찾아가 거문고를 타고 있었다 한다. 악사는 그 자리에서 베어졌고, 안평대군은 난군에게 끌려갔다. 끌려가는 안평을 따라 양화진 나루터까지 갔다는 성씨 부인… 양아들 안평대군이 사사되자 자결로 생을 마감하는데…

교동도에서 사약을 받던 당시, 안평대군은 모반의 죄목보다 간통의 죄목을 더 억울해하며 피를 토했다고 전한다. 그들에게 씌워진 오욕의 굴레는 과연 사실이었을까? 아니면 수양대군이 당시의 대세남이었던 동생을 깎아내리기 위해 인격살인을 한 것일까... 실록은 안평에게 씌워진 간통죄의 치욕만을 기록하고 이면의 진실은 말하고 있지 않다. 오늘날까지 시신을 찾을 길 없는 안평대군은 왕자의 신분에도 불구하고 묘조차 남아 있지 않으며 조선의 르네상스를 꽃피웠던 무계정사, 담담정, 비해당 등 그와 관련된 모든 유적은 그 터만 짐작게 할 뿐 자취도 없이 사라지고 없다. 그의 꿈을 기록한 시대의 명작 〈몽유도원도〉는 어느 결에 조선 땅에서 일본으로 넘어가 있으며 사가들은 역사서와 문집에서 그의 이름을, 관련된 기록들을 모조리 삭제하였다. 대체 그때에 무슨 일이 있었던 것일까.

실제로 모반을 시도했다기보다 왕위를 탐낸 수양대군에 의해 누명을 쓴 것으로 회자되는 안평대군. 수양대군은 그에게 어떤 위협을 느껴 동복의 핏줄을 사사까지 시켰을까. 김종서, 황보인 등의 고명대신들과 결탁하여 수양대군과 맞섰다 하지만 안평이 정말로 왕위를 탐냈는지에 대한 의심, 그리고 뭇사람들이 권력욕으로만 해석하는 형제의 난 뒤에 한 여자를 둘러싼 두 남자의 격정이 비극의 역사를 만들어냈을지도 모른다는 상상에서 이야기는 시작되었다. 질투에 눈멀어 아내를 죽여버리고 만 셰익스피어 비극의 오셀로처럼, 조선조 왕자들의 일생에도 한 여자를 사이에 둔 피 튀기는 암투가 왕권 경쟁으로 이어진 것이라는 해석을 시도한 것이다. 성녕대군의 미망인이자 안평대군의 양모였던 절세가인 성씨. 이 여인을 둘러싼 두 형제의 욕망과 열정이 조선조의 돌이킬 수 없는 비극을 낳았다는 설정으로 정사 중심의 전형적인 사극에서 탈피한 강렬하고 매혹적인 연애사극을 써보고 싶었다. 그러나 이미 전작에서 단종과 세조의 시대를 조명한 바 있는 연출자는 결말이 새드 엔딩으로 이미 정해진 기획에 난색을 표했다. 애초에 불멸의 연인이라는 제목으로 이승에서는 죽어가지만 사랑에서는 승리했던 비극의 카타르시스를 구현하고자 했던 나는 연출자의 이견에 고민이 깊어졌다.

수많은 논의와 고심 끝에 수양과 안평의 이름을 버리고 왕자인 두 형제의 갈등이라는 모티브만 취하기로 했다. 어려운 선택을 하고 나니 새로운 길이 열렸다. 단종을 복위시키고 세조를 벌하는 결말이 가능해진 것이다. 가지 않은 길을 밟으며 자유롭게 상상력을 펼쳐 보이는 작업은 작가에게 또 다른 지평을 열어주었다. 대본을 처음부터 다시 써나갔다. 다시 아버지를 생각했다. 어쩌면 당신에게 위로가 되는 드라마가 만들어질 수 있지 않을까...

가슴에 사랑을 품고 불가능한 현실과 싸우며 그래도 포기하지 않는 사람들의 이야기를 하고 싶었다. 생과 사를 넘나드는 고난에도 흔들리지 않았던 주인공 휘와 자현을 사랑해주고 결핍과 상처의 영혼 강을 이해해준 시청자들에게 감사한다. 눈물 나게 고맙고 벅찼다. 부족한 대본을 캐릭터에 대한 애정으로 덮어준 그분들에게 감사를 전하기 위해 이 책을 엮는다.

등장인물 소개

은성대군 이휘 (윤시윤) · 남/10-30대/조선의 왕자
사자(死者)가 되어 돌아온 사랑의 화신

내가 어떻게 죽지 않았느냐고?
언 손으로 땅을 파고! 맨발로 눈밭을 디디고!
뱀과 들쥐를 잡아 연명하며 벌레처럼 버렸어.
추적자들을 산처럼 베어가며 파저강(婆猪江)을 피로 물들였어.
왜 그랬느냐고? 어떻게 포기하지 않았냐고?
당신 때문에!
당신에게 돌아오려고!

조선 사교계 최고의 신랑감.
왕위계승 서열 3위의 고귀한 신분에 절대미모를 자랑하는 초절정 인기남.
시와 그림에 능했으며 서체는 중국 명필 조송설의 환생이라 칭송되어 중국 사
신들이 앞다투어 가져갈 정도.
차남 진양대군이 왕재로 보이고자 강건한 무인으로 이미지 메이킹을 하는 것과
정반대로 휘는 자신이 왕재가 아니라는 것을 보여주고자 기를 썼다.

성자현 (진세연) · 여/10-20대/휘의 연인
모두가 사랑한 조선의 국가대표 미녀

감히 나를 의심해? 내 사랑이... 그리 우스워?
당신의 무덤을 찾아 같이 묻히는 것이 마지막 소원이었어!
차라리 날 죽여.
그렇게 못 믿겠으면, 차라리 죽여버려!

어릴 적부터 미모로 유명세를 탄 소녀.
가히 조선 제일의 미색이라 전국 팔도에서 구혼자가 줄을 이었다.
고운 자태와는 별개로 그녀의 성정은 대쪽 같은 선비였던 아버지를 빼다 박았다.
남의 일에는 정의로운 측은지심을 보이고 자신의 일에는 불같은 열정으로 일단
저지르고 보는 막가파다.

진양대군 이강 (주상욱) · 남/10-30대/휘의 형, 제2의 이방원을 꿈꾸는 도전자
야망이 넘치는 이미지 메이킹의 대가

왕은 무치요, 왕만이 세상 모든 것을 가질 수 있다 했으니...
허면, 왕이 되겠다!
그리하여 내 그대를 가지리라!

태어나 보니 왕의 아들이었다. 그러나 그는 만년 2인자였다. 장자인 형은 자동
으로 세자위요, 팔방미인 천재 동생은 노력도 없이 쉽게 쉽게 뭇사람들의 사랑
을 받는다. 억울했다. 장자가 아니면서도 왕위에 오른 부왕이 자랑스러워 어렸
을 때 멋모르고 '비록 차남으로 태어났으나 보위에 오르신 아바마마를 닮겠다'
고 했다가 요주의 인물로 낙인찍혀 경계를 샀다. 그렇게 미운털이 박힌 뒤, 일평
생을 자기 존재의 증명에 바쳤다. 부왕의 사랑과 관심이 세자인 형에게 쏠리니
그가 할 수 있는 건 편애를 뛰어넘을 부단한 노력뿐.

윤나겸 (류효영) · 여/10-20대/진양대군의 부인, 자현의 동무
사랑보다 권력을 원하는 야심가

사랑 따위... 오뉴월 한 별이지.
어차피 사라지고 말 감정놀음 같은 거 없어도 돼.
내가 원하는 건 힘이야.
권력이 있으면 사랑이 없어도 살아져.
힘이 없으면 사랑이 있어도 죽는 거야. 버러지처럼.

명문거족이나 벼슬은 한미했던 파평 윤씨 윤번의 둘째 딸이다. 3남 7녀의 대가족 속에서 차녀로 태어나 주목받지 못한 설움이 있다. 늘 부모의 관심과 애정에 목말랐던 터라 2인자인 진양대군의 허기를 누구보다 잘 이해한다. 명문가 여식들인 자현, 설화와 교제하며 스스로 수준을 높이기 위해 애쓴다.

루시개 (손지현) · 여/10대 후반-20대 초반/여진족 혼혈아
은성대군 휘의 호위무사

오랑캐 계집이라고? 내가? 나, 계집 아냐. 휘의 개야.
휘 옆을 한시도 떠나지 않고 그가 주는 먹이를 받아먹고
낯선 이가 다가오면 막아서고 덤비는 놈 있으면 찢어 죽이는,
휘밖에 모르는 미친개.

압록강의 지류인 파저강 유역에 사는 여진족 소녀. 어미는 정벌 나갔다 잡혀 온 조선 여인이었고 아비는 누군지 알 수 없으나 추장 이만주일 거라는 설이 지배적이다. 몸을 풀자마자 자결해버린 어미 덕에 천덕꾸러기로 자랐다. 살아남기 위해 인간이기보다는 짐승에 가까운 본능으로 간신히 생존에 성공했다.

초요경 (추수연) · 여/10-20대/기녀, 진양대군의 세작, 궁중 악무 전수자
조선판 살로메요, 희대의 팜므파탈

군께서 무에 그리 잘나셨소?
삼신할미의 점지로 왕가에 태어난 행운이 그리도 뻐길 일이오?
나도 부모만 잘 골라 태어났으면 공주 옹주 소리 듣고 살았겠지!
두고 보시오.
바닥의 천기가 하늘 같은 왕자님 끌어내리는 꼴을!

태어나 보니 기루여서 고민할 것도 없이 동기 수업을 받고 기녀가 되었다. 빼어난 미모와 따라올 자 없는 춤솜씨로 한양 교방 최고의 기대주다. 미모와 필명이

대국에까지 이르는 조선 제일남 은성대군에게 허신하여 머리를 올리고자 하였으나 보기 좋게 거절당하고 자존심을 다친다.

박기특(재호) · 남/10-20대/내관 출신 휘의 시종
아무도 모르는 저 혼자 호위무사, 자칭 행랑의 왕자

휘가 궁에서 자랄 때 그의 상직소환이었다. 가난하고 식솔 많았던 본가에서 있어도 그만 없어도 그만인 막내아들을 입궁시켜 입 하나 덜고 녹봉에 기대보자는 계산으로 대군전에 배속되었다. 어린 시절 진양대군이 생각시를 밀어버리는 장면을 목격한 증인이라 해를 입을 뻔하지만 휘의 덕에 가까스로 화를 면한다.

김관(최성재) · 남/20대 후반/무인
왕자 대신 목숨을 버린 충신

고려조부터 이어져온 전통의 무인 집안으로 태조 이성계를 도와 새 나라 창업에 공을 세웠다. 선왕의 명을 받은 부친 대에 4군 6진을 개척하며 조선의 북쪽 국경을 확립하였고 이후에도 수없이 도발을 계속하는 여진족 진압은 대대로 김씨 집안의 사명이었다. 고된 행군길에 시종을 제 몸같이 아끼며 병사들 하나하나 보살피는 은성대군의 모습에 감화되어 결정적인 순간, 왕자를 노리는 적군들의 손에 자신을 제물로 바친다.

김추(윤승원) · 남/50대/좌의정, 김관의 부친
도성의 병권을 쥔 반정의 키

개국공신이었던 아버지의 무인 기질을 물려받아 기개가 호방하고 성격이 강직해 5척 단신의 문인이었어도 '대호(大虎)'라 불린다. 북진 개척의 사명을 받고 공을 세우니 세자가 즉위한 후에도 계속 신임이 이어져 좌의정에 오른다.

도정국 (장인섭) · 남/20-30대/도호부사
아버지의 복수를 꿈꾸는 반정의 주역

이조판서 도연수의 아들로 정도를 중시하고 매사에 사리분별이 정확한 성격이다. 변란의 날에 대한 오해 때문에 교동도로 유배 온 은성대군을 해하려 한다.

양안대군 이제 (손병호) · 남/50대/선왕의 폐세자, 대군들의 백부
진양대군의 강력한 왕실 후원자

어린 시절 외가에서 자유분방하게 자라 무예에 능하였으며 시문에도 재질이 있는 명필이어서 경회루와 숭례문의 현판을 직접 썼다. 그러나 어머니를 홀대하는 아버지에게 불만을 품고 궁중 생활에 적응하지 못하여 갖가지 스캔들을 일으킨다. 참을 수 없었던 부왕은 아들을 폐세자로 만든다.

자준 (박주형) · 남/30대/나겸의 오라비
진양의 왼팔

잘생긴 얼굴에 훤칠한 키로 한양 기녀들의 사랑을 한 몸에 받는 기둥서방이지만 본색은 진양대군의 사병을 관리하는 정치깡패다. 기억력이 뛰어나고 영리하며 몸이 민첩하다. 한미한 집안에서 태어나 한 번도 세상의 인정을 받지 못했다. 불안한 출생과 성장 환경은 권력과 부에 대한 강한 집착을 낳았다.

어을운 (김범진) · 남/30대/진양대군의 가노, 내금위장
진양의 오른팔

어린 시절부터 진양을 모신 충복. "대군은 대로만 걸으시오. 오물은 내가 다 치

우리다!" 궂은일을 도맡아 처리하며 스스로 전방위 해결사를 자처한다. 옥살이도 마다하지 않고 여차하면 목숨까지 내놓을 각오다. 입을 여는 일이 거의 없는 포커페이스 조선 몸짱.

성억 (이기영) · 남/40-60대/자현의 부친, 조선 초기의 문신
자식보다 가문을 택한 사대부

대대로 문인 집안에서 태어나 자부심이 강하고 사대부의 명예를 중요시 여긴다. 그러면서도 부인을 남달리 은애하고 부부금슬이 좋아 어린 자현의 애정관에 영향을 끼친 인물. 사대부로서 가야 할 길은 무엇이며 진정 딸을 위한 선택은 무엇인지 한 치 앞도 내다볼 수 없는 정국 속에서 끊임없이 고뇌하며 결단을 내린다.

죽산 안씨 (김미경) · 여/30-50대/자현의 모친, 성억의 아내
가문보다 자식이 앞서는 열혈 모정

그 시대 드물게 연애결혼을 한 이력의 소유자로 격구 선수로 날리던 빛나는 과거가 있다. 딸에게 부덕을 강조하기보다는 스스로 행복한 길을 가라고 가르쳤다. 남편은 가문의 명예가 먼저지만 자신은 새끼들의 어미로 남기로 한다. 임금이구 뭐구 간에 난 모른다! 가문이구 나발이구 다 소용없다! 내 자식의 목숨은 내가 지킨다는 어미 본능이 연인의 말로에 그나마 숨통이 되어주는데.

성득식 (한재석) · 남/10-30대/자현의 오빠, 성씨 가문의 장남
보신이 최우선인 이기주의자

다복하고 화목한 집안이었으나 딸로 태어나 뛰어난 문재를 보인 여동생에게 열등감을 갖고 자란다. 대담하게 은성대군과 연애를 하는 여동생의 미친 짓에 경악하지만 한편으로는 자기 감정에 충실한 도발의 용기조차 부러운 구석이 있다.

끝단 (문지인) · 여 / 10-20대 / 자현의 몸종
때로는 충심보다 식탐이 앞서는 내숭파

금슬은 좋지만 아들 낳는 재주는 없는 부모 덕에 위로 언니들만 줄줄이다. 또 계집아이를 낳고 실망한 어미가 딸은 이제 그만 끝내고 제발 아들을 점지해주시라는 염을 담아 이름을 끝단이라 지었단다. 제 땅 없이 소작만 붙이는 살림은 늘 배가 고팠다. 보릿고개마다 풀떼죽으로 연명하던 부모는 결국 여섯 살 난 끝단이를 양반가에 종으로 보내기로 결정했다. 하녀가 되면, 적어도 굶지는 않을 테니까. 끝단이는 그렇게 자현의 집으로 간다. 밤마다 돌아누워 울 때... 외로움과 고단함에 눈물 흘릴 때... 자현은 끝단의 등을 가만히 안아주었다. 피붙이 하나 없는 커다란 그 집에서, 자현은 끝단의 우주가 된다.
그러나 마음에서 우러난 충심도 본능적인 식탐은 이길 수가 없는데...

대비 심 씨 (양미경) · 여 / 30-50대 / 왕자들의 모후
후덕함으로 포장된 정치 9단의 고수

조용하고 덕이 있다는 칭송을 받았으나 이면에는 살아남기 위해 비인간적일 정도로 스스로를 죽이고 궁 내 각 처소에 정보원을 심어 치열한 내전 정치를 해나간 전략가의 면모가 숨겨져 있다. 나서지 않되 은밀한 정보력을 갖추고 내전을 평정해나간다. 주상을 비롯하여 진양대군 강, 은성대군 휘 등이 그녀의 소생이다. 주상 아래의 두 아들 진양과 은성이 지나치게 뛰어난 것이 늘 걱정인, 근심 많은 어미다.

왕 이헌 (송재희) · 남 / 10-30대 / 왕의 장남
어린 아들을 남기고 간 한 많은 아버지

세자 책봉이 된 뒤 20년이 넘도록 부왕을 보필하였다. 빈궁이 세자를 낳다 죽자 더 이상 비를 맞지 않는다. 부왕을 닮아 자랄수록 영민함을 나타내는 세자가 기특하면서도 걱정이 앞서는데. 지나치게 뛰어난 동생들을 잘 다독여가며 조선을 바로 세우려 했으나 국상을 연달아 치르느라 몸이 약해져 재위 2년 4개월 만인 38세에 세상을 떠나고 만다. 숨을 거두기 직전, 사지에서 돌아온 동생 휘에게 어린 세자를 부탁했지만 비극은 막을 수 없다.

세 자 이 명 · 남/10대/이헌의 아들
비운의 소년왕

조선의 왕으로 등극한 이헌은 부왕이 예상한 것처럼 오래 살지 못했다. 헌은 아들이 나이 어린 것을 염려하여 성억과 김추에게 좌우협찬(左右協贊)을 부탁하고 동생 휘에게 고명을 내리니 즉위한 지 2년 4개월 만이었다. 정치적 야심이 큰 진양대군은 계략으로 은성대군을 유배 보낸 후, 어린 조카인 소년왕 이명마저 유배를 보낸다.

중전 김씨(오승아) · 여/30-40대/소년왕의 어머니
국모보다는 어머니로 살기 원하는 여인

심약한 주상의 용종들마다 소리 없이 죽어 나가는 궁에서 생명의 위협을 느낀다. 배 속에 잉태한 주상의 용종을 지켜내기 위해 피접 나간 사가에서 만삭의 몸까지 버텨내어 훗날의 소년왕 이명을 출산한다. 한 나라의 국모보다는 한 아들의 어미로 살아가기를 원하는 애끓는 모정의 소유자.

정 설 화 (윤서) · 여/10-20대/자현과 나겸의 동무
우정도 저버리는 질투의 화신

탐미주의자이며 콜렉터인 설화는 자현을 좋아하지도 않으면서 어여쁜 그녀가 자신의 동무로 그림이 나온다는 이유로 친교를 맺었고 스치듯 처음 본 왕자 휘를 보고 한눈에 반해 일찌감치 혼인을 결심한다. 헌데 왕자의 마음은 이미 다른 여자에게 가 있었다. 단짝인 자현과 이미 애틋한 사이임에도 포기가 되지 않는 욕망과 집념의 화신.

부들이 (김보배) · 여/10-30대/나겸의 몸종
행랑계 처세의 달인

조부 때부터 대대로 윤번 대감의 집에서 종살이를 해왔기에 이 집에서 나고 자랐다. 비루한 행랑살이 처지에 더 센 쪽에 붙어야 살아남는다는 생존본능으로 고른 동아줄이 바로 나겸 아씨. 똑똑한 아씨의 생각과 꿍꿍이를 전부 파악하기란 어렵지만 시키는 대로만 하면 언젠가 좋은 날이 올 것이다 굳게 믿는다.

방준 (백승훈) · 남/30대 초반/북방 조선인 포로
포로 3인방의 맏형

고려 왕실 왕씨 방계 일족으로 성을 바꾼 채 몰락한 가문을 일으켜 세우기 위해 군부에 투신했다. 왕씨를 몰락시킨 조선 왕실 일가인 휘를 탐탁지 않게 생각했으나 조선 유민을 위하는 휘의 헌신에 감명을 받고 휘를 마음속 깊이 따르게 됐다. 힘들게 자라 성정이 까칠하고 잔소리가 많다. 휘 덕분에 북방에서 탈출해 조선으로 돌아왔으나 연고도 없고 가문도 몰락해 마땅히 정착할 곳도 없던 차에 휘의 반역과 유배 소식을 듣고 강화도로 휘를 찾아온다.
북방 3인조의 대장 격. 덕만과 호치에게 항상 잔소리를 하지만 함께 사지를 헤쳐 나왔다는 깊은 동료애가 있다. 나이 많은 큰형으로 둘을 챙겨야 한다는 책임감이 크다.

강덕만 (김한준) · 남/20대 후반/북방 조선인 포로
조선판 맥가이버

군기시 소속으로 조선 최고의 화약 장인이다. 군기시에서 촉망받는 기술자였으나 천성이 가볍고 음주가무를 즐겨 군기시에서 몰래 염초를 빼돌렸다가 적발되어 북방으로 좌천되었다가 여진족의 포로가 되었다. 귀국하여 집으로 돌아갔으나 염초 사건으로 인해 받아들여지지 않고 군적도 말소되어 갈 곳 없이 떠돌다 휘의 소식을 듣고 강화도로 찾아온다.

호치 (종호) · 남/20대 중반/북방 조선인 포로
포로 3인방의 막내

산속 화전민 마을에서 태어났다. 호랑이처럼 용맹하다 하여 호치라 불리운 게 이름이 되어버렸다. 덩치 크고 힘 좋은 순둥이. 글도 모르고 무식하지만 힘 하나만은 진퉁이다. 방준과 강덕만을 친형처럼 믿고 따르며 검은색을 보고 희다 해도 믿는다. 특히 방준의 말이라면 죽음도 불사하는 우직함을 보인다.
휘와 방준, 덕만의 말은 따르지만 이상하게도 기특의 말은 콧등으로도 안 듣는다.

재운 (김재운) · 남/20대 후반/진양의 행동대장, 어을운의 수하

용어정리

#S	S는 장면(Scene), #은 Number를 의미하며 같은 장소, 같은 시간 내에서 이루어지는 일련의 행동이나 대사가 한 씬을 구성한다.
CUT TO	장면 전환 용어로 한 장면에서 다른 장면으로 넘어가는 것
(D)	Day의 약자로 낮씬을 뜻함
(N)	Night의 약자로 밤씬을 뜻함
(OL)	오버랩(Over lap)의 줄임말로 앞 장면에 겹쳐서 다음 장면이 나오는 기법으로 대사에서 호흡을 주지 않고 앞사람의 말을 끊고 말을 할 때 쓰임
몽타주	따로따로 촬영한 장면을 적절하게 떼어 붙여서 하나의 긴밀하고도 새로운 장면이나 내용으로 만드는 일 또는 그렇게 만든 화면
인서트	Insert. '끼워 넣다'는 뜻으로 어떤 동작이나 상황을 강조하기 위해 삽입한 화면이다. 보통은 클로즈업되는 소도구나 움직임이 없는 장면을 클로즈업하여 줄거리의 진행 도중에 끼워 넣는다.

대군

1권 차례

일러두기

1. 대본의 편집과 표기는 표준적인 맞춤법, 올바른 문장부호 사용법과 다를 수 있습니다. 배우들의 연기를 위해 구어체를 살리고 호흡의 장단을 판단할 수 있게 쓰여진 바를 그대로 따랐습니다.

2. 대본의 내용과 실제 방송된 내용이 조금 다를 수 있습니다. 현장상황과 제작여건의 차이에 의한 것이므로 양해 바랍니다.

대군 사랑을 그리다

1부

S#1.　삼각산[1] (D)

북풍한설이 몰아치는 겨울산. 산길 위에 무언가 움직이는 게 보인다. 카메라 가까이 다가가면... 짐승 같은 몰골의 무사 셋이 걸어가고 있다. 얼굴과 발을 칭칭 동여맨 천들, 가죽들... 제대로 옷을 갖춰 입지 못하고 추위를 덜기 위해 아무거나 덧댄 입성이다. 씻지 못해 때가 찌든 얼굴, 까치집이 된 머리에 안광만이 형형한데... 각자 짊어진 칼과 활, 화살 등이 이들의 정체에 대한 의구심을 갖게 하고.

파삭! 쌓인 눈이 꺼지는 소리에 일제히 고개를 돌리는 세 사람. 나무둥치 뒤에서 토끼 한 마리가 먹이를 찾고 있다. 빠르게 눈빛 주고받는. 하나가 통에서 살을 꺼내어 겨누는데 그보다 더 빨리 단도를 날리는 다른 무사! 단도를 맞고 비틀거리며 도망가는 토끼! 몸집 작은 이가 후다닥! 사냥개처럼 뛰어가 토끼를 잡고 순식간에 목을 꺾어버린다. 한 치의 망설임도 없는 무자비한 손길! 루시개다!

토끼를 들고 일행에게 달려가는 루시개.

루시개　　　(신나서) 토끼! 토끼, 토끼!

잘했다고 머리를 쓰다듬어주는 손길. 그러나 별다른 표정 없는 그 얼굴은... 휘다! 손목에는 낡디낡은 붉은 댕기 매어져 있고.

S#2.　동 일각 (D)

불 위에서 익어가는 토끼 고기. 휘가 앞에서 날렸던 단도로 고깃덩이를 잘라내어 기특과 루시개에게 준다. 허겁지겁 받아먹는 기특. 고기를 받은 루시개는 살점을 떼어 휘에게 다시 먹여준다. 서로 간에 일체의 말도 없이 이루어지는 일련의 과정들. 오랫동안 함께해온 호흡이다. 세 사람이 아니라 하나의 유기체 같은.

---

1) 북한산의 조선 초기 명칭.

S#3. 경복궁 전경 (D)

겉으로 보기에는 더없이 평화로워 보이는 궁의 겨울 풍경.

S#4. 강녕전 복도 (D)

소리 내지 않고, 그러나 빠르게 움직이는 버선발들. 궁녀와 의녀들이 긴박하게 오가고 있다. 대야에 피 묻은 천을 내가는 나인. 탕약을 들이는 의녀.

S#5. 강녕전 안 (D)

온통 휘장을 내려 어두운 방 안. 낮인데도 밤처럼 초를 켜고 있다. 누워 있는 주상의 얼굴에 병색이 짙고. 어린 세자가 근심 깊은 얼굴로 병상을 지키고 있다. 자세가 제법 의젓한데. 대비 심씨가 주상에게 탕약을 먹이고 있다. 정신이 혼미한 주상에게 흘리듯 탕약을 떠 넣어주는 대비. 주르륵 흘러버리는 약물.

세자   (안타까워) 아바마마!

옆에 앉은 중전 김씨가 재빨리 면포로 닦아낸다. 포기하지 않고 다시 탕약을 먹이는 대비.

대비 심씨   (지밀상궁에게/이미 반복해서 주의시킨 바다) 주상의 환후가 새어나가서 는 아니 될 것이야.
대전지밀   각별히 입단속을 시키고 있사옵니다.
대비 심씨   한마디라도 말이 새나갈 시엔, 대전 나인 모두 목이 날아갈 줄 아 시게.
대전지밀   ... (긴장하고)

근심 어린 눈길로 주상의 얼굴을 보다 어린 아들에게 시선을 돌리는 중전 김씨. 고사리손으로 부왕의 손을 잡아보는 세자. 아들의 손길 느끼고 얼굴이 움찔거리는 주상. 어린 아들의 손을 맞잡으려 애쓰며 파르르 떨리는 중전, 안타까움에 가슴이 미어진다.

중전 김씨	그래도 요 몇 년간 용케 버텨주셨는데...
대비 심씨	다시 일어날 것이다. 세자가 아직 저리 어린데... 일어나고 말 것이야.

S#6. 궁 일각 (D)

조심스럽게 주변을 살피는 상궁, 대전의 지밀이다. 기둥 뒤에 숨어 있던 글월비자가 지밀 앞에 모습을 드러내면.

대전지밀	(주변 경계하고/서찰 내어준다) 대군저.
글월비자	(받아 쥐고 끄덕이는/사라지면)

잠시 주변 더 살피고 돌아가는 대전지밀.

S#7. 건춘문 앞 (D)

휘 일행이 궁 앞에 당도해 있다. 울컥한 얼굴로 궁을 바라보는 기특, 일렁이는 온갖 마음을 누르고 표정 없이 서 있는 휘, 그런 휘를 보고 선 루시개.

호군들이 이 수상한 일행을 주시하고 있는데...

기특	(앞으로 나서며) 문을 열어라.
호군	?!
기특	... (망설이다) 북방에서 돌아온, 은성대군 마마시다.
휘	...... (사태의 추이를 지켜보고 있는데)
호군	(기가 차서) 아 나 이거 참. 날도 추운데 웬 미친 것들이 이렇게 나돌아 다니는 거야.
기특	무엄하다! 마마께 예를 갖추라!
호군	당나발을 불거면 신부²⁾라도 보이든가! 호패라도 내놓든가! 원정 갔다 죽어서 장사 지낸 지가 언젠데 이제 와 은성대군 타령이야!

---

2) 신부(信符)는 조선 시대 궁궐 출입증의 하나로, 병조에서 하례(下隷)들에게 발급하던 문표이다.

기특	! 사지를 넘어오신 분이다! 대전에 고하여 (어깨에 걸쳐지는 휘의 손/
	멎어서 보면)
휘	... (그만하라는)
기특	(억울한) 마마!
루시개	(표정 없이 지켜보고)

돌아서 가는 휘. 쫓아가며 열 내는 기특. 루시개, 따르고.

| 기특 | 상선이나 지밀상궁한테 전언만 넣으면 됩니다. 그들이 나와 마마 |
| | 를 뵙고 나면 바로 윗전에. |

일행 앞을 가로막는 창들! 뒤따라온 호군들이다.

| 호군 | 입궁은 안 돼도 그냥은 못 가지. |

휘 일행, 긴장하고.

호군	감히 무기를 들고 궁문을 열어라 마라?
휘	......
호군	꿇어!
기특/루시개	!
호군	어느 소굴 거지새끼들이 역적 모의 중인지, 네놈들을 끌고 가서...

기특과 루시개, 휘의 기색 살피는데... 가로막은 창을 순식간에 빼앗아 호군을 제압하는 휘! 이와 동시에 기특도 무기를 뽑아 대적한다! 루시개를 지켜가며 호군들과 싸우는 두 남자! 점점 늘어나는 호군들! 결정적인 순간, 루시개가 호군을향해 표창을 날리려 하자 이를 쳐내는 휘! 고개를 젓는. 죽이면 안 된다는. 루시개, 분을 누르고.

외부의 소란에 궁문이 열리며 안에서도 병사들이 쏟아져 나온다. 건춘문 밖으로 나오던 글월비자! 눈앞의 상황에 기겁을 하고! 겁먹고 쫄아 있다 냅다 달린다. 싸우는 와중에 이를 눈여겨보는 휘! 기특과 루시개에게 신호 주면 동시에 다른 방향으로 흩어지는 세 사람! "잡아!" "저놈들 잡아라!" 우왕좌왕 어쩔 줄 모르며 쫓아가는 호군들!

맹렬한 속도로 달려가는 휘! 글월비자가 간 방향이다.

S#8. 대군저 앞 (D)

대궐 못지않게 웅장한 진양대군 강의 사저. 사병들이 곳곳에 지키고 서 있다. 자준이 나와 글월비자를 은밀히 안으로 들이면.

S#9. 사랑채/강의 처소 (D)

진양대군 강, 군부인 나겸 앞으로 글월비자를 데리고 온 자준. 강의 손위처남이다.

대전지밀이 준 서찰을 바치는 글월비자. 강, 펴본다. 그사이 글월비자에게 주머니 하나 내어주는 나겸.

나겸   수고했네. 돌아갈 때도 조심하고.
글월비자   ... (기쁘고)

S#10. 대군저 앞 (D)

은밀히 빠져나오는 글월비자. 누가 볼세라 다급히 골목을 빠져나가는데 엇갈려 당도하는 한 여인. 몸종과 함께한 반가의 규수로 쓰개치마에 가려 얼굴이 보이지 않는다. 후문 앞에서 제 주인 쳐다보는 몸종 끝단. 주인이 눈으로 재촉하면.

끝단   후우... (한숨 쉬며 마지못해 문을 두드린다) 계세요?

기다리고 선 규수.

S#11. 근처 골목 (D)

바삐 걷던 글월비자, 주변에 오가는 이가 없음을 확인하고는 멈춰 서서 갈무리

해둔 주머니를 열어본다. 내용물 확인하고 만족스러운 표정 되는데 흡! 더러운 천으로 동여맨 손에 입이 막혀 골목 안으로 확! 끌려 들어가는!

S#12. 대군저/사랑채/강의 처소 (D)

강이 궁에서 온 서찰을 태우고 있다. 지켜보는 나겸과 자준.

나겸	백중지세.
강	……
나겸	주상전하와 대비전 사람들이 반이요, 우리 쪽 사람들이 반입니다.
강	(곰곰 생각하는)
자준	어쩌시렵니까. 주상전하의 환후가 깊으신데 대비마마께서 대감과 종친들을 따돌리시니 혹여라도 때를 놓치면...
강	망극한 일이 일어나기 전에... 고명을 받아내야지.
나겸	(기대감 오르고) 은성대군도 없는 마당에... 대감께서 고명만 받아내시면... 보위는 대감의 것입니다.
강	…… 입궁을 해야겠소.
나겸	(자준에게) 오라버니께서 호판과 다른 대신들에게 연통을 넣어 모두 입궐하라 해주세요.
자준	예.
나겸	(강에게) 관복을 올리지요. (일어나려 하는데)

밖에서 고해지는.

부들이(소리)   마님, 손님이 오셨습니다.

마주 보는 강과 나겸.

S#13. 동 앞 (D)

안에서 나겸이 나온다. 쓰개치마 둘러쓰고 돌아서 있던 규수, 문소리에 돌아서 나겸 확인하고 비로소 쓰개치마 내린다. 맑고 아름다운 얼굴. 자현이다. 굳어버리는 나겸. 보고도 담담하게 서 있는 자현.

S#14. 동 안 (D)

강과 단둘이 마주 앉은 자현. 강, 표정 없이 자현 본다.

자현	종친인 원령군이 즈이 집에 혼담을 넣으셨습니다. 물러달라 해주십시오.
강	......
자현	대군의 중신이라 들었습니다. 허니, 해결도 대군이 하십시오.
강	다른 신랑감을 원한 게 아니었소?
자현	(노기 오르는) 대체 무슨 말씀이십니까!
강	내 여자 되기를, 3년 내내 거절하기에 넓은 아량으로 다른 선택지를 준 것인데?
자현	저더러 금수가 되란 말입니까!
강	휘는! 돌아오지 않습니다. 그 애는... 죽었어. 인정을 하시지요.
자현	(차오르는 눈물) 동생을 사지로 밀어 넣은 것도... 대군이셨지요.
강	제 발로 간 것이오. 이 나라의 왕자로서... 의무를 다했을 뿐.
자현	기어이... 제 신세를 망쳐놓을 작정이십니까.
강	(비소하며) 원령군은 내 사촌이오. 종친에게 시집을 가면서 신세를 망치다니... 다른 처자들이 들으면 기가 찰 일이오.
자현	저는 혼인을 원하지 않습니다! 그 누구의 신부도! 되고 싶지 않습니다!
강	원령군이 그리 싫소?
자현	... (가증스러운데)
강	정 그렇다면, 나에게 오시오. 지금이라도 받아주리다.
자현	! (노려보면)
강	(빙긋이 웃는데)
자현	(분기를 누르며 일어나는) 괜한 걸음을 했습니다.
강	......
자현	대군에게... 사람다운 마음이 한 조각 남아 있기를 기대한 내가 어리석었어요.
강	... (끝내 굽히지 않는구나) 조심히 가시오. 곧 신부 될 몸이신데.
자현	!

박차고 나가는 자현! 위악 떨던 강, 표정 단번에 식어 내린다.

S#15. 동 앞 (D)

나오는 자현. 몸종 끝단이 얼른 신발을 놓고.

약 올라서 기다리고 있던 나겸, 자현에게 다가가 다짜고짜 뺨을 날린다! 얼굴이
돌아가는 자현.

끝단	(놀라서) 아씨! (자현 지키듯 막아서며/나겸에게 버럭) 뭐하시는 거예요!
자현	......
나겸	(끝단이 제치고) 대군 하나 잡아먹은 걸로는 부족해?
자현	!
나겸	겁이 없는 거야, 법도를 몰라 무식한 거야? 어디 감히 남의 집 사내를 함부로 만나러 오느냐 이 말이야!
자현	... (천천히 시선 주는) 그렇게 불안해?
나겸	!
자현	아직도, 자신이 없어?
나겸	!! (모멸감)
자현	그래서 날! 어떻게 해서라도 치워버리고 싶어?!
나겸	(가까이 얼굴 들이대고 압박하는) 고마운 줄이나 알어. 우리 아니었음! 넌 처녀귀신으로 늙어 죽었어!
자현	... (회한이 차오르는) 동무였던 시절은. 다 잊은 거야?
나겸	! (멎었다가) 우정은 네가 먼저 저버린 거 몰라? 대군들 사이에서 꼬리 치고 다닐 때부터! 우린 더 이상 동무도 뭣도 아니었어!
자현	내 인생! 내 운명을... 늬들 내외가 결정하게 하지는 않아.
나겸	시집가는 게 그리 싫다면... 자결이라도 하지 그래?
끝단	(더 이상 못 참고/자현 끌고 가려는) 아씨, 가요! 뭐하러 상대를 하세요! 그냥 가자구요!
나겸	죽으려면 3년 전에 죽던가.
자현	!
나겸	그 대단한 사랑, 그때 끝냈으면 과연 일편단심이라 칭송이라도 받았지.

자현   ... (무참하고)

끝단, 자현을 모시고 나가는데.

나겸   (뒤에 대고) 행복하길 비마. 부디 시집가서 아들 딸 낳고 잘 살아.

더 이상 대꾸 없이 가버리는 자현.

나겸   (퍼붓는) 너도 하고많은 계집들 중 하나라는 거, 결국 시시한 속물
           이었다는 걸 온 세상에 보여주란 말이야!

멀어져가는 자현의 뒷모습.

S#16. 한강 (D)

군데군데 얼어붙은 한강. 그 물속에 얼굴이 푹 담겼다 꺼내지는 루시개.

루시개   (차가워서 진저리를 치며) 차거!

기특이 다시 머리를 눌러 넣는다. 손을 버둥거리는 루시개!

CUT TO

새파랗게 질린 입술. 오들오들 떨며 글월비자의 옷으로 갈아입은 루시개. 한강
물에 먹 감고 손발을 씻어 제법 깨끗해졌다. 그녀에게 한부3)를 쥐여주는 휘.

기특   (걱정되는) 잘 할 수 있을까요? 조선말도 잘 못 하는데.
루시개   (들은 대로) 대비. 대비만 찾으면 된다.
기특   (미치겠는) 마마! 대비마마!
루시개   아 맞다! 마마!
휘   (루시개의 치마 들추는)

---

3) 글월비자 같은 궐내 관비의 출입패

루시개   ! (왜 이래? 덜컹! 가슴이 내려앉고)

흰 속치마 한 자락 찢어내는 휘. 단도로 손가락을 벤다. 배어 나오는 핏방울. 그 피로 찢어낸 천에 제 이름 한자를 쓰는. 徽(아름다울 휘).

S#17. 건춘문 앞 (N)

호군에게 신부를 내보이는 루시개. 호군, 어딘지 이국적인 루시개의 생김새에 갸웃한다. 보조개가 파이며 귀엽게 웃어 보이는 루시개. 눈웃음에 마음 약해져서 그냥 통과시키는 호군.

루시개, 건춘문을 통과하기 전 뒤돌아서 어딘가에 시선 보내고.

숨어서 지켜보고 있던 휘와 기특. 루시개가 들어가고 나서가 더 걱정인데...

S#18. 궁 안 (N)

루시개, 한눈팔지 않고 똑바로 걸어간다.

루시개   무조건 앞으로, 앞으로. 대비전... 대비마마...

거대한 궁궐. 루시개를 두고 멀어져가는 카메라.

S#19. 자현의 집 전경 (N)

S#20. 자현의 처소 (N)

자현, 서안 위에 휘가 붓꽃 그려준 손수건을 펴놓고 보고 있다. 눈물 한 방울이 뚝. 자현, 손수건을 소중히 접어 넣고. 펼쳐놓은 보따리에 짐을 챙기기 시작한다.

S#21. 대비전 앞 (N)

대비 심씨, 장상궁의 부축을 받아 처소로 돌아오고 있다. 연일 계속된 밤샘 병간으로 지쳐 있는 대비 심씨, 걷다가 휘청! 하면 우르르 걱정하며 모여드는 나인들.

장상궁   마마, 아니 되겠습니다. 오늘 밤은 처소에서 좀 쉬십시오.
대비 심씨   아니다, 옷만 갈아입고 다시 주상에게 가겠다.
장상궁   (속상한) 이러다 마마께서 먼저 쓰러지십니다.
대비 심씨   중전 혼자서는 힘들 게야.
장상궁   (속상해도 더 이상 만류 못하고/뫼시는데)

앞을 툭! 가로막는 루시개.

장상궁   무엄하다! 어느 안전이라고 함부로 길을 막느냐!
루시개   대비?
대비 심씨   (보는)

장상궁 이하 나인들 기함하고!

루시개   아, (그제야 생각난) 마마? 대비마마?
장상궁   뭣들 하느냐! 저년을 당장 끌어내지 않고!

나인들, 우르르 달려가 루시개 끌어내려는데 나인들 손이 몸에 닿기도 전에 날려버리는 루시개! 장상궁, 자객이다 싶어 대비부터 감싸는데!

장상궁   (목이 터져라 외치는) 게 아무도 없느냐! 금군을 불러오너라! 금군을!

장상궁의 입을 틀어막는 루시개. 위험을 느끼지만 의연하게 서 있는 대비 심씨! 장상궁 제압한 채, 품에서 받아 온 혈서 꺼내 대비의 눈앞에 보여주는 루시개!

대비 심씨, 휘의 이름을 알아본다! 눈 커지고! 혈서를 향해 다가가는 손길이 덜덜 떨리는. 루시개, 대비가 가져가도록 둔다. 뿌리치는 장상궁!

장상궁   (걱정되어 대비 곁으로) 마마!
대비 심씨   ... (확인하고) 휘?
장상궁   ?!

대비 심씨   이것이 휘의 피냐...? 내 아들, 휘 말이다!

지켜보는 루시개. 눈물이 차오르는 대비 심씨의 얼굴에서.

S#22. 길 (N)

평교자에 탄 강, 궁으로 가고 있다. 몸종이자 호위병인 어을운이 수행하고. 뒤에는 자준과 호판 정연과 박부경 등 다른 대신들이 줄줄이 따라오고 있다.

S#23. 건춘문 앞 (N)

금군의 호위 속에 궁으로 들어가는 휘와 기특. 삿갓에 베일로 둘 다 얼굴을 가렸다.

S#24. 대비전 마당 (N)

불을 환하게 밝힌 채 루시개와 함께 기다리고 있는 대비 심씨. 휘가 들어선다. 뒤로 물러나는 금군들과 기특. 다가오는 사내의 처참한 몰골에 가슴이 무너지는 대비 심씨. 그러나, 얼굴 확인했다. 셋째 왕자, 은성대군 휘다. 어머니 앞에 절부터 올리는 휘.

휘   불초 소자... 이제 돌아와 어마마마를 뵈옵니다. (그래놓고 엎드려 일어나질 못하는)

천천히 다가가는 대비 심씨의 발걸음. 바닥에 무릎 꿇어 아들의 얼굴을 들어 올린다. 온통 눈물범벅인 휘의 얼굴. 대비 심씨의 눈에서도 걷잡을 수 없는 눈물이 흐른다. 와락! 아들을 끌어안는! 오랜 세월의 회한! 반가움과 절망으로 아들의 등을 친다. 보고 있던 나인들이 돌아서 눈물을 훔치고. 기특도 줄줄 우는데 그 얼굴 빤히 쳐다보는 루시개. 기특, 쪽팔려서 고개 돌리고.

대비 심씨   살아... 있었느냐. (휘의 더러운 얼굴을 만져보면서) 옥 같던 얼굴은 어디가고... 얼마나 얼마나 고생이 깊었으면...

휘   ... (그저 말없이 보기만)

대비 심씨	주상이... 사경을 헤매고 있다. (억장이 무너지는)
휘	!
대비 심씨	하늘이... 이 에미를 가엾이 여겨... 너라도 돌려주신 것인지...
휘	...... 전하의 환후가 얼마나 급박한 것입니까.
대비 심씨	요즘 같아서는 한 치 앞을 모른다.
휘	!
대비 심씨	진양의 욕심이 무서워 조정에도 종친들에게도 알리지 못하고...
휘	형님은 다 알고 있을 것이옵니다.
대비 심씨	(멎고)
휘	대군저를 오가는 궁녀 하나를 잡아두었습니다.
대비 심씨	!

S#25. 강녕전 앞 (N)

강이 자준 이하 대신들 무리와 함께 서 있다. 위세와 압박감이 느껴지는. 상선이 내관들과 함께 그들을 막아선다.

상선	오늘은 아니 됩니다.
강	(굴하지 않고) 전하께서 편찮으시다기에 청심환을 갖고 왔네. 이를 올리려 하니 안에 고하시게.
상선	아무도 들이지 말라는 대비마마의 엄명이 계셨사옵니다.
자준	(나서는) 주상전하의 동생을 한낱 잡인 취급하는 겐가?
상선	(밀리지 않는) 밝은 날 다시 오시지요.
강	청심환을 올리겠다 하지 않는가! 오늘 밤, 전하께 변고가 생기면. 상선이 훗날을 어찌 감당하려고 이러는 게요!
상선	!
자준	(버럭) 문을 여시오!

하는데 갑자기 터져 나오는 곡소리! 상선, 사색이 되고 강, 기대감에 부풀어 올라 다급히 내관 제치고 들어가려는데! 문이 열리고 대비 심씨가 나온다.

강	어마마마!
대비 심씨	(보는)

강	무슨 일입니까! 전하는! 주상전하는요!
대비 심씨	승하하셨다.
강	! (드디어!)
대비 심씨	(복을 하라는) 상선.
상선	(울면서 들어가고)
강	일을 어찌 이런 식으로 하십니까. 가장 가까운 지친을 놔두고! 전하를 홀로 가시게 하다니요! 대체 고명은 누가 받으며! 유훈은 누가 받든단 말입니까!
휘(소리)	걱정 마시지요.
강	! (설마)

문지방을 넘는 버선발. 서서히 모습을 드러내는 이는, 휘다. 비록 말랐으나 이전의 몰골과는 비교가 안 되는 옥골선풍! 굳어버리는 강. 주상의 죽음보다 휘의 출현이 더 놀라운데! 수런거리는 대신들! 강, 이를 의식하고!

휘	고명은 제가 받았습니다. 세자저하가 성년이 될 때까지 어마마마께서 섭정을 하시며! 대군들은 저하께 충성을 다할 것!
강	......
휘	이것이 대행왕의 마지막 유지입니다.
대비 심씨	(강을 본다)
강	... 고명을... 네가 받았다고?

다가와 강을 끌어안는 휘.

강	!
휘	제가 돌아왔습니다, 형님.
강	......
휘	죽지 않고. 살아서 말입니다.
강	...... (서늘한데)

S#26. 궁 지붕 위 (N)

상선이 대행왕의 옷을 들고 올라가 외친다.

상선   상위복! 상위복! 상위복!

울면서 허공으로 옷을 던지는 상선. 펄럭거리며 지상으로 내려앉는 곤룡포...

S#27. 자현의 집 전경 (N)

S#28. 동 안 (새벽)

꼿꼿하게 앉아 밤을 새운 자현, 경대를 연다. 거울 속에 비친 자신의 모습. 서랍에서 가위를 꺼내 드는데... 보다가, 머리채를 싹뚝! 자른다.

S#29. 대군 처소 (D)

휘와 강이 옷을 갈아입고 있다. 관을 벗고, 관복을 벗으면 시중드는 내관들이 소복4)을 입힌다. 휘의 시중을 드는 기특. 그사이 씻고 새 옷을 입어 제 인물을 찾았다. 스치는 옷자락 사이로 보이는 휘의 등에 난 상처와 흉터들. 칼자국과 채찍자국이 가득하다.

강   상처가 많구나.
휘   (담담한) 전쟁터에 있었으니까.
강   살아 돌아와서... 다행이다.
휘   ... 죽을 수 없었어. 기다리는 사람이 있으니까.
강   ... 하필이면 국상 중에 귀환하니... 전하를 잃은 슬픔에, 너를 되찾은 기쁨을 드러내기가 어렵구나.
휘   ......
강   너 역시 힘들겠지. 그리운 이에게 달려가지도 못하고.
휘   ... (굳는)
강   허나 다른 사내의 신부 될 연이니 안 보는 게 나을 게야.
휘   ! (쳐다보면)

---

4) 대렴(소렴을 한 다음 날, 송장에 옷을 거듭 입히고 이불로 싸서 베로 묶는 일) 전까지 5일 동안은 소복, 이후에 상복을 입는다.

강	자현 낭자 말이다.
휘	!! (멎고)
강	그래도 옛정이 있으니 너의 생환을 얼마나 반기겠느냐.
휘	!! 자현이, 혼인을 한다고?
강	종친인 원령군과 짝이 된다지?

아직 소복이 다 입혀지지도 않았는데 박차고 나가는 휘. "마마!" 기특, 당황해서 따라 나간다.

S#30. 동 앞 (D)

박차고 나오는 휘. 옷 추스르며 달려 나간다. 뒤따르는 기특. "마마! 마마!"

그런 두 사람 지켜보는 자준과 어을운.

S#31. 동 안 (D)

천천히 마저 소복을 입은 강. 문이 열린 채다. 밖에는 어을운과 자준이 대기 중인데.

자준	어찌하면 좋겠습니까? 갑자기 돌아온 은성대군에게 고명을 빼앗겼으니...
강	3년을 하루같이 이제나 저제나... 고명을 받아내기 위해 숨죽이고 엎드려 있었건만...
자준	... (안타깝고)
강	즉위식까지 사흘.
자준/어을운	(긴장해서 보면)
강	사흘 안에... 어린 세자가 은성의 호위 아래 왕으로 즉위하기 전에! 고명을 뒤집고 대비전의 자교를 받아내야 합니다.
자준	일이 되겠습니까? (어렵지 않겠냐는)
강	대비전으로 가야겠습니다.
자준	(읍하고)
강	은성이 궁을 비웠으니... 남은 절차는 다 내 소관이 되지 않겠습

니까.

어을운   …… (도발한 이유를 알았다/신발 준비하고)

강, 밖으로 나간다.

S#32. 길 (D)

말을 달리는 휘. 따라 달리는 기특.

S#33. 자현의 집 앞 (D)

이른 아침. 하품하며 나오는 하인, 대문을 활짝 열어 하루의 시작을 알리는데!
다급히 와 서는 말! 휘가 구르듯이 뛰어내린다. 당황하는 하인.

하인   뉘… 뉘시오?

휘, 하인 제치고 들어가는!

하인   (따라가는) 이보시오! 어디서 오신 손님이오?

기특도 따라 들어간다.

S#34. 자현의 집/마당 (D)

하인들이 마당을 쓸고 있다. 성큼성큼 들어온 휘, 성대감을 찾는다.

휘   대감마님 계시느냐! 아씨는 어디 계시느냐?

비질하던 하인들, 놀라고. 뒤따라온 하인! 휘를 막아서는.

하인   대체 뉘신데 이러십니까!

자현을 찾듯 사방을 둘러보는 휘! 따라온 기특.

소란에 방에서 문 열고 나오는 성억 대감.

성억   어인 소란이냐!

부엌에 있던 안씨와 끝단도 나온다. 휘를 알아보고 자기 눈을 의심하는 안씨! 자현의 초조반상[5] 들고 나오던 끝단, 놀라서 상을 놓치는데!

성억   이른 아침부터 남의 집에서 이 무슨 무례한 행태요!
휘   대감! 접니다! 은성입니다!
성억   ! (휘의 얼굴 가만 보는... 어느 순간 알아채고 경악하면) 산 자냐, 귀신이냐!
휘   주상전하께서 승하하셨습니다!
성억   ! (그제야 휘의 소복 눈에 들어오고/털썩 주저앉는)

사람들 모두 동쪽을 향해 엎드리며 곡한다. 뒷걸음질 치는 안씨, 별채로 달린다.

휘   따님을 만나야겠습니다.
성억   !
휘   제가 돌아왔다고! 살아서 왔다고 전해주십시오!
성억   (후들거리며 일어나는/그러나 굳게) 아니 되오.
휘   !
성억   내 딸은 이미 다른 혼처가 정해졌소. 대비전의 명이 없이는... (불가
                하다는)

휘, 돌아서 별채로 가는. 기특, 따르고.

성억   대군! 지금은 아니 됩니다!

S#35. 자현의 처소 (D)

단발한 자현 보고 기겁한 안씨.

---

5) 죽이나 미음 따위의 묽은 음식으로 차려서 이른 아침에 내는 상

안씨	너 대체 무슨 짓을 한 거야!
자현	산사에 가겠습니다. 비구니가 되겠어요.
안씨	(미치겠는) 이것아! 대군이 왔어! 살았더라구! 널 찾아왔어!
자현	! (멎고)

S#36. 중문에서 별채까지/자현의 처소 (D)

하인들, 휘를 말리려 하나 소용없다. 아랑곳하지 않고 별채로 향하는 휘! 중문 박차고 별채로 들어가며 소리친다.

휘	낭자! 자현 낭자!

굳게 닫힌 처소의 문. 휘, 잠시 막막하게 서 있는데. 뒤따라 들어서는 성억.

성억	궁으로 돌아가십시다. 가서 빈전을 지키셔야지요.
휘	(소리치는) 낭자!

문이 열리고! 자현이 모습을 드러낸다! 가슴이 무너지는 휘! 달려 나오는 자현! 버선발로 뛰쳐나온다! 안씨도 따라 나오고.

자현	마마!
휘	(팔을 벌리고)

눈물범벅이 되어 휘의 품속으로 뛰어드는 자현에서!

S#37. 경복궁/휘의 처소 뜰 (D) - 과거

백일홍, 천일홍... 기화요초가 가득한 아름다운 가을 정원이다. 고요하고 평화로운. 새들이 마당을 노닐고 꽃나무에 벌과 나비가 날아든다.

S#38. 휘의 처소 (D)

종이 위에 써내려지는 한시. 붓을 쥔 손이 고사리손인데... 카메라 뒤로 물러나면 평복을 입은 어린 왕자, 휘가 붓글씨를 쓰고 있다. 옆에서 또래의 상직소환인 어린 기특이 열심히 먹을 갈며 수발 중이다. 이윽고 한시를 다 써내린 휘, 완성의 기쁨에 표정 풀어지고.

어린 휘   (만족스러운) 되었다.

힐끔거리며 넘겨다보는 기특. 자기는 봐도 모르겠다. 휘, 시의 내용을 다시 한번 훑어보는데... 종이 위로 귀뚜라미 한 마리가 톡! 내려앉는다.

어린 기특   이런 불경한 놈을 봤나! 감히 어느 안전이라고? (손으로 내리쳐 잡으려는데!)

기특의 손을 한 팔로 탁 막아내는 휘. 기특, 쳐다보면. 휘, 기특의 손을 밀어내고 귀뚜라미가 움직이기를 가만히 기다려준다. 그래도 좀처럼 움직일 기미가 보이지 않자 옆에 쌓인 다른 종이 집어서 귀뚜라미를 떠내는. 조심조심 종이를 들고 열려 있는 문가로 가서 귀뚜라미를 밖으로 내보낸다. 휘의 성품을 익히 아는 기특, 역시나 싶어 고개를 젓는데...

마당에 내려앉은 귀뚜라미가 인사를 하듯 떠나지 않고 가만히 앉아 있다.

어린 휘   어서 가.

귀뚜라미, 알아듣기라도 한 듯 뒤로 튀어서 사라지고. 휘, 귀뚜라미가 사라진 방향을 보고 있는데... 일각에 숨어서 그런 휘 보고 있는 생각시 연이. 한쪽 팔에 부목을 댄 다친 몸이다. 언제나 휘를 따르고 쫓는 휘바라기다.

S#39. 대군저 외경 (D)

S#40. 동/강의 처소 (D)

이제 막 평상복에서 대군복으로 갈아입으려던 어린 강(진양대군), 하녀들의 수발 속에 옷 갈아입으려다가 보모상궁인 연상궁의 만류에 멎어 있다. 머리끝까지 화가 난 상태다.

어린 강	(애써 누르는 노기) 또 안 된다는 것이냐. 이번에도! 들어오지 말라시더냐!
연상궁	(쩔쩔매는) 궁에 우환이 있어... 오늘 말고 다른 날 부르시겠다며...
어린 강	다른 날, 다른 날, 다른 날! (버럭) 대체 언제!!
연상궁	송구하옵니다, 마마.
어린 강	오늘은 들어가야겠다.
연상궁	(놀라서) 마마!
어린 강	아바마마 용안도! 어마마마의 손길도! 난 기억조차 나지 않는다! 더 이상은! 여기서 혼자 안 살아!
연상궁	(대군복을 다시 벗겨주려 하며) 마마가 싫어서 들어오지 말라는 게 아니십니다. 요즈음 궐내에 우환이 있어...

강, 거세게 뿌리친다! 그 서슬에 얼굴을 얻어맞는 연상궁! 아랑곳없이 대군복을 제 손으로 마저 입으며 소리치는 강!

어린 강	내가 들어간다지 않느냐! 우환이라면 더욱더 알아야 하지 않겠느냐! 더 이상은 못 기다린다! 나는! 이 나라 조선의 왕자다!

질려서 보는 연상궁과 하녀들. 설움과 울분에 차서 밖으로 뛰쳐나가는 강!

S#41. 동궁전 (D)

세자 헌(어린 주상)이 병석에 누워 있다. 옆에서 애를 태우는 중전 심씨(젊은 대비). 들어와 건춘문 상황 보고하는 내전지밀(젊은 장상궁).

장상궁	대군께서 건춘문 앞까지 와 입궁을 청하고 있다 하옵니다.

식은땀을 흘리고 있는 세자 헌.

중전 심씨	(면포로 세자의 얼굴 닦아내며) 물러가라 하시게.
장상궁	...... 벌써 여러 날을 미루었습니다. 일단 궐내에 들이시는 게...
중전 심씨	(버럭) 지금 세자를 보고도 그런 말이 나오는가!
장상궁	... (조아리고)

중전 심씨   (자기도 속상하다) 아직은... 때가 아닌 게야, 때가...

여전히 앓고 있는 세자 헌.

S#42. 건춘문 앞 (D)

호군들이 지키는 궁문 앞. 강이 안으로 들어가려 하고 있다. 연상궁, 뒤에서 어쩔 줄을 모르고.

어린 강   열어라. 난, 이 나라 둘째 왕자! 이강이다.
호군   (단호하고) 오늘 입궁하신다는 전갈을 듣지 못하였습니다.
어린 강   !
연상궁   (앞에 와 달래는) 대군마마, 이만 돌아가시지요. 중전마마께 고하여 입궁 일자를 다시 받아 오겠사옵니다.
어린 강   더 이상은 기다리지 않겠다 했지! 난 지금! 오늘! 반드시 궁으로 들어가야겠다!

어쩔 줄을 모르는 연상궁. 단호한 서슬의 강!

S#43. 휘의 처소 (D)

예복으로 갈아입은 어린 휘. 앞에서 쓴 한시를 잘 접어 봉투에 넣고 갈무리하는데... 밖에서 기특이 고한다.

어린 기특(소리) 마마! 기특입니다.

다급히 일어나 문 여는 휘.

어린 휘   (기대에 차서) 형님이 오셨느냐?
어린 기특   (난감한) 그게 저...
어린 휘   ? (보는)

S#44. 휘의 처소 앞/궁 일각 (D)

기특과 함께 나서는 어린 휘. 마당에서 대기 중이던 나인들 무리, 수행을 위해 휘의 뒤로 서는데. 한쪽 팔에 부목을 댄 생각시 연이, 휘의 눈에 띄지 않으려 몸을 숨긴다. 마음 급한 휘, 연이를 보지 못하고 갈 길 가는. 뒤따르는 나인들. 연이, 휘의 뒷모습 눈으로 쫓으며 따라가고.

S#45. 건춘문 앞 (D)

여전히 버티고 선 어린 강. 호군들과 연상궁이 난감하게 지켜보는데.

어린 강	궁 앞에서 말라 죽는 한이 있어도! 다시는 사저로 돌아가지 않겠다! 들어가서! 아바마마와 어마마마를 뵐 것이야!
연상궁	마마... 오늘은 아니 되옵니다! 돌아가서 기다리시면 당장 내일이라도 입궁 허락을 받아서.

궁문이 열린다. 상, 돌아보면 안에서 휘가 나오고.

어린 휘	(강 발견하고 환하게 웃으며 달려오는) 형님!
어린 강	!

덥석! 강을 안아버리는 휘! 강, 당황하는데!

어린 휘	잘 오셨습니다, 형님! 제가 얼마나 기다렸는지 몰라요!
어린 강	...... (동생의 출현은 예상에 없었다/모드가 아직 안 정해지는데)
어린 휘	들어가시지요! 어마마마께서 기다리시옵니다!
어린 강	(울컥 오르고)
호군	마마! 오늘은 왕자님의 입궁이 불가하옵니다.
어린 휘	!?
연상궁	다음번에 다시 뫼시고 오겠사옵니다.
어린 휘	(차갑게 엄해지며) 무엄하구나!

다들 멈칫! 강, 위엄을 발휘하는 어린 동생을 본다.

어린 휘	내 형님이시다!
어린 강	...... (기분 묘한)
어린 휘	왕자께서 궁에 드신다는데! 늬들이 대체 무슨 명목으로 입궁을 막는 것이냐!
연상궁	마마! 그게 아니오라 윗전에서 명이 내려와.
어린 휘	(OL) 책임은 내가 진다.
연상궁	...... (말문이 막히고)

휘, 강을 안으로 들인다. 끽소리 못하고 길 터주는 호군들. 강, 문 안으로 발을 들이지만... 자존심이 상한다.

S#46. 내전 마당 (D)

강과 휘를 모시는 나인들이 양쪽에 대결하듯 서 있다. 서로 눈치 보는 양전의 나인들. 휘의 나인들 속에 연이도 보이고.

S#47. 내전 (D)

어린 강이 중전 심씨에게 절을 하고 있다. 심씨와 강 사이에 곡좌하고 형을 지켜보는 어린 휘.

중전 심씨	(심기가 편치 않은) 입궁을 미루라는 명을 전해 듣지 못하였느냐?
어린 강	... 들었사옵니다.
중전 심씨	궁 안이 어수선하니 기다리라 했거늘! 어린것이 기어이 고집을 피우다니...
어린 강	! (멎는/서운하고)
어린 휘	어마마마... (나서는) 소자가 나가 모시고 온 것이옵니다. 형님은 아무 잘못이 없사옵니다!
중전 심씨	철없는 동생을 등에 업고 부모의 명을 거역한 것이더냐!
어린 휘	! (당황하고/이러려던 게 아닌데)
어린 강	어마마마...
중전 심씨	(보면)
어린 강	(억울한) 소자, 수년 만에 처음 어마마마를 뵈옵니다. 그리움이 앞

서 명을 거역할 수밖에 없었던 어린 마음을... 헤아려줄 수는 없으
십니까.

어린 휘   (뭉클하고)

중전 심씨   ... (좀 미안해지는/휘에게) 형의 처소는 치워두었느냐?

어린 휘   이참에 벽이랑 문도 새로 바르고 서안과 사방탁자도 진상품으로
             잘 꾸며놓았습니다.

중전 심씨   ... (끄덕이고)

어린 강   (심기가 더 꼬인다) 헌데, 어마마마.

중전 심씨   (보면)

어린 강   궁궐의 예법은 아우가 형보다 위인 것입니까?

어린 휘   (당황해서) 예?

어린 강   어디 아우가 상석을 차지하고 앉아 형의 절을 받느냐 이 말이야!

어린 휘   (강 옆으로 서둘러 내려앉으며) 죄송합니다, 형님.

중전 심씨   (중재에 나서는) 노여워 마라. 휘는 그저 지친의 얼굴을 보고자 한
             것이니.

어린 휘   아닙니다! 소자가 생각이 모자랐습니다.

어린 강   ...... (그제야 휘를 노리던 시선 거두고)

중전 심씨   ... (짐작하는) 아우가 아니라 이 어미한테 노한 게지.

어린 휘   !

어린 강   ...... (부인하지 않고)

중전 심씨   너는 사사로이 내 아들이기 전에 이 나라의 왕자다. 이날 이때까
             지 곁에 두지 못하고 사가에서 키운 것은... 종사의 앞날을 위한
             부득이한 선택이었느니라.

어린 강   ... (여전히 납득할 수 없다)

중전 심씨   부디 노염은 접고 스스로를 자랑스럽게 여기거라.

어린 휘   (분위기를 무마하고자 준비해둔 시문을 펴서 강에게 올리는) 돌아오실 형님
             을 그리며 쓴 것입니다.

강, 가만히 있는다. 할 수 없이 자기가 펴서 읽는 휘.

어린 휘   一月兩地照 일월량지조6)   달 하나가 두 곳을 비추지만
             二人千里隔 이인천리격   두 사람 사이는 천 리나 되네
             願隨此月影 원수차월영   이 내 몸은 달빛을 따라

夜夜照君側 야야조군측   밤마다 그대 곁을 비추고 싶네

어린 휘가 시를 읽는 동안 자애롭게 바라보는 중전 심씨. 그런 중전 심씨의 표정을 의식하는 강.

중전 심씨	(기특해서) 시문에 나오는 두 사람이 형과 너인 것이냐?
어린 휘	온 누리에 비치는 달빛처럼 어버이의 사랑은 품이 넓어서 어느 곳에나 닿지만... 형님과 제 사이는 멀리 떨어져 있었습니다. 하여 달빛을 따라 매일 형님 곁으로 가고 싶었던 마음을 표현한 것입니다.
중전 심씨	(흡족한) 그리움이 절절히 묻어나는구나.
어린 강	...... (놀고 있네 싶고)
중전 심씨	(강에게) 늬 아우가 시문에 재주가 있단다. 대국에서도 사신단만 오면 휘의 글씨를 얻어 가려고 난리지.
어린 강	... (쳇! 믿지도 않는)
중전 심씨	(비로소 진심 드러내는) 휘의 시가 어미의 마음과도 같다. 오래 기다렸고, 기다리며 그리웠다.
어린 강	(울컥 올라오는 속을 누르는데)
어린 휘	(휘가 위로하듯 강의 손을 가만히 잡아주며) 형님...

강, 제 손을 빼내고 다시 의연해지려 스스로를 다잡는다. 휘, 좀 무안하고. 그런 형제를 바라보는 중전 심씨의 표정에 근심이 서린다.

S#48. 동 앞 (D)

어린 휘, 강과 함께 나온다.

어린 휘	좋은 날 입궁하셨으면 환영 잔치라도 열어드렸을 터인데... (시무룩해지며) 세자저하의 환후로 궁 분위기가 이래서...
어린 강	(차갑게) 환궁.

---

6) 조선 후기 여류문인 김삼의당의 시를 인용하였다.

어린 휘	?
어린 강	입궁이 아니라 환궁이다. 내가 마땅히 있어야 할 곳에... 이제 돌아온 것뿐이야.
어린 휘	(순하게 받는) 제가 얼마나 기다렸는지... 형님은 모르실 거예요!
어린 강	(어색해서 능치는) 사내녀석이 치대기는...
어린 휘	헤헤... (해맑게 웃으며 댓돌로 내려서려는데)

제 옷자락으로 휘의 신 닦고 있던 연이, 냉큼 자리에 놓아주고 물러난다. 강, 부목을 대고 한 손으로도 수발을 들려 하는 연이를 눈여겨본다.

어린 휘	(엄해지며) 연이 너, 뭐하는 게야?
연이	마마 신이라도 닦아놓으려고...
어린 휘	몸조리나 하라구 하지 않았느냐? 다친 팔로 왜 자꾸 일을 만드느냐!
연이	(배시시 웃으며) 다른 한 손은 멀쩡하지 않습니까.
어린 휘	이러는 건 충도 뭣도 아니다. 날 기쁘게 하구 싶다면 다치지 말구 아프지 말구! 네 몸부터 아끼라 하지 않았더냐.
어린 강	(아쭈? 이것들이...)
연이	(고개 숙이고)
어린 휘	섣불리 움직여 덧나게 하지 말구 가서 쉬어라. 다 나으면 너 좋아하는 술래잡기라도 하자꾸나. (강 보며 씨익) 우리 형님하구 같이.
어린 강	! (누구 맘대로?)
연이	(활짝 웃는) 진짜요?

어린 강, 두 사람의 수작에 빈정이 상하고...

S#49. 동궁전 전경 (N)

S#50. 동궁의 처소 안 (N)

강과 휘의 형인 세자 헌이 잠든 채 누워 있다. 이마 위에는 물수건 올려져 있고. 중전 심씨, 근심스럽게 보고 있다. 옆에는 장상궁과 연상궁.

연상궁	(조아린) 송구하옵니다, 마마. 소인이 미처 대군의 입궁을 말리지 못했사옵니다.
중전 심씨	... (새 물수건으로 갈아주는) 아무래도 강이를 벌써 궁에 들이는 것이 아니었네. 세자의 열이 더 심해지지 않았는가!
장상궁	그만하면 액땜이 되었을 것입니다. 너무 오래 혼자 자라지 않으셨습니까.
중전 심씨	...... (세자 보며 다시 한숨) 다른 왕자들도 잘 자라주어야 하지만, 무엇보다 세자가 강건해야 하네. 그래야 사직이 바로 서지. 우리 조선은 창업 이래 장자가 보위를 이은 적이 한 번도 없지 않은가...
장/연상궁	... (익히 알고 있다)

여전히 미동도 없이 누워 있는 세자 헌.

S#51.　습사장 (다른 날 D)

어린 강, 활을 쏘고 있다. 신중하게 겨누지만 빗나가는. 낙담하며 다음 살을 다시 매기는데. 휘익! 다른 살이 날아가 과녁을 맞히는. 강, 놀라서 돌아보면! 백부 양안대군이다.

양안대군	잡념이 많구나.
어린 강	(얼굴 환해지는) 백부님! (활을 놓고 달려가는)
양안대군	(다가와 강을 번쩍 안아 들며) 어이쿠! 궁중음식이 좋기는 좋은가 보구나. 부쩍 무거워졌어.
어린 강	(그저 웃고)
양안대군	(강 내려놓고) 그래, 왕실 식구들하구 낯은 익혔느냐?
어린 강	(의례적인) 다들 잘해주십니다.
양안대군	(비웃으며) 그래야겠지. 괜한 자기들 욕심에 버려놓은 아들이니 미안해서라도 잘해줘야지.
어린 강	(굳는)

양안대군, 자세를 낮춰 강과 눈높이 맞춘다.

양안대군	네가 왜 버려졌는지 아느냐?

어린 강	어려서 몸이 약해... 피접을 보낸 것이라 들었습니다.
양안대군	조선의 왕실이 대대로 정룡이 아닌 방룡이 승하니... 네가 가까이 있으면 장자승계가 위험하다 했느니라.
어린 강	!
양안대군	세자는 몸이 부실하지. 그게 다 너 때문이라고, 핏덩이를 궁 밖에 내다 버린 것이다.
어린 강	(흔들리는/그러나 드러내지 않으려 주먹을 꼭 쥐고)
양안대군	우습지 않으냐? 이 형 대신 보위에 오른 주상이, 제 자식 대에서 는 맏이를 지키고자 동생을 핍박하는 게.
어린 강	휘는요? 똑같은 동생인데 왜 저만 쫓겨나고 그 애는 궁에서 자란 것입니까!
양안대군	네가 가장 위협이 되니까.
어린 강	!
양안대군	휘가 용모가 아름답고 시서화에 모두 뛰어나서 신동 소리를 듣는 다지만... 네가 궁에서 자라 다른 왕자들과 똑같이 제대로 된 교육 을 받았다면 어디 휘 따위가 대수겠느냐? 세자를 위협하는 왕재 감은 바로 여기 있느니라...
어린 강	... (그런 거였구나... 새삼 분한데)
양안대군	허나 걱정 말아라. 네 뒤에는 이 큰애비가 있지 않느냐? 내 비록 보위는 동생에게 양보했어도... 왕실의 큰 어른은 나다.
어린 강	......
양안대군	(활 다시 쥐여주며) 열심히 연습하거라. 우리 조카님 데리고 사냥을 나가고 싶구나.

강, 활을 받아 들고.

S#52. 대군 처소 마당 (다른 날 D)

강과 휘 형제가 생각시들, 어린 소환들과 함께 술래잡기를 하고 있다. 휘는 신났 고 강은 시큰둥한. 비슷한 두 사람의 복색. 팔이 다 나은 연이가 술래다. 나무기 둥에 양손을 포개놓고 눈을 감은 채 이마를 대고 있는데.

연이	열까지 세겠습니다. 하나아~ 두우울~ 세엣~

숫자를 세는 동안 사람들 흩어지고.

어린 휘   (달려가며) 형! 이리 와!

휘, 강이 많이 편해진 분위기다. 강, 놀이에 별로 흥미는 없지만 연이를 눈여겨 보며 사라지는데. 휘가 오라고 손짓하던 반대 방향으로 가버린다. 잠깐 실망했 던 휘, 이내 저도 몸을 숨기기 위해 사라지고.

열까지 다 센 연이, 이윽고 돌아보면. 텅 비어 있는 마당. 여기저기 꼼꼼하게 살 피면서 숨은 사람들을 찾아다니는데.

S#53. 대군 처소 일각 (D)

전각 뒤로 몸을 숨기는 휘, 주변을 살피고... 술래인 연이가 가까이 오자 흡, 숨까 지 들이마시며 슬슬 옆걸음해서 더욱 깊숙이 숨는. 연이, 휘 발견 못하고 다른 곳으로 가는데! 쫄깃했다가 안도하는 휘.

S#54. 궁 일각 (D)

여기저기 사람들 찾으러 다니는 연이. 나무 뒤에, 바위 뒤에 어설프게 숨은 사 람들 보이지만 연이는 발견하지 못한다. 연이가 찾고 싶은 이는 단 한 사람, 휘 인데...

S#55. 연못가 (D)

제대로 숨지도 않은 강. 연못을 바라보며 그저 서 있다.

연이(E)   찾았다!
어린 강   ... (가만히 서 있고)
연이   (달려와 강의 옷소매를 잡으며) 이제 대군마마가 술래예요!
어린 강   (돌아보는데)

화들짝 놀라 소매 놓고 뒷걸음질 치는 연이. 휘인 줄 알았다.

연이	(조아리며) 죄송합니다! 마마를 미처 몰라뵙고...
어린 강	! (기분 상하고)
연이	다시 숨으세요, 마마! 저는 가서 다른 사람 찾아볼게요.
어린 강	(피식 비웃으며) 왜, 나는 술래도 못할 것 같으냐?
연이	그게 아니라요, 아직 규칙도 잘 모르시구... 처음 한 번은 봐드려야 될 거 같아서요.
어린 강	내가 아니라 휘를 찾고 싶은 거겠지.
연이	(배시시 웃는) 마마는 얼마나 잘 숨으시는데요! 찾기가 쉽지 않아요.
어린 강	녀석은 하다 하다 술래잡기도 잘한다는 것이냐?
연이	(당황하는) 예?
어린 강	연이라 했지?
연이	(조아리는)
어린 강	오늘부터 내 전각으로 와라.
연이	!
어린 강	(대답 기다리는)
연이	... 그게 저...
어린 강	왜, 아니 된다는 것이냐?
연이	(눈치 보는) 쇤네는 이미 모시는 분이 있어서요...
어린 강	(빈정 상하는) 휘보다 내가 더 윗전인 것을 모르느냐? 휘의 것은 무엇이든 내가 가질 수 있다!
연이	(난감한) 쇤네는 주고받을 수 있는 물건이 아니오라...
어린 강	물건이건 사람이건! 내가 원하면 다 내 꺼야.
연이	(두렵지만 응하지 않는) 상궁마마님에게 얘기해서 야무진 생각시들 보내드릴게요.
어린 강	......
연이	(긴장하는데)

연이에게 가까이 다가드는 강. 연이, 어쩐지 공포스러워 뒷걸음질 치다가 두 사람 방향이 바뀌고. 연이는 연못가로 점점 밀려간다.

어린 강	내가, 싫으냐?
연이	마마... 그게 아니옵고... 쇤네는 애기 때부터 휘 대군마마를 모시던 몸이라... 한번 주인을 정하면 끝까지 가는 것이 궐내의 법도이

옵고...

어린 강   휘가 그렇게 좋아?

연이   ... (대답을 못하는데)

근처에 숨어 있던 기특, 강과 연이 사이의 분위기가 심상치 않아 보이는데... 나
서려다가 망설이는. 안 되겠다, 휘를 찾으러 달려간다.

S#56. 대군 처소 마당 (D)

여기저기 기웃대며 휘를 찾는 기특. 좀처럼 찾을 수가 없자 손나팔 만들어 휘를
부른다.

어린 기특   마마! 마마! 어디 계세요! 좀 나와보세요! (어디서 찾아야 하나, 난감하
            게 둘러보는데/다시 휘 부르려던 찰나 누군가의 손이 기특의 입을 막고 뒤로 질질
            끌고 가는) 읍읍!

전각 뒤로 끌려가는 기특. 휘다.

어린 휘   (기특 겨우 놓아주며) 정신이 있냐 없냐! 나 여기 숨어 있다 대놓고
            티내자는 수작이야? 내가 술래 되는 게 그렇게 좋아?

어린 기특   지금 술래잡기가 문제가 아니에요! 연이가 당하고 있단 말이에
            요!

어린 휘   뭐?

S#57. 다시 연못가 (D)

연이를 몰아가는 강.

어린 강   윗전에서 가라면 가고 오라면 올 것이지, 감히 아랫것이 간다 못
            간다 고집을 피워?

연이   마마, 고정하세요. 쇤네는 그저 먼저 모시던 주인을 떠날 수가 없
            어...

어린 강   내가 사가에서 자랐다고 무시하는 것이냐?

연이	(도리질 치고)
어린 강	세자저하 다음이 나야. 휘보다 내가 위라고!
연이	(겁에 질려) 마마... 왜 이러세요...
어린 강	거역하지 마.
연이	......
어린 강	나한테 오라구!
연이	아니 되옵니다!
어린 강	!
연이	... (겁나지만 할 말 하는) 쇤네가 순종해야 할 주인은 마마가 아니옵니다! 다른 분 전각으로는 안 가요, 못 가요!

순간적으로 열이 확 오른 강, 연이를 밀어버린다. 풍덩! 연못으로 빠지는 연이! 헤엄도 칠 줄 모르는데!

연이	마마! 마마!
어린 강	감히 날 거역해?
연이	(허우적거리며) 살려주세요! 살려주세요!
어린 강	(아랑곳없고) 내가 싫다 이거지?
연이	마마! 마마! (가라앉는)
어린 강	그럼 죽어버려! (차갑게 보고 섰는데)

허우적거리는 연.

S#58. 궁 일각 (D)

기특과 함께 급히 오고 있는 휘.

S#59. 연못가 (D)

필사적으로 발버둥 치던 연이, 물속에 잠겼다 떴다를 반복하다 점차로 움직임 둔해져 간다. 이윽고 둥실 떠오르는 작은 몸뚱이. 의식을 잃었다. 강, 그제야 당황하는. 뒷걸음질로 연못에서 물러나는데! 다가오는 휘와 기특. 강, 획 돌아서는데 눈앞에 휘와 딱 마주치고!

어린 휘	형! 연이는? 연이 못 봤어?
어린 강	(무시하고 그냥 가려는데)
어린 기특	(못에 빠진 연이 발견했다. 놀라서 소리치는) 마마!
어린 휘	(기특의 시선 따라가다 저도 본다) 연아!

망설일 것도 없이 달려가 물속으로 뛰어드는 휘! 같이 뛰어드는 기특! 강, 가다 말고 서서 휘가 하는 양 지켜보고.

휘, 연이를 물가로 끌고 온다. 기특이 먼저 위로 올라가 연이를 끌어내는데... 밑에서 휘가 받쳐 올려 간신히 연이를 땅 위에 눕히면.

어린 휘	(기특에게 소리치는) 내약방으로 달려! 가서 의원들을 데려와!
어린 기특	(다급히 달려가고)
어린 강	(다가오는데)

연이의 코 밑에 손가락 대보는 휘, 연이의 가슴에 귀도 대본다. 호흡도 느껴지지 않고 심장박동도 울리지 않는다. 연아! 연아! 소리치며 가슴을 흔들어보는데!

어린 강	... (싸늘하게 지켜보며)
어린 휘	(고개 들고 울부짖는) 왜 이렇게 된 거야! 뭐하다 빠진 건데! 형은 애 안 구하고 뭐한 거야!
어린 강	나, 헤엄칠 줄 몰라.
어린 휘	사람이라도 불러야지! 도움을 청했어야지! 죽어가는 걸 보고만 있으면 어떡해!
어린 강	찾았다구 좋아서 팔짝거리다 지 혼자 뒤로 넘어간 걸 어떡하라구.
어린 휘	(멎는/뭔가 이상하다) 기특이가 봤어.
어린 강	!
어린 휘	내가 들은 얘긴 달라!

강, 한쪽 무릎으로 앉으며 휘와 눈높이 맞춘다.

어린 강	(씨익 웃으며) 기특이가 뭐래는데? 걔가 뭘 봤대?
어린 휘	! (섬뜩한)

S#60. 동 장소 - 시간경과 (D)

어의가 고개를 젓고. 죽어 있는 연이. 몰려선 궁녀들과 생각시들, 울음을 터뜨린
다. 굳은 얼굴로 지켜보던 휘, 가슴이 무너지고. 강은 포커페이스 유지하고 있는
데. 각 보모상궁들이 강과 휘의 눈을 각각 가리며 시체에서 멀어지게 하려 한다.
내관들, 들것으로 연이를 옮기는데. 반대 방향으로 갈라지는 두 왕자. 휘, 시야를
가린 상궁의 손을 치운다. 강이 저를 보고 있다. 휘, 강을 노려보고. 강, 그런 휘
의 시선을 받아내는데.

S#61. 강의 처소 앞 (D)

강, 수행들과 들어서는데 마당에서 기다리고 있던 양안대군이 돌아선다. 새로
만든 작은 활을 하나 들었다.

양안대군	(활을 들어 보이며) 어서 오시게!
어린 강	...
양안대군	조선 최고의 궁장 솜씨지. 조카님을 위해 특별히 만든 것이야.
어린 강	(울먹이며) 백부님...
양안대군	!?

제 편을 만나 마음이 툭 터진 강, 그제서야 울음 터뜨리며 백부에게 달려가는.
사실은 겁이 나 있다. 그도 아직은 어린 소년일 뿐인데...

양안대군	무슨 일이냐, 누가 우리 조카를 서럽게 한 것이야?
어린 강	전 이제 어떡합니까? 궁에서 다시 쫓겨나는 것입니까? 아니면 감 옥에 가야 합니까!
양안대군	일국의 왕자를 누가 그리 한단 말이냐!
어린 강	......

S#62. 휘의 처소 (D)

휘, 굳은 얼굴로 젖은 옷을 벗고 있다. 기특, 훌쩍이며 시중을 들고 있는데...

어린 휘	... 네가 본 걸 말해봐. 연이를 마지막으로 본 사람은 형님 말고 너 밖에 없어.
어린 기특	멀어서 얘기가 잘 들리지는 않았사온데, 연이더러 전각을 옮기라 고 하시는 것 같았습니다.
어린 휘	!
어린 기특	근데 연이가 싫다고 하니까 화를 내면서 애를 막 물가로 모시구... 그대로 두면 안 되겠다 싶어 마마를 모시러 간 것이옵니다.
어린 휘	화가 나 있었다...

인서트) 59씬. 아무렇지도 않게 거짓말하던 강.

어린 강	찾았다고 좋아서 팔짝거리다 지 혼자 뒤로 넘어간 걸 어떡하라구.

휘, 무서운 예감이 드는데...

어린 휘	세답방에 가서 마른 옷을 받아 오너라. 형님하구... 얘길 해봐야겠 다.

기특, 새 옷 가지러 나가고. 건포를 집어 든 휘, 젖은 몸을 대충 닦아낸다.

S#63. 세답방 앞/복도 (D)

휘의 옷을 받아 나온 기특, 복도를 다급히 가는데... 누가 다리를 걸고. 쾅당! 넘 어지는! 갑자기 머리 위로 훅 씌워지는 검은 보자기! 내관들에게 어디론가 끌려 가는 기특! 목이 졸려 켁켁거리며 비명도 못 지르는데! 복도에 떨어진 휘의 옷.

S#64. 휘의 처소 (D)

기다리던 휘, 소식이 없자 바깥을 향해 묻는다.

어린 휘	기특아, 옷은 아직 멀었느냐?

아무런 기척이 없고. 이상한 휘, 건포로 몸을 가리며 문을 열어본다. 텅 비어 있 는 전실. 휘, 불길함이 엄습하고...

S#65. 강의 처소 앞 (D)

다급히 강에게로 가고 있는 휘. 안에서 양안대군이 나온다.

어린 휘	백부님... (인사하는)
양안대군	강을 만나려는 것이냐?
어린 휘	... 예. 형님께 물어볼 게 있어서요.
양안대군	돌아가거라.
어린 휘	?
양안대군	덮어.
어린 휘	! (뭔가 알고 있구나)
양안대군	그리고 잊어.
어린 휘	... 사람이 죽었습니다.
양안대군	강이 벌이라도 받을 거 같으냐?
어린 휘	!!
양안대군	죽은 생각시와 살아 있는 왕자. 왕실이 둘 중에 누굴 보호할지 너도 잘 알 텐데?
어린 휘	......
양안대군	중궁은 목격자를 없앨 것이다.
어린 휘	!
양안대군	핏줄인 너야 어쩌지 못할 거고 다른 눈은 처리를 하겠지.
어린 휘	......
양안대군	아랫것을 하나 더 잃고 싶으냐?
어린 휘	...... (파랗게 질리는/백부가 데려갔구나!)
양안대군	이미 죽은 사람 위하자고 산 사람을 또 죽일 수야 없지... 네가 덮어야 잡음 없이, 더 이상의 희생 없이 묻히는 것이다.
어린 휘	기특인 어딨습니까. 그 아인 아무 죄가 없습니다!
양안대군	(말투 바꾸는/그래서 더 사악해 보이는) 녀석을, 살리고 싶으십니까?
어린 휘	... (두려우나 굴하지 않고) 겁박하지 마십시오.
양안대군	겁박이라니요. 종사를 위해 보위까지 양보한 큰애빕니다. 이 사람은 그저, 왕실의 안녕을 바랄 뿐이에요.
어린 휘	......

S#66. 궁 일각/창고 (N)

머리에 보자기 씌워진 기특, 손발이 묶인 채로 던져져 있다. 스며드는 달빛. 무서워서 흐느끼는...

어린 기특   마마... 마마... 살려주세요... 저 좀 살려주세요...

끼익, 문이 열린다. 온몸으로 긴장하며 뒤로 물러앉는 기특. 그 앞으로 길게 드리워지는 그림자.

어린 기특   (공포감에) 누구요! 거기 누구냐고!

양안대군이다. 뒤에는 63씬에서 기특을 잡아 온 내관들.

S#67. 내전 앞 (N)

중전 심씨의 실루엣 보인다. 가만히 책장 넘기는 모습.

내전 마당 구석 어둠 속에 휘가 홀로 서 있다. 나아가려다 망설이며 멈추는. 기특까지 잃을지 몰라 모후 앞에 나아가지 못하는데... 강의 악한 마음과 백부의 겁박에 홀로 맞서야 하는 두려움... 외로움... 그렇게 오도 가도 못하는 휘의 고립무원 처지...

S#68. 강의 처소 (N)

강, 휘가 준 시를 다시 꺼내 보고 있다.

어린 강   날마다... 밤마다 내가 보고 싶었다고? ... 아우님... 나도 그랬다네. 나 역시 기억조차 나지 않는 궁이 그리워 밤마다 베갯잇을 적시며 눈물을 삼키었지.

그러면서 시문을 찢어내리는 강. 휘가 준 시를 갈기갈기 찢어버린다.

S#69. 습사장 (다음 날 D)

과녁을 향해 날아오는 활. 정중앙에 명중하고! 양안대군이 어린 강에게 새 활로 연습을 시키고 있다.

양안대군	어떠냐? 손에 맞느냐?
어린 강	쓰던 것보다 훨씬 좋습니다. 무게는 가벼운데 살은 더 멀리 나갑니다.
양안대군	연습용이 아니라 실전용이다. 전장에서 바로 쓰이는 물건이지.
어린 강	! (새삼 다시 살펴보는. 활을 뿌듯하게 보다가 어두워지는) 아바마마와 어마마마께서 생각시 일을 아시면... 저는 어떻게 됩니까?
양안대군	모르면 된다.
어린 강	!
양안대군	휘는 입을 열지 못할 게야.
어린 강	? (의아하고)
양안대군	조카님이 약점을 잡힌 게 아닙니다. 오히려 조카님이 동생의 약점을 쥔 세야.
어린 강	!
양안대군	재미있지 않으냐? 너의 비밀이 휘의 족쇄가 되는 것이.
어린 강	... (이해가 갈 듯도 하고)
양안대군	기죽지 마라. 눈치 보지도 마.
어린 강	(보면)
양안대군	당당하게, 더 강하게 나가거라. 권력은 모든 잘못을 다 덮을 수 있으니... 그 누구도 너에게 잘못을 묻지 않게 하려면, 자고로 힘이 있어야 하느니라.
어린 강	... (새겨듣는)

강, 전통에서 살을 뽑아 다시 활시위 겨누는데. 손 놓으면, 날아가는 살!

S#70. 궁/연못가 (D)

연못에 툭 떨어지는 꽃가지 하나. 휘가 연이를 향해 보내는 애도의 표시다. 뒤에 서 있는 기특. 무사히 돌아왔다.

어린 휘	연이가 팔 다쳤을 때... 생각나느냐?
어린 기특	(훌쩍이며) 그럼요. 마마께 올릴 대추를 딴답시고 나무에 올랐다가 그만...
어린 휘	(가슴 아픈) 가진 것 없는 어린 계집아이가 늘 뭔가 주고 싶어 안달하며... 위해주구, 보살펴주구...
어린 기특	... (하나하나 생각나는데)
어린 휘	연이의 눈이 늘 나를 따라다녔다. 어딜 가도 그 애가 느껴졌어.
어린 기특	마마만 바라보는 해바라기였지요.
어린 휘	지나치게 의지할까 저어되어 부러 차갑게 굴기도 하였는데... 그러지 말걸.
어린 기특	후회... 되세요...?
어린 휘	따뜻하게 웃어줄걸, 다정하게 말해줄걸. 이리 짧은 생인 줄 알았더라면 내 그 무엇도 아끼지 않았을 텐데.
어린 기특	마마, 공연히 저 때문에...
어린 휘	... 잘 들어.
어린 기특	(긴장하며)
어린 휘	앞으로 내 곁에서 떨어지지 마.
어린 기특	예.
어린 휘	그리고 연이 일은... (차마 입이 떨어지지 않지만) 잊어.
어린 기특	...
어린 휘	형님을 입에 올리는 일도, 있어서는 안 돼.
어린 기특	......
어린 휘	내 사람을, 또 잃을 순 없다.
어린 기특	마마... (훌쩍거리고)
어린 휘	(애써 눌러둔 고독한 울분이 치밀어 오르는) 내가 아직은 어리고 힘이 없어... 연이의 억울한 죽음도 밝혀주지 못하고... 겨우 너 하나 지킨 게 다야.
어린 기특	......
어린 휘	(기특의 눈을 들여다보며/자기 자신에게 말하듯) 너두... 나두... 강해져야 해. 그래야 서로를 지킬 수 있어.
어린 기특	마마...

물 위에 떠 있던 꽃가지 한쪽으로 흘러가고...

누군가의 손이 새로운 꽃가지를 물 위에 놓아주는데... 카메라, 그 손을 따라 올라가면... 다 자란 휘다. 해마다 연이의 기일이 되면, 연못가에 와서 꽃을 놓아준다. 그렇게 물 위의 꽃을 보고 섰는데...

휘   연아... (한동안 말을 잇지 못하는) ... 잘 있느냐? 아직도 꼬맹인지... 이제 다 컸는지... 궁금하구나.

그런 휘의 뒷모습을 향해 겨눠지는 활. 강이다.

휘   이제는 네 얼굴이... 잘 안 그려져.

강이 휘의 목덜미를 겨누고 있다 살짝 방향 바꾸는. 시위를 놓는다! 날아가는 화살! 물 위의 꽃송이를 터뜨리고 물속을 지나 못 바닥에 콱! 박힌다! 물속에서 자욱하게 일어나는 흙먼지.

휘, 놀라서 돌아보면. 묘하게 웃으며 다가오는 강. 분노를 조용히 누르며 긴장하는 휘, 다가오는 강을 바라보는 얼굴에서 엔딩!

2부

S#1. 궁/연못가 (D) - 1부 엔딩에서 연결

연못에 툭 떨어지는 꽃가지 하나. 휘가 연이를 향해 보내는 애도의 표시다. 뒤에 서 있는 기특. 무사히 돌아왔다.

어린 휘	연이가 팔 다쳤을 때... 생각나느냐?
어린 기특	(훌쩍이며) 그러믄요. 마마께 올릴 대추를 딴답시고 나무에 올랐다가 그만...
어린 휘	(가슴 아픈) 가진 거 없는 어린 계집아이가 늘 뭔가 주고 싶어 안달하며... 위해주구, 보살피구...
어린 기특	... (하나하나 생각나는데)
어린 휘	연이의 눈이 늘 나를 따라다녔다. 어딜 가도 그 애가 느껴졌어.
어린 기특	마마만 바라보는 해바라기였지요.
어린 휘	지나치게 의지할까 저어되어 부러 차갑게 굴기도 하였는데... 그러지 말걸.
어린 기특	후회... 되세요...?
어린 휘	따뜻하게 웃어줄걸, 다정하게 말해줄걸. 이리 짧은 생인 줄 알았더라면 내 그 무엇도 아끼지 않았을 텐데.
어린 기특	마마, 공연히 저 때문에...
어린 휘	... 잘 들어.
어린 기특	(긴장하며)
어린 휘	앞으로 내 곁에서 떨어지지 마.
어린 기특	예.
어린 휘	그리고 연이 일은... (차마 입이 떨어지지 않지만) 잊어.
어린 기특	...
어린 휘	형님을 입에 올리는 일도, 있어서는 안 돼.
어린 기특	......
어린 휘	내 사람을, 또 잃을 순 없다.
어린 기특	마마... (훌쩍거리고)
어린 휘	(애써 눌러둔 고독한 울분이 치밀어 오르는) 내가 아직은 어리고 힘이 없어... 연이의 억울한 죽음도 밝혀주지 못하고... 겨우 너 하나 지킨 게 다야.
어린 기특	......

어린 휘	(기특의 눈을 들여다보며/자기 자신에게 말하듯) 너두... 나두... 강해져야 해. 그래야 서로를 지킬 수 있어.
어린 기특	마마...

물 위에 떠 있던 꽃가지 한쪽으로 흘러가고...

누군가의 손이 새로운 꽃가지를 물 위에 놓아주는데... 카메라, 그 손을 따라 올라가면... 다 자란 휘다. 해마다 연이의 기일이 되면, 연못가에 와서 꽃을 놓아준다. 그렇게 물 위의 꽃을 보고 섰는데...

휘	연아... (한동안 말을 잇지 못하는) ... 잘 있느냐? 아직도 꼬맹인지... 이제 다 컸는지... 궁금하구나.

그런 휘의 뒷모습을 향해 겨눠지는 활. 강이다.

휘	이제는 네 얼굴이... 잘 안 그려져.

강이 휘의 목덜미를 겨누고 있다 살짝 방향 바꾸는. 시위를 놓는다! 날아가는 화살! 물 위의 꽃송이를 터뜨리고 물속을 지나 못 바닥에 콱! 박힌다! 물속에서 자욱하게 일어나는 흙먼지.

휘, 놀라서 돌아보면. 묘하게 웃으며 다가오는 강. 분노를 조용히 누르며 긴장하는 휘, 다가오는 강을 바라본다.

휘	(처음 당하는 일이 아니다) 언젠가 한 번은 기어이 맞지 싶습니다?
강	우리 아우님께서 무슨 생각을 그리 골똘히 하시는지... 사람이 와도 모르길래... (씩 웃는데)
휘	... (별로 맘에 안 드는 취미고)
강	계집애같이 연못에 꽃이나 띄우면서 노는 게냐?
휘	......
강	(옆에 와 서며/일부러 짓궂게) 왜, 뭐 볼 거라도 있어?
휘	(티내지 않으려는) 화살 좀 아껴. 시장¹)들 힘들어.
강	(한 팔로 휘의 어깨 휘감으며) 오늘은 같이 나가자.

휘	사냥은 별루야. 종학두 빠지면 난리 나구...
강	백부님이 부르셨다 하면 되지. 어마마마두 아바마마두 백부님한 테는 뭐라구 못하시잖아.
휘	...... (생각 없고)

걸어가는 형제. 어린 날의 일들은 까맣게 잊은 듯 사이좋은 분위기인데...

물 위에 산산이 흩어진 꽃잎들...

S#2. 도성 골목/저잣거리 (D)

바삐 오가는 사람들, 길가에 난전들, 활기 넘치는 도성의 거리. 그 사이를 뚫고 지나가는 꽃가마 한 대, 두 대, 세 대. 각기 다른 방향에서 어느 한 지점을 향해 모여드는 가마들. 가마 없이 몸종을 데리고 쓰개치마 쓰고 가는 소녀들의 모습 도 보이고.

S#3. 설화의 집 앞 (D)

가마들이 차례로 와 선다. 호종하던 하녀들이 일제히 가마문 열고! 차례로 나오는 꽃 같은 소녀들. 다른 소녀들에 비해 검소하고 단정한 차림의 나겸이 오히려 이채롭고. 서로를 알아본 소녀들이 가볍게 목례하며, 혹은 반가움에 손을 맞잡으며 안으로 든다.

늦게 온 가마 한 대. 그 집 하녀 끝단이가 마지막으로 가마문 여는데... 아무리 기다려도 버선코가 나오지 않는다.

끝단	(조심스레 불러보는) 아씨...

안에서는 아무런 대답이 없고.

끝단	자현 아씨!

---

1) 시장(矢匠) : 화살을 만드는 장인

그래도 정적. 기다리다 가마 안을 들여다보려는데 드르렁! 벼락같은 코골이! 에구머니! 놀라서 뒤로 엉덩방아를 찧는 끝단! 코 고는 소리는 계속 우렁차게 흘러나오고. 끝단, 일어나 추스르며 다시 가마 안 들여다보면.

가마 안에서 양다리 한껏 벌리고 가마 벽에 기대 입은 헤벌레... 숙면 취하고 있는 우리의 아씨... 자현...

끝단   (한심하게 보다가 다리 톡톡 두드리며 깨운다) 아씨, 아씨! 다 왔어요. 좀
           일어나보세요!

화들짝 깨어나는 자현.

자현   (한 손으로 침 닦으며) 어? 다 왔다구? (자기가 지금 어디 있는 줄도 모르고
           무심코 일어나다가 가마 천장에 머리를 쾅!)
끝단   (놀라서/비명) 아씨!

아파서 머리 싸쥐고 난리 나는 자현. 총체적 난국이다.

S#4. 설화의 집/별채 - 신부수업 비밀 과외방 (D)

줄지어 서 있는 소녀들의 모습 보인다. 공간을 넓게 쓰기 위해 장지문, 바깥문이 다 열려 있는 오픈 스튜디오 형태. 치장이 화려하고 도도한 집주인 설화, 당당하고 안정된 자태의 나겸, 역시 못지않게 귀티 나는 소녀들 뒤로 연신 하품하고 있는 자현. 지시봉을 든 연상궁이 소녀들의 걷는 태를 보고 있다. 과거에 어린 강의 입궁을 만류하던 바로 그 보모상궁이다. 한 사람씩 차례로 앞을 지나가고.

연상궁   (한 사람 한 사람 매의 눈으로 살피는/지시봉으로 어깨 누르거나 허리를 세워주
           는 등 지도해가면서) 어깨 내리고 허리 펴고! 발바닥 밑에 달걀을 두
           고 가는 것처럼 사뿐사뿐! 발을 질질 끌지 말 것이며 지나치게 빨
           리 걸어서도 아니 됩니다.

단아하게 걸어가는 나겸.

연상궁	(만족스러운 듯) 완벽! 통!

턱을 치켜들고 거만하게 걸어가는 설화.

연상궁	(지시봉으로 턱 끝 건드리는) 턱 내리시고!

지적받은 설화, 기분 나쁘고. 이윽고 자현의 차례. 잠이 덜 깬 채로 터덜거리며 걸어가다가 치맛단 밟고 콰당! 앞으로 넘어지는데! 일순 정적. 설화부터 피식 비웃으면 따라서 와~ 웃으며 자지러지는 소녀들. 나겸은 무성의하고 어설픈 자현에게 짜증이 나고. 한두 번이 아니다.

연상궁	(자세 낮춰 넘어져 있는 자현과 눈높이 맞추며) 진정, 자현 아씨가 맞으십니까... 천방지축 행랑 하녀를 대신 보낸 것은 아니구요?
자현	(태연하게 툭툭 털고 일어나는) 그르게 저는 좀 빼주시라니까. 중전이구 군부인이구 뭐구 간에 되구 싶은 사람만 가르치심 되잖아요.
연상궁	나겸 아씨 본 좀 받으십시오. 이미 정혼이 된 마당에도 저리 열심이신데.
나겸	... (신경 안 쓰는 척하지만 은근 자부심에 차는)
연상궁	아직 간택후보에도 오르지 못한 아씨는 얼마나 더 열심히 하셔야겠지요.
자현	아 글쎄, 저는 시집갈 생각이 없다니까요!
설화	(비웃는) 내숭은. 그러면서 신부수업에 꼬박꼬박 나오는 건 뭔데? 정말로 생각이 없음 들어오질 말든가.
자현	(나도 진짜 오기 싫거든?) 집에 가서 맞아 죽을까 봐 그런다.
설화	그게 다 핑계지. 좀 솔직해져 봐. 넌 그냥 자신이 없는 거잖아.
자현	어쩌냐, 그런 나 하고 싶어 죽겠는 너나 똑같은 불통이라.
설화	! (약 오르고)
나겸	(수업 분위기 다잡으려) 마마님, 다음 수업을... (진행하라는)
연상궁	모두 자리로! 이번엔 앉는 태와 절을 보겠습니다.

소녀들, 간격 맞춰 제자리에 서는데... 슬금슬금 뒤로 빠지더니 허리 낮춰 밖으로 새버리는 자현. 나겸, 그런 자현 발견하고. 연상궁, 나겸의 기색에 돌아보는. 도망가는 자현의 뒤태.

연상궁	저, 저저... 뭐하시는 겁니까! 자현 아씨! 돌아오세요! 어서요!
자현	뒷간이 급해서요~ 하구 계세요! 금방 갔다 올게요!

소녀들, 킥킥대고 웃고... 연상궁, 고개를 절레절레.

S#5. 설화의 집 앞 (D)

가마 앞에서 꾸벅꾸벅 졸다 깨다 하품하며 대기하는 끝단. 안에서 급하게 나오는 자현.

자현	끝단아! 빨리빨리!
끝단	(놀라서 보며) 아씨! 또 땡땡이치시는 거예요? 으른들 아시면 저 죽어나요!
자현	(집에선) 몰라몰라. 출석 도장은 찍었는데 뭐. (하면서 가마 안으로 드는데)

끝단, 말려도 소용없음을 안다. 한숨 쉬며 가마의 문을 닫는데...

S#6. 거리 (D)

휘가 걷고 있다. 수려한 외모, 당당한 걸음과 곧은 자세에서 기품이 배어 나오는데. 여염집 하인으로 위장하여 호종하는 기특, 연신 주변을 살피고.

S#7. 화방 앞 (D)

끝단이 데리고 화방으로 들어가는 자현. 기대에 차 있다.

S#8. 동 안 (D)

연지색, 주색, 홍황색, 가지색, 유황색, 담황색 등등 색색의 안료와 종이, 붓들이 보관, 전시되어 있는 화방 내부. 주인이 배달되어 온 새 안료들을 진열대 위에 늘어놓고 있다. 매대 한쪽에는 청색 안료 심중청[2]이 올라가 있는데. 자현과 끝단이 들어선다.

화방 주인	어서옵쇼! (하면서 심중청을 슬쩍 감추는데)
자현	(반갑게) 오늘은 들어왔죠?
화방 주인	아이고 아씨, 소인이 몇 번을 말씀드렸습니까... 퍼런 것들은 죄다 궁으로 들어가서 도통 구할 수가 없다니까요.
자현	(이미 심중청을 봤다. 다가가서 휙 빼앗는) 주인장은 색맹이오? 이건 뭐 파란 게 아니고 빨간 거요?
화방 주인	(도로 빼앗으려 하며) 이건 이미 임자가 있습니다.
자현	(안 뺏기려 감추며) 몇 달 동안 오매불망 기다린 나는요? 이건 내가 가져야겠어요.
화방 주인	아씨 물건이 아닙니다요! 억만금을 주셔도 안 돼요!
끝단	어어... (두 사람 실랑이에 자현 보호하려고 허둥거리는)

자현, 화방 주인과 실랑이 벌이고 있는데 휘와 기특이 들어선다. 화방 안의 광경에 멈칫 서면. 마침내 자현의 손에서 심중청 안료 잡아챈 화방 주인, 자현이 끝까지 안 주려고 버티다가 우왁! 뚜껑이 열리면서 자현의 치마폭으로 안료가 우수수 쏟아진다! 온통 퍼런 칠을 하게 된 자현!

정적이 흐르는 화방 안.

화방 주인	이를 어째 이를! (달려들어 바닥에 떨어진 안료통 주우며 울상 되는/일부러 과장되게) 족히 백 냥은 넘는 심중청인데!
끝단	(허걱하고) 배배배, 배... 백 냥?!
자현	(당황하는) 이게 그리 귀한 것이오?
화방 주인	(버럭 화내며) 궁에서만 특별히 쓰이는 귀한 거란 말입니다! 당장 물어내세요!

글쎄다 싶어 갸웃거리는 휘.

자현	(질리는) 나더러 지금... 백 냥을 내란 말이오?
화방 주인	(기세 등등) 그럼 남의 장사 망쳐놓고 입 싹 닦으려 하셨소?

---

2) 궁중의 채색화에 사용된 짙은 청색 안료. 원료는 심중청석(구리산화물의 일종인 남동석Azurite) 이다.

끝단	아씨, 어뜩해요! 마님은 우리가 여기 온 것도 모르시는데...
자현	... (난감한데)
화방 주인	(끝단이 잡아끌며) 대금이 없으면 계집종이래두 넘기시던가!
끝단	(겁에 질려) 아씨!
자현	끝단아!

두 소녀, 어쩔 줄을 모르는데 자현의 치맛자락이 위로 확 들려진다. 눈이 경악으로 커지는 자현! 휘가 자현의 치맛단을 들어 손가락으로 안료 가루를 스윽 훑어내는데.

자현	(치맛단 아래로 다시 쳐내며) 무슨 짓이에요!

끝단, 주인을 보호하기 위해 자현 앞으로 나선다.

끝단	미쳤어요! 멀쩡하게 생겨가지구 어디서!
화방 주인	아이구, 도련님! 마침 잘 오셨네! (자현에게) 이분이 주문하신 거란 말이에요!

아랑곳없는 휘, 손가락에 묻은 안료를 혀끝에 대본다.

휘	(화방 주인에게) 왜국에서 들어온? (맞나는)
화방 주인	역시 잘 아시네! 조선에서는 심중청을 구할 수가 없습니다요, 죄다 물 건너온 거지. 그래서 금값이에요!

휘, 자현에게 다가간다. 경계하며 뒤로 물러나는 자현. 휘, 자현 앞에 와서 혀를 불쑥 내민다. 휘의 돌발행동에 기겁하는 자현!

휘	(불쑥) 무슨 색인지?
자현	(당황하는)
휘	내 혀가 무슨 색이냐고.
끝단/기특	(놀라고 이해가 안 돼서 보는데)
자현	(얼결에) ... 까... 까맣습니다.
휘	(혀 집어넣고 피식)

자현	(부끄러움에 얼굴 붉어졌다 문득 깨닫는) !
휘	(주인에게) 이게 도화원에 들어간다는 바로 그 물건?
화방 주인	아시다시피 시중에는 판매를 안 하는데, 도련님 꺼로 특별히 하나 빼놓은 거를 이 손님이 쏟아버리는 바람에.
휘	(자현에게) 한 냥.
자현	?!
휘	안료 값으로 한 냥 물어주면 된다고.
자현	! (알아듣고 얼굴 펴지는)
화방 주인	백 냥이라니까요!
휘	심중청이 맞다면 백 냥을 호가하는 것이 맞으나, 청화색에 송연을 섞어 만든 가짠데 한 냥도 아깝지.
화방 주인	(찔리지만 우겨보는) 가짜라니, 가짜라니!
휘	(무섭게 정색하는) 감히 나라에 가짜 안료를 들이밀고 무식한 손이라 하여 색으로 사기를 쳐?
자현	!!? (뭐, 무식? 기분 팍 상하고)
휘	네놈이 포도청에 끌려가 치도곤을 맞아봐야 정신을 차리겠느냐!
화방 주인	! (허걱 놀라/대번에 무릎 팍 꿇고 싹싹 빈다) 살려주십쇼, 도련님! 소인이 일부러 그런 것은 아니옵고 요즘 심중청 구하기가 하늘의 별 따기라... 원래는 양심적으루다가 정품으로만 장사를 하는데...
휘	(기특에게) 거래 끊어라.
기특	예, 도련님!
휘	도화원에 일러 납품처도 바꾸라 하고.
기특	알겠습니다. (휘를 모시고 나가는데)

주저앉는 화방 주인. 휘를 따라 나가는 자현. 끝단, 화방 주인에게 돈 던져주고 서둘러 자현 따라간다.

S#9. 동 앞 (D)

자현, 앞서가는 휘를 불러 세운다.

자현	저기요.

돌아보는 휘와 기특.

자현	감사합니다. 도련님이 아니었으면 꼼짝없이 백 냥을 물어줄 뻔하였네요.
휘	그림 그리는 자가 그렇게 색에 둔감해서야...
자현	! (무안하고 자존심 꽉!)
휘	속일 수도, 속여서도 안 되는 색을 두고 장난질 치는 것이 괘씸하여 혼을 낸 것일 뿐. 나한테 그리 고마울 것 없다.
자현	(계속 말이 짧네? 기분 점점 더 안 좋지만) 제가 그림을 그리는 것은 어찌 아셨습니까?
휘	(자현의 손가락을 보며) 붓을 잡는 손에.
자현	(손 감추고)
휘	(가까이 다가가 냄새를 맡는)
자현	(당황하여 물러서고)
휘	매화꽃 안료 향이 이리 짙게 나는데 모를 수가 있나.
자현	!

휘, 물러선 자현 일별하고 가던 길 가려는데.

자현	헌데, 사과는 하시지요.

이건 또 뭐지? 다시 돌아보는 휘.

자현	여인의 치맛자락을 함부로 들어 올리다니! 이는 용납될 수 없는 무례가 아닙니까!
휘	(그저 보는데)
자현	뺨 맞지 않은 걸 다행으로 아셔야 할 겝니다.
휘	흐음... (생각해보다가) 그쪽의 감사를 거절하였으니 나한테 받고 싶다는 사과도 생략하지. 피차간에 오늘의 일은 다 없었던 것으로. (가려는데)
자현	무례하다 못해 뻔뻔하기까지!
기특	! (기겁하고)
휘	(열 좀 받는다. 차갑게 보면)

자현	어따 대구 반말이니?
휘	!! (점점!)

기특과 끝단, 놀라서 보고.

자현	댁은 몇 살인데? 여자면 반가의 규수라도 반말해도 된다고 누가 그러든?
기특	(안절부절) 아씨, 뉘신지 모르나 이러시면 안 됩니다. 이분은...
휘	(차림을 훑어보며/OL) 보아하니 양반인 거 같기는 한데... 뭐 그닥 음전한 규수 같지는 않아서.
자현	! (발끈) 댁두 뭐 점잖은 도련님 같지는 않거든!
휘	그럼 그쪽두 반말하든가. 이미 하고 있지만... (인심 쓰듯) 내 허락해주지.
자현	(더 약 오르고) 어디 사는 누군지는 몰라도 오늘의 무례는 대가를 치러야 할 것이다.
휘	내가 누군지 궁금하다?
자현	! (그걸 또 뭘 그렇게 해석해? 아니거든?!)
기특	(말할까 봐) 도련님!
휘	나는!

일동, 쳐다보고.

휘	관광방 사는 이가다. 할 말이 있거든 언제든 찾아오너라.
자현	......
휘	(가까이 훅 들어오며) 부디 잊지 말거라.
자현	! (기겁하고)
휘	내 얼굴, 내 이름을.
자현	(밀리지 않고 버티는데)
휘	(스윽 물러나면)
자현	(그제야 참았던 숨 내쉬고)

휘, 돌아서서 유유히 멀어진다. 기특, 따라가고. 자현, 약 올라서 노려보는데.

끝단	얼굴은 곱게 생겨갖구 성질머리는 영 별로네요?
자현	내가 이래서 시집 따위 안 가고 싶다니까. 조선 팔도 사내들이라는 게 다 저 모양이라서!
끝단	아씨두 만만치 않으셨거든요?
자현	(흘기고)
끝단	...... (시선 피하는)
자현	근데... 나한테서 물감 냄새가 그리 나니?
끝단	(킁킁대며 맡아보는) 지는 잘 모르겠는데요...

자현, 소맷자락을 코에 대고 냄새 확인해보는. 휘의 말이 신경 쓰인다.

S#10. 길 (D)

휘, 기특과 걷고 있다.

휘	여염집 처자들은 다 저 모양이냐?
기특	글쎄요, 저도 잘... 여염의 처자들은 못 만나봐서...
휘	도와준 호의에 치한 취급이라니. 참으로 모욕이 아니냐.
기특	지 생각에는... 아까 같은 상황이면 저쪽에서는 그럴 수 있지 싶기도...
휘	(노려보는)
기특	(시선 돌리며 딴청하고)

S#11. 설화의 집 앞 (D)

신부수업이 끝났다. 재잘거리며 나오는 소녀들. 작별인사 나누고 대기해 있던 가마들에 하나둘 올라탄다. 앞다투어 떠나는 가마들.

S#12. 설화의 집/설화의 처소 (D)

설화의 청으로 남아서 다과 나누는 나겸.

설화	나겸이 네가 괜히 서둘렀어.

나겸	?
설화	좀만 기다렸음 군부인이 아니라 중전마마가 될 수도 있었잖아. 친언니 제껴가며 차지한 자린데... 이왕이면 대군저보다 중궁이 낫지 않겠어?
나겸	... (모르는 소리 하고 있네)
설화	바로 간택령 내려올걸?
나겸	... 탐나면 너나 노려보든지.
설화	난 재취는 싫어.
나겸	! (언짢다/누르고) 나라의 국모가 되는데두?
설화	대전이 부실하다는 소문이 파다하잖아. 동궁 시절부터 다들 아는 사실 아냐?
나겸	(그러면서 그 자릴 권하는 심보가 우습고) 헌데 나한테는 그런 자리 아쉽겠다구?
설화	(차 새로 따르는) 넌 나랑 처지가 다르잖아.
나겸	!
설화	난 그냥 멋진 남자를 원하는 거고... 넌 그게 아니지 않니?
나겸	나두 전하한테는 관심 없어.
설화	그저 대군으로 만족한다는 거야?
나겸	사내란 무릇... 지금의 처지보다 앞날이 더 중요한 법이야. (나도 그렇다는/깔보지 말라는)
설화	가능성을 보시겠다?
나겸	... (말을 아끼고)
설화	대군이 강건한 건 확실하다니?
나겸	소문이야 맨손으로 호랑이도 때려잡는다지만... 모르지 뭐. 떠도는 소문이란 게... 워낙 헛소리들이 많으니.
설화	뒷조사까지 끝냈다?
나겸	...... (태연히 차 마시는)

S#13. 사냥터 (D)

멧돼지 한 마리가 나무 뒤에서 큿큿거리고 있다. 시위를 매긴 채 사냥감을 노리고 있는 한 사내의 눈, 매처럼 날카롭게 빛나는데... 숨어 있던 멧돼지, 앞으로 나오면서 모습을 드러내고. 순간을 놓치지 않고 쏘아지는 살! 휘익! 날아가 꽂히는! 산자락을 찢을 듯 울리는 멧돼지의 포효! 신속하게 두 번째 화살을 날리고! 다른 일행들도 다 같이 살을 날린다! 이윽고 벌집이 되어 쓰러지는 멧돼지! 사냥개들 달려가 도망가지 못하게 미친 듯이 짖고! 기다리던 시종 어을운과 몰이꾼들이 달려가 사냥감을 수습한다. 이윽고 전신을 드러내는 사내는 진양대군 강이다. 다가가는 양안대군.

양안대군	(강의 어깨를 두드리며) 우리 조카님이 많이 늘었구나. 이제 활로는 어디 가서 안 지겠다.
강	... (씨익 웃고)

자신감에 차는 강.

S#14. 경복궁 전경 (D)

S#15. 편전 (D)

주상 아래 문무반이 도열해 있다. 좌의정 김추가 우의정 박부경의 도발에 일갈하는.

김추	세자가 아닌 세제를 세우자니! 그 무슨 망발이오! 전하의 춘추 아직 한창이시오! 국상도 끝난 이때, 하루빨리 중궁을 뫼시고 후사를 도모하면 될 것을!
박부경	비록 보위에 오른 것은 3년이나 20년간을 세자위에 계셨소이다. 성혼한 지 십수년이 지나도 후사가 없으시고 이제 중궁마저 비어 있으니! 세제라도 정하여 국본을 든든히 하는 것이 종사를 위한 일이외다!

표정 다스리는 주상. 대비의 남동생 도승지 심정도 역정을 낸다.

심정	지금 우상이 하는 말은 자칫하면 역심으로 들릴 수 있음을 모르시오? 어찌 이리 천지분간을 못하시오!
정연	(느물거리는) 입에 발린 말만 하는 게 충정이 아니외다! 북으로는 오랑캐의 침입이 쉴 새 없고 남으로는 왜구의 노략질이 끊임이

	없는데... 불안한 정세에서는 국본부터 정하는 것이 순리지요.
도연수	지금 어느 안전이라고 망발이오!
성억	(중재에 나서고) 일에는 순서가 있는 법입니다. 국본을 정하는 일도 필요하나, 지금은 비어 있는 중궁을 뫼시는 일이 먼접니다.
주상	싸우지들 마시오. 좌상이나 우상 모두 길이 다를 뿐이지 나라를 위한 충정은 같다고 보오. 허나 이제 국상이 끝난 지 얼마 되지 않았으니 일의 선후는 자전과 의논하여 정하리다. 경들은 그리 아시오.
김추	전하! 선왕을 그리는 전하의 효심은 지극히 아름다우나 국혼은 사사로운 개인사가 아니라 나라의 근본을 정하는 일이옵니다. 한시가 급하오니 하루빨리 국모를 맞이하시어.
주상	(OL) 좌상의 충정은 잘 알겠소. 자전과 의논하리다.
박부경/정연	(못마땅한)
심정	...... (뭔가를 감추고 있다)

S#16. 동 앞 (D)

김추와 심정, 이조판서 도연수와 성억이 앞서 빠져나가고 있다. 부상과 지병으로 다리를 저는 김추. 그를 살펴가며 데리고 가는 신하들.

뒤에 나온 박부경과 정연이 앞서가는 신하들을 보면서.

박부경	좌상이 자기 딸을 중전으로 올리려구 아주 기를 쓰는군요.
정연	뜻대로 되진 않을 겁니다. 몸이 약해 피접 나가 있는 후궁을 어디다 쓰겠습니까. 안 그래도 대비전에서는 며느리 몸 약한 거라면 치를 떠는데.
박부경	간택령이 내리든 후궁 중에 한 사람을 올리든 간에... 그전에 세제 책봉을 결론을 지어야 합니다.
정연	......

S#17. 궁 일각 (D)

성억이 김추의 딸인 후궁 효빈의 안부를 묻는다.

성억	효빈께서는 기력을 좀 회복하셨습니까.
김추	(의미심장한) 이제 곧 환궁하셔도 될 것 같습니다.
도연수	(반가운) 다행입니다. 하루빨리 돌아오시어 주상전하를 보필해드려야지요.
김추	그러게나 말입니다.
심정	(진의를 숨긴) 아무리 회복 중이라 하나 조심, 또 조심하셔야 할 것이옵니다.
김추	(알아듣고) 대비마마께 심려하지 마시라 전해주세요.
심정	...... (김추에게 시선 주는)

S#18. 산실 (D)

궁녀들이 은밀히 산실을 꾸미고 있다. 깨끗한 요가 깔리고, 벽에는 사슴 가죽 고삐가 걸린다. 대비 심씨가 장상궁과 함께 준비 상황을 둘러보고 있다.

대비 심씨	... 사가의 일은 어떠한가?
장상궁	삼가고 또 삼가며 용종의 보전에 최선을 다하고 있사옵니다.
대비 심씨	사직의 앞날이 자네의 손에 달렸네. 산기가 보이기 전에 은밀히 입궁을 시키게.
장상궁	(조아리는)
대비 심씨	... (심려가 크고)

S#19. 건춘문 앞/가마 안 (D)

내관, 나인 등 궁 관리 인력들이 출입하는 건춘문으로 가마 한 대가 나온다. 가마에 타고 있는 장상궁. 장상궁을 태운 가마가 멀어지면 가까이 다가오는 휘와 기특. 기특이 문지기에게 출입패 보여준다. 문지기가 창 거두면 그 안으로 들어가는 두 사람.

S#20. 대군 처소/휘의 처소 앞 (D)

들어서는 휘와 기특. 처소로 가려는데, 맞은편에서 다가오는 대비 심씨와 나인들. 멈칫, 서는 휘와 기특. 휘, 놀랐다가 읍하는데.

대비 심씨	(화난) 국상이 겨우 끝났다. 그새를 못 참고 궐 밖을 나갔다 온 것이냐!
기득	(찔끔하고)
휘	...... 구하고 싶은 안료가 있어서요.
대비 심씨	넌 도화원 화공이 아니라 이 나라 대군이다! 아랫것들 시키면 될 일을 종학까지 빠져가며 뭐하는 짓이야!
휘	...... (할 말이 없고)

S#21. 산사 전경 (D)

S#22. 산사 마당 (D)

멧돼지가 구워지고 있다. 양안대군, 직접 고기를 살피는데... 그 앞에 앉아 있는 강. 주변에서 어을운이 사냥개들에게 생고기를 던져준다. 고개 처박고 서로 생고기 물어뜯는 사냥개들! 뿌듯하게 보는 강. 수하들, 떡하니 자리 잡고 왁자지껄 술 마시며 고기 뜯고!

양안대군	(다 익은 고기에서 칼로 한 덩이 떼어 건네주면)
강	(받아 들고)
양안대군	많이 먹거라. 상 치른다고 그동안 육고기는 구경도 못했을 테니.
강	(먹는)
양안대군	오늘 궁에서는 세제 책봉 논의가 한창이었을 것이다.
강	!
양안대군	국상이 끝났으니 슬슬 압박을 가해야지.
강	장인 자리조차 없는 윤씨 문중으로 일이 되겠습니까. ... 처가 될 집안이 너무 한미합니다.
양안대군	선왕이 정해놓고 간 혼처를 어쩌겠느냐. 받아들이고, 거꾸로 처가에 힘을 실어주는 길도 있어.
강	!
양안대군	그 집 아들 자준이 내 집의 식객이다. 너한테는 손위처남 될 사람이지.
강	(알아듣는)
양안대군	후사가 없는 지금, 왕위계승 서열 1위는 너다. 초조할 것 없어.

강	......
양안대군	당분간 궁시는 접고 말을 열심히 타두고.
강	(보면)
양안대군	격구시합이 열릴 게야.
강	(눈을 반짝이는)
양안대군	선왕이 가고 중궁도 가고... 연이은 국상에 온 나라가 초상집 아니냐! 격구대회라도 열어 우울한 민심을 북돋우라 주청하였다.
강	... (기회다 싶고)
양안대군	(고깃덩이 들고 덥석 베어 먹으며) 조카님의 독무대를 한번 만들어보시게.
강	......

백부 따라 와락! 고깃덩이 베어 무는 강의 모습. 함께 고기를 뜯으며 거친 육식 남들의 본성을 드러내는 두 사내인데! 그 위로 벼락같은 호통이 떨어지고!

(소리)	뭣들 하는 게요!

강과 양안대군, 돌아보면 상좌승들 이끌고 나와 선 주지가 노기를 드러낸다.

주지	부처님 모시는 신성한 곳에서 살생이라니! 하늘이 두렵지 않으시오!
양안대군	(호탕하게 웃으며) 하나는 조카가 이 나라의 왕이요, 하나는 친형이 왕인데 살아서 두려울 일이 무엇이겠소?
주지	저 저런! 제아무리 종친이라 하나 부처님 전에서 이런 패악을 부리다니! 썩 나가지 못할까!

양안대군 이하, 다들 웃음소리만 더 커지고! 주지, 화가 나서 빗자루를 찾는다.

주지	내가 오늘 저 야차 같은 놈들을 모조리 쓸어버리고 말 것이다!

주지, 무리들을 처단이라도 하겠다는 듯 빗자루를 높이 들고 달려가려는데! 상좌승들, 이러지도 저러지도 못하고 안절부절하는. 강, 눈짓하면... 상좌승들이 억지로 주지스님 끌고 나가며 자리를 피하고.

주지   (끌려가며) 놔라 이놈들! 쫓아낼 사람은 저기다, 이놈들아!

누가 왔다 갔냐는 듯 먹고 마시며 뒤풀이에 여념이 없는 무리들. 강, 태연하게 술 마신다.

그 위로 탁탁! 매질하는 소리 깔리고.

S#23. 대군 처소 마당 (D)

내관들이 기특의 종아리를 치고 있다. 늘어서서 보고 있는 내관들, 나인들. 매질 소리가 날 때마다 움찔거리는데...

마루에서 내려다보고 선 대비 심씨, 그 사이에서 기특이 맞는 걸 지켜보고 선 휘. 얼굴이 굳어 있다.

대비 심씨   더 세게 쳐라! 대군을 잘못 뫼신 죄를 아직도 모르겠느냐?

내관들, 매질에 힘이 더해지면! 더 이상 못 참고 달려가는 휘! 기특을 감싸 안고 엎드린다. 내관들의 회초리가 휘의 등에 내리쳐지고!

기특   (제가 더 놀라서) 마마!

매를 든 내관, 사색이 되고! 대비 심씨도 멎는다.

대비 심씨   무슨 짓이냐! 어서 떨어지지 못할까!
휘   기특이는 죄가 없습니다!
대비 심씨   왕족의 죄는 수하가 받는 걸 모르느냐!
휘   부당합니다! 잘못한 건 접니다. 왜 번번이 소자의 잘못에 기특일 나무라십니까!
대비 심씨   ! (화가 나서 안으로 들어가 버리고)

남아 있는 나인들, 매질한 내관이 어쩔 줄 모르면... 묵묵히 털고 일어나 기특 챙 기는 휘.

S#24. 대군 처소/휘의 처소 (D)

대비 심씨 앞에 선 휘, 조아리고 앉으며 반성 모드 보여주고.

대비 심씨	번번이 종학을 빼먹는 이유가 무엇이야! 선왕의 유지를 따라 주상이 출결을 친히 챙기는 걸 다 알면서!
휘	... 공부에 열중하면 무슨 딴마음을 먹었길래 그리 열심이냐 의심하고 책에서 손을 놓으면 왕실의 수치라고 비웃습니다. (고개 들며) 대체 대군들은 어느 장단에 춤을 춰야 합니까.
대비 심씨	!
휘	전하의 동궁 시절, 홍룡포 붉은빛이 예뻐서 입어보고 싶다 했다가 회초리를 맞았습니다. 어린애가 뭘 알고 그랬겠습니까? 무슨 다른 욕심이 있었겠습니까. 어른들이... 세상이 곡해하고 덧칠을 하는 거지요. 병약한 전하로 인해 대군들에게 가해진 압박을... 모른다 하지는 않으시겠지요...
대비 심씨	......

S#25. 산사 일각 (D)

강과 어을운이 상좌들 앞에 마주 서 있다. 어을운이 상좌들에게 돈 꾸러미 건네고. 상좌들 눈치 보는데...

강	(머리 쪽의 관자나 마고자 단추 등 몸에 지니고 있던 금붙이를 떼어 더 얹어주며) 부처님전을 이리 어지럽혔는데 시주도 안 하고 가면 쓰나... 주지스님의 노여움이 가라앉는 데 도움이 된다면 내 요사채라도 한 채 더 지어드리지.

상좌, 쭈뼛거리며 받고. 합장하며 물러난다.

어을운	(상좌들 멀어지면) 말이 나는 것까지 막을 순 없을 것입니다.
강	백부님이 바라시는 바일세.
어을운	?

뜻 모를 웃음으로 돌아서는 강. 따르는 어을운.

강	호랑이는 구해두었고?
어을운	착호갑사들이 보름 잠복 끝에 한 마리를 잡아놓았습니다.
강	...... (만족스러운)

S#26. 대군 처소/휘의 처소 (D)

대비 심씨, 휘를 타이른다.

대비 심씨	가례를 올리고 나면 싫어도 궁을 나가 살아야 하느니... 왕실이 어수선한데... 늬 형과 함께 조용히 근신하며 지내거라.
휘	...... (좀 눅어지는)
대비 심씨	알겠느냐?
휘	비어 있는 중궁은 다시 간택령을 내리시는지요.
대비 심씨	... 실은... 후궁들 가운데 주상의 용종을 가진 아이가 있단다.
휘	! (기쁘고) 누굽니까? 왜 알리지 않으십니까!
대비 심씨	수태한 후궁은 효빈이나 상중의 일이라 주상이 민망하여 알리지 못하였다. 아이를 낳다 죽은 중궁의 비극이 또다시 되풀이될까 두려워... 사가로 피접을 보내놓은 것이다.
휘	경하드리옵니다, 어마마마!
대비 심씨	이 모든 일은 비밀에 붙여져 있느니라. 아직은, 아직은 맘을 놓지 못하겠구나. 하여 국혼은 뒤로 미루고 늬 형부터 성혼시키려 한다.
휘	허면... 소자의 배필은 스스로 정하게 해주십시오.
대비 심씨	!
휘	...... (결심 굳고)
대비 심씨	왕실 혼사는 사사로이 정할 수 있는 일이 아니다.
휘	정사에 참여할 수도 없고 세상에 나아가지 못하는 것이 대군의 운명입니다. 부디 은애할 수 있는 사람이라도 만나게 해주십시오.
대비 심씨	... (이해는 하지만/곤란한데)

S#27. 자현의 집 전경 (D)

S#28. 자현의 처소 앞 (D)

안료를 뒤집어쓴 탓에 몰골이 엉망인 자현. 댓돌에 신 벗어놓고 마루로 올라선
다. 끝단, 자현의 신발을 바로 놓아주다가 마루 밑에 잔뜩 숨겨진 다른 신들 보
고 화들짝! 무슨 일이지? 다급한 마음에 아무렇게나 짚신 벗어던지고 따라 들어
가는데!

S#29. 동 안 (D)

열린 문 앞에서 얼어붙어 있는 자현. 어깨너머로 넘겨다보던 끝단이 허걱! 놀라
서 제 입을 틀어막는다.

자현   제 방에서... 뭐하세요?

방 안이 난장판이다. 동네 마나님들이 옷고름이며 치마 말기 아무렇게나 풀어헤
치고 투전에 눈이 벌건데... 퍼져 앉은 사이마다 약과며 떡이며 과일 등 주전부
리가 산더미고. 그 속에 단연 압권은 저고리 벗어부치고 속적삼에 치마만 두른
채 패 돌리고 있던 이 집의 안방마님, 자현의 모친인 안씨다.

안씨   ... 와... 왔냐?

마님들, 허둥지둥 옷매무새 가다듬으며 하나둘씩 일어서는.

마님1   에구, 이 집 따님 오셨네...
마님2   (마무리 인사하는) 오늘 잘 놀았어요~
자현   대체 뭐하시는 거예요?
안씨   뭐긴 뭐야, 친목도모지.
자현   안채 놔두고 왜 하필 여기서요?
안씨   (되려 짜증) 왜긴 왜겠냐, 엉? 이 집 남자들 몰래 도모하느라 그러
             지! (부인들 못 가게 말리는) 아 그러지들 말고 앉어, 앉어. 아직 안 끝
             났잖어! 우리 딸은 괜찮아, 안심해!

마님들, 자현 눈치 보면.

자현   (그만 끝내라는) 아버님 퇴청하실 시간이에요.

자현의 말에 꽁지에 불난 듯 우루루 몰려 나가는 마님들.

안씨   (애타게 잡는) 아, 이 판만 끝내고 가라니까! 다 이긴 판을 이러기
              야?!
자현   (저고리 주워주며 고개 돌리는) 옷이나 입으세요, 쫌!

S#30. 마당 (D)

성억, 아들 득식과 함께 들어온다. 뒤에 호종 따르고. 별채에서 우루루 몰려나오
는 부인들. 사랑으로 가려던 성억 부자, 멈춰 서고.

성억   오늘, 곗날이냐?
득식   글쎄요...

성억, 의심 가는 바가 있어 방향 바꾸는. 별채로 향하는데... 득식, 불안해하며 따
라가고.

S#31. 자현의 처소 (D)

주섬주섬 판 치우는 끝단. 안씨, 괜히 딸 앞에서 무너진 위신을 세워본다.

안씨   신부수업은 다 하구 온 거야? (엉망인 자현의 치마 보고) 옷은 왜 그 모
              양 그 꼴이구?
자현   지금 제 옷차림 나무라실 때는 아닌 거 같은데...
안씨   ! (이게)

벌컥! 열리는 문! 문 앞에 성억과 득식. 에그머니나! 저고리 입다가 기겁하는 안
씨, 순간적으로 그런 제 어미 가려주는 자현. 득식, 얼른 문가에서 물러나 못 본
척한다. 성억의 시선은 자현의 치마로! 이번에는 엉망인 제 치마 가리는 자현!
성억의 시선에 그대로 노출되는 상체에 엄마야! 다시 놀라 가리는 안씨! 끝단은
바닥에 투전패들 가리느라 정신없고!

안씨	(양팔로 가슴께 가리며 오버해서 난리 치는) 나가세요! 대감! 옷 입는 거 안 보여요?
성억	(한심해서 보는데)

미처 못다 치운 투전패 하나 바닥에 보이고. 자현, 한쪽 발 내밀어 패 밟아 가려
보려는데 성억 눈에 딱! 자현, 무마용 미소. 성억, 묵살하고 성큼 들어와 자현 제
치고 안씨의 손목 꺾어드는. 손 안에 있던 패 하나 뚝 떨어지고. 허걱! 겁에 질리
는 안씨.

성억	또요?
안씨	아니, 나는 안 한다고 했는데 송현방 정부인이 딱 한 판만 하자고 해서...
성억	안방에서 투전판 벌이지 말랬더니 이제 딸자식 방에 숨어서 노름 이오?
안씨	(아몰랑! 포기하고 될 대로 되라 뻗대는) 아, 술 먹는 것보다 낫지!
성억	?! (기가 차서)
안씨	내가 뭐 집을 잡혔어, 전답을 팔았어! 그저 약과 내기, 지지미 내 기! 먹을 거 가지고 장난삼아 하는 건데 이게 그렇게 눈치 볼 일 이야? 엉?
자현	(엇나가지 말라는) 어머니!
성억	딸 행색은 이리 만들어놓고 신부수업만 보내면 다요? 대체 딸자 식 시집보낼 마음이 있는 거요, 없는 거요!
안씨	(옷 마저 입으며) 팔자에 있음 가겠지!
성억/자현	(적반하장에 어이가 없고)

S#32. 궁 외경 (N)

S#33. 강녕전 마당 (N)

주상과 휘가 서 있다. 앞에 던져진 죽은 호랑이. 죽었어도 그 위협적인 기세에
하얗게 질린 주상. 호랑이 말고도 마당에 사냥감들이 그득히 쌓여 있다. 멧돼지,
꿩, 토끼들... 모두가 강이 올린 진상품이다.

휘	호랑이까지? 이거 이거 착호갑사가 울고 가겠는걸?
강	(직접 잡은 척) 운이 좋았던 거뿐이다.
주상	(질리는) 이게 다... 오늘 잡은 것들이라고?
강	국상 기간 동안 너무 허약해지셨습니다. 전하의 강건함을 위해 종일 산속을 헤집고 다녔지요.
주상	...... 양이 너무 많다. 나누어서 어마마마께도 올리는 것이 좋겠다.
강	전하께서 직접 올리시지요. 기뻐하실 것입니다.
주상	......

진심 걱정되어 주상을 살피는 휘의 얼굴에서.

S#34. 김추의 집/마당 (N)

장상궁, 효빈 김씨를 부축하여 가마에 태우고 있다. 걱정스러운 모습으로 보는 김추와 아들 김관.

김추	출산까지 하고 들어가는 게 낫지 않겠소?
장상궁	왕손입니다. 출산은 궁에서 해야 한다는 대비전의 분부가 계셨사옵니다.
김관	마마의 안위를, 책임질 수 있으십니까.
장상궁	환궁도 비밀리에, 산실도 은밀하게 마련해두었습니다. 무사히 출산이 끝날 때까지/ 전하와 대비마마를 제외한 그 누구도, 이 일을 알지 못할 것이옵니다.
김추/김관	... (걱정이 되지만)
장상궁	심려 마시옵소서.

가마를 드는 가마꾼들.

S#35. 궁 일각 (N)

물러 나오는 휘와 강.

휘	뭐야... 대전에만 몽땅 바치고 나한테는 국물도 없는 거야?

강	(소매춤에서 작은 약통 하나 꺼내 건네며) 나처럼 늦게 들어오든지 아예 안 들어오든지. 넌 꼭 어정쩡한 시간에 돌아와서 매를 벌드라?
휘	?
강	내약방에서 받은 거야. 아랫것 감싸다 대신 맞았다면서?
휘	... (벌써 알고 있다니) 한 대 스쳤어. 약 바를 정도는 아니야...
강	... (거두려는데)
휘	... (문득 용처가 생각난/약통 가져가며) 그래도 약은 받아둘게.
강	(씩 웃고)

대군 처소를 향해 걸어가는 두 사람.

휘	... 형은 겁나지 않아?
강	뭐가?
휘	얼굴도 못 본 여자랑 부부지연 맺는 거.
강	누구와 혼인을 하든 대수겠느냐.
휘	? (보는)
강	(쓸쓸한) 혹여라도 대군에게 세가 실릴까 염려하여 한미한 집안으로 혼처를 정하신 아바마마의 깊은 뜻을/ 그저 받들 뿐이지.
휘	......
강	우리 아우님은 누구한테 장가를 들려나?
휘	... 어마마마께 말씀드렸어. 신부는 내가 고르고 싶다고.
강	(짓궂게) 맘에 둔 처자가 있는 게로구나? 말해보거라, 어느 집 여식이냐? 혹 궐 안의 궁녀냐?
휘	... 아직은 아무도 없어. 딱이다 싶은 처자 없음 차라리 혼자 살든지. 밖에 나가서 봐도 여자들이 영...
강	오호! 누굴 만나긴 한 게로군!
휘	...... 그런 거 아냐.
강	이 형을 속일 순 없지! 어서 털어놔 봐.
휘	암것도 아니라니까!

장난치며 걸어가는 두 형제.

S#36. 대비전 (N)

대비 앞에 앉은 주상. 진노해 있는 대비 심씨.

대비 심씨	세제라니요! 그것이 감히 신하가 할 소립니까!
주상	왕실에 오랫동안 후사가 없으니... 신하들 입장에서는 걱정될 만도 합니다.
대비 심씨	효빈이 보란 듯이 왕자를 출산하여 왕실을 업수이 여긴 것들을 입 다물게 해야지요.
주상	(염려되는) 무사히 출산을 하면, 효빈을 정궁으로 올릴 생각이신지요?
대비 심씨	왕자만 낳는다면 그리해야지요.
주상	......
대비 심씨	세제 책봉 여론을 막으려면 진양이 백부와 몰려다니는 것부터 막으세요.
주상	사저에서 자랄 때부터 백부께서 그 아일 챙기셨으니 쉽게 정리될 연이 아닙니다.
대비 심씨	경계하셔야 합니다. 대군들 가운데 유독 그 아이만 끼고 도는 저의가 불안합니다. 세제를 책봉하자는 주청도 백부의 사주가 있었을 겝니다. 어린 조카를 앞세워 때늦은 영화를 누려보겠다는 심산이에요!
주상	백부가 아무리 흑심을 품는다 해도... 둘째가 흔들리지만 않으면 될 터인데...
대비 심씨	욕심이 많은 아입니다. 은성과는 달라요.
주상	......

S#37. 건춘문 앞 (N)

장상궁, 가마와 함께 당도해 있다. 호군에게 신부를 보여주는.

호군	가마 안은 빈 것이오?
장상궁	(가마문 열어서 보여주며) 가마꾼들이 힘들어하니 이제부터 걸어갈까 하오.

슬쩍 들여다보는 호군. 비어 있는 가마 안. 뒷면에 비단천이 내려져 있다. 다소 좁아 보이는 내부. 물러서면, 장상궁 재빨리 가마문 내리고. 문을 통과하는 장상궁의 가마.

S#38. 궁 일각/가마 안 (N)

가마가 와 선다. 대기하고 있는 대비전 궁녀들. 가마 앞으로 모여들어 인간벽을 세우고. 장상궁, 주변 살피고 가마의 문을 연다. 비어 있는 가마 안. 뒤편의 휘장 걷으면 그 뒤에 숨어 있던 효빈 김씨가 보인다. 만삭의 배.

CUT TO

장상궁과 대비전 궁녀들이 효빈 김씨를 데리고 가고 있다.

S#39. 대군 처소/전실 (N)

기특이 문을 열어준다. 휘, 들어가면서 기특에게 약통 던져주는. 기특, 얼결에 받고.

휘	발라달라고는 하지 마라.
기특	...... (고맙고)

들어가는 휘.

S#40. 휘의 처소 (N)

혼자인 휘. 안료를 섞으며 그림 그릴 준비하고 있다. 파란 안료가 눈에 띄고.

휘	(들어보며) 뭘 그리는데 심중청이 필요했던 거지?

생각해보는. 그러다 피식 웃는다.

휘	쓸데없이...

그러다 문득 화재가 생각난. 휘, 안료를 물에 개고... 붓꽃을 그리기 시작한다. 섬세한 필치가 유려한데... 푸른빛 도는 꽃잎이 형태를 갖추어나간다. 그림 그리는 태(態)도 우아하고 아름답다. 한 치의 실수도 없이 그림을 완성해나가는 완벽주의자 천재의 모습... 눈앞에 소재가 없어도 한번 본 것은 그대로 기억하여 재현해내는 재주가 있다. 완성되는 꽃 그림. 1부 20씬에서 자현이 보던 그림이다. 완성된 그림이 실사로 변하면서.

S#41. 자현의 집/자현의 처소 (다른 날 D)

화분 안에 소담하게 피어 있는 붓꽃. 자현, 서안 위에 붓꽃을 올려두고 자신은 바닥에. 엎드려 연신 꽃송이 쳐다보며 그림 그리는 중인데... 온 얼굴에 손에 여기저기 물감칠하고 소매는 걷어붙인 채, 치마허리도 질끈! 우아함과는 거리가 먼 작업 모드. 이마로 흘러내리는 앞머리 입술로 후후 불어가며 열심이다... 옆에서 물감 개어주며 한심하게 지켜보는 끝단.

끝단   꼭 그렇게 온몸으로 나 그림 그리네~ 티를 내셔야겠어요?

자현, 대꾸도 없고. 심각하게 작업만.

끝단   대감마님이나 도련님은 글씨 쓸 때나 사군자 그릴 때 먹방울 한 점 안 튀게 조용히 끝내시던데.
자현   그거 다 허세야.
끝단   ?
자현   그림 자체보다 그리는 자기 맵시에 더 신경 쓰는 허세라고.
끝단   아닌 거 같은데...
자현   네가 함 그려봐! 어떻게 물감이 안 묻고 먹이 안 튀게 할 수 있는지! 집중하다 보면! 나 자신 따위는 다 잊고 만다니까?
끝단   그게 더 허세 같네 뭐.
자현   끝단이 넌 다 좋은데 예술을 너무 몰라.
끝단   그거 알면 뭐 밥이 나와요, 쌀이 나와요? 그 시간에 산나물 한 뿌리, 버섯 한 송이라도 더 따는 게 낫지.

그려놓은 거 맘에 안 든다. 구겨버리는 자현.

끝단	(도로 주워다 펴며) 아깝게 꼭 이러시더라? 망친 그림은 그냥 무식한 저 달라고 몇 번을 말해요!
자현	(답답하다. 방바닥에 벌렁 누우며) 살아 있는 걸 그리고 싶어!
끝단	쟤 살아 있어요! 죽은 꽃 아니에요?
자현	저런 거 말고! 움직이는 거! 생생한 거!
끝단	병아리, 나비, 고양이, 강아지 숱하게 그리시잖아요.
자현	(누운 채 양손으로 허공에 표현해가며) 크고 사나운 거. 호랑이! 황소! 말! 그런 거!
끝단	꿈도 차암 야무지십니다.
자현	(벌떡 일어나며) 송나라 때 화원 시험이 뭐였는지 알아?
끝단	알고 싶지도 않아요.
자현	(아련한) 꽃을 밟고 달려온 말발굽의 향기.
끝단	(감흥 없다) 염병하네요.
자현	(아랑곳 않) 시험에서 꽃이니 말이니 그린 사람은 죄다 떨어졌다?
끝단	그게 뭐래요? 말 그림 보자는 시험 아니에요?
자현	(흥분해서) 상 받은 건... 흙바람을 따라 날아오르는 한 무리의 나비를 그린 작품이었어!
E)	말 울음소리, 말발굽 소리

인서트) 흙먼지 따라 날아오르는 나비 떼 그림

끝단	아, 말을 그릴 줄 몰랐구나?
자현	(성질 확!) 그게 아니라니깐! 암튼! 그런 고차원의 상상력이 나올라면 일단은 현실적으루 이거저거 다 그릴 줄 알아야.
끝단	가요. (화구 챙기며)
자현	?
끝단	마구간으로 가자구요.
자현	(김새서) 그게 말이냐? 노새지.
끝단	말이라구 다 같은 말이 아니다?
자현	(대꾸도 안 하는데)
끝단	(생각하다) 기회가 없진 않죠.
자현	?
끝단	도련님 격구시합 나간다잖아요.

자현	(눈 커지는)
끝단	응원 갑네 하고 가셔서 원 없이 말 구경하세요. 조선 팔도에 격구 뛰는 말만큼 최고가 없잖아요.
자현	! (끝단에게 쪽 입 맞추는)
끝단	에페페! (입술 마구 문지르며 푸푸거리는) 아 진짜! 이거 하지 마시라니까! 전 남자랑 하는 게 좋단 말이에요!
자현	네가 없었음 난 어떻게 됐을까? 널 만난 건 증말 하늘이 내린 운명이야!
끝단	예, 예. 저는 주인운두 드럽게 없구요!

그래도 끝단이 예뻐 죽겠다는 듯 또 뽀뽀하려고 달려들면 끝단, 필사적으로 피해 다니고.

S#42. 격구장 (D)

선수들이 시합을 앞두고 연습 중이다. 홍의군인 강, 자현의 오라비 득식과 다른 선수들이 한 데 모여 있다. 말 위에서 장시3)를 자유자재로 움직이며 목구를 구문으로 몰아가는 휘의 모습 보이고. 격구의 각종 자세를 구사하며 말과 하나가 된 듯 마상에서 자유로이 움직이고 있다. 위기감을 느끼는 강...

득식	(휘가) 시서화에만 능한 줄 알았더니... 말도 제법 타시네요?
강	...... (맘에 안 들고)
득식	(눈치 보며) 뭐 저희는 마마가 계시니까! 무예로는 도성 제일 아니십니까.

강 발견하고 환하게 웃어 보이며 손 흔드는 휘.

강	...... (같이 손 흔들어 인사해주며) 그래도 대책은 세워야지.
득식	(무슨 뜻인지 못 알아먹고) 예?
강	......

---

3) 격구에서 공을 치는 긴 막대. 긴 자루인 병부와 그에 달린 숟가락 모양의 시부로 이루어져 있다.

강의 눈에 비치는 휘의 늠름한 모습.

S#43. 몽타주 (다른 날 D)

- 격구장 앞. 안으로 몰려 들어가는 인파. 엿장수, 떡장수, 물장수 등 각종 잡상
  인들이 목이 터져라 손님을 끌고. 아이들 정신없이 뛰어다니는.
- 격구장. 진행 요원들이 경기 시작 전, 바닥에 물을 뿌리고 있다.
- 일각. 한껏 차려입은 기생들이 맵시를 뽐내고.

S#44. 마구간 (D)

경기 당일, 말들이 출전 준비를 하고 있다. 마부들이 빗질을 하고 먹이를 주면서
최상의 상태를 만들어가는데... 스윽 나타나는 어을운.

S#45. 자현의 집/마당 (D)

성억과 안씨 내외, 격구복 차려입은 장자 득식 등 온 가족이 외출하려 하고 있
다. 가마와 교자가 준비되어 있고 내외가 오르려는데 자현이 화구통 멘 끝단을
데리고 나타나고.

득식	(마뜩찮은) 넌 뭐냐?
자현	뭐긴. 나도 구경...
안씨	(OL) 자현이 넌 집에 있어.
성억	시집도 안 간 처자가 갈 자리는 아니다.
자현	무슨 말씀이세요? 새 나라가 금해서 그렇지 어머니 때는 여자들
이 선수로 나서기도 했는데... 구경 정도야. (하는데 분위기 싸하다.)
안씨	너 신부수업 잘렸어. 땡땡이치셨다며? 덕분에 외출금지. 격구 구
경? 어림도 없지.
자현	어머니! 오해세요! 제가 땡땡이를 친 게 아니라.
득식	(엄한) 뭘 잘했다고 말이 많아!
자현	(항의하는) 오라버니!
성억	(득식에게) 가자.

득식, 차갑게 자현 일별하고. 자현만 남겨놓고 나가려는 가족들.

자현   (부친의 교자에 매달리며) 아버님! 저도 데려가 주세요! 동무들하고
               약속했단 말이에요! 저 꼭 가야 해요!

묵살하는 성억. 교자꾼들, 그대로 일어나 출발하고.

자현   (어머니 돌아보며 애원하는/도와달라고) 어머니!
안씨   나 오늘은 늬 엄니 아냐.
자현   (그럼) 아주머니!
안씨   (매섭게 홀기고)

가족들, 떠난다. 자현, 분해서 서 있는데...

끝단   ... 아씨... 그냥 방에서 붓꽃이나 더 그리셔야겠네요.
자현   (끝단 보더니) 벗어.
끝단   에?
자현   (끝단 뚫어지게 보며) 벗으라구!

허걱! 양손으로 가슴 가리며 뒷걸음질 치는 끝단.

끝단   아씨, 기어이... 거기까지...? (입술 앙다물고 안 된다고 도리질)

자현, 점점 더 가까이 가고. 끝단, 어떻게든 피해보려는 몸짓인데! 그 위로 나팔
소리!

S#46. 격구장/관람석 （D）

나팔이 세 번 울리고 이윽고 등장한 주상과 대비 심씨가 상석에 자리한다. 그 아
래로 자리 잡는 귀빈들, 대신들의 모습 보이고. 자현의 식구들과 설화네, 나겸네
집안 식구들이 서로 인사를 나눈다. 나겸과 설화, 같이 앉는데...

설화   약속한 거다?

나겸	?
설화	내가 이 중에 누구 하나 찍으면 네가 중신 서기로?
나겸	누가 누군지 알구...
설화	홍의군 대장은 늬 신랑, 청의군 대장은 은성대군이라며. 다른 병사들은 반가의 자제들일 거구. 눈 크게 뜨고 확인만 하면 돼.
나겸	... (미소하는/동무의 적극성이 웃긴다) 그래 그럼, 어디 맘대로 찍어봐.
설화	(신난) 동무가 왕실로 시집가는 덕 좀 보자구.

S#47. 휘의 대기실 (D)

청의군 격구복 착장 중인 휘. 천이 내려진 한쪽 벽에는 예비용으로 다른 격구복들이 걸려 있고. 휘의 멋진 자태에 기특이 더 뿌듯하고 신이 났다. 휘, 기특의 시중을 받으며 묵묵히 격구복 소매의 끈을 조이는데. 팔에는 청의군 대장의 표식 둘렀다.

S#48. 격구장/관중석 입구 (D)

끝단의 옷을 입고 하녀로 위장한 자현, 화구통 메고 격구장에 무사히 숨어들어왔다. 사람들이 지나가면 혹시나 알아볼세라 한 손으로 얼굴을 가리고 돌리는데.

S#49. 격구장/선수 출입구 (D)

각자의 말들을 데리고 차례로 입장하는 선수들, 자태가 늠름하고. 대군들, 선수들 얼굴을 보려고 출입구 가까이 몰려가는 관중들. 그 틈에 섞여서 어떻게든 말 구경 한번 해보려고 기를 쓰는 자현. 입장하는 휘, 자현과 스치는데... 앞만 보고 가느라 자현 알아보지 못하고. 자현은 말에만 눈이 팔려 선수들은 쳐다보지도 않는다. 득식이 나오자 이크! 고개 낮추는 자현.

S#50. 격구장 (D)

양쪽으로 대열을 이룬 선수들. 예기 초요경이 나와 시구를 한다. 사방팔방 자태를 한껏 자랑한 뒤 목구를 가운데로 던져 넣으면! 말을 타고 달려드는 선수들! 우와! 함성이 하늘을 찢는다. 공을 선점하는 휘! 강, 분기가 오르고! 자현, 뒤늦게 울타리 가까이 자리를 잡는다.

관중석의 설화, 선수들을 눈여겨보고. 나겸, 강의 동선만 쫓는다.

CUT TO

경기가 한창이다. 관중들의 함성이 하늘을 찢고! 마상에서 각자의 장시를 휘두르며 목구를 몰아가는 선수들. 말발굽에 자욱이 일어나는 흙먼지! 말 울음소리! 선수들의 기합 소리! 기녀들의 응원가가 한 데 뒤섞이고!

자현의 눈에 보이는 격구장 풍경. 사람은 하나도 눈에 안 들어온다. 오로지 말! 말! 말! 빛나는 갈기! 자르르 윤기 나는 자태! 힘차게 움직이는 근육! 황홀경에 빠질 지경인데! 다급히 화구통 열어보는 자현. 평소에 그려둔 군마도 꺼내 눈앞의 말들과 비교해본다. 눈이 빛나고!

누군가는 말에서 떨어져 구르고! 상대의 득점을 막기 위해 육탄전도 불사하는 선수들의 투지! 그 속에서 활약이 돋보이는 휘! 그러나 말이 유난히 흥분해 날뛰고 있다. 좀처럼 제어가 안 되는 휘의 말. 애를 먹고 있는 사이, 강이 훅 들어오고! 강의 봉을 피하려다 휘의 종립⁴⁾이 벗겨진다! 허공으로 날아가는 종립! 노출되는 휘의 맨얼굴! 휘날리는 머리칼! 아! 관중석에서 터져 나오는 탄식.

벌떡 일어나는 설화! 휘에게 첫눈에 반하는 순간이다! 나겸, 그런 설화 눈치 채고.

바닥으로 떨어진 휘의 종립이 우지끈! 강의 말발굽에 밟히고! 이어지는 공격! 흥분한 휘의 말이 거세게 구르면! 휘, 낙마한다! 순식간에 조용해진 격구장.

놀라는 주상과 대비 심씨! 자현, 갑작스런 정적에 그제야 선수들 보는. 낙마한 휘의 얼굴 보고 화들짝! 설마, 그 화방의 무례남? 쓰러진 휘를 알아본 찰나의 순간! 다른 선수가 자현의 시야를 가린다. 휘의 낙마로 사람들이 모여드는데... 의원들이 휘를 살피느라 잠시 경기 중단되고. 강, 낙마한 휘를 내려다보고. 한쪽에

---

4) 격구 할 때 머리에 쓰는 모자. 더부룩한 터럭이 붙어 있는 것이 특징이다.

서는 선수들이 흥분한 말들을 진정시킨다. 자현은 놀람도 잠시, 마상에서 자신을 노려보는 득식의 눈빛과 마주치는데! 기겁해서 자리를 떠나고. 혹시나 싶었던 득식, 말에서 내려 누이를 쫓는다.

S#51. 동 일각 (D)

빠르게 움직이는 자현. 뒤쫓는 득식.

S#52. 격구장 (D)

이상 없음을 손짓으로 알리는 휘, 다시 경기를 속개할 뜻을 밝히는데... 관중석에서 격려의 박수 터져 나오고. 주상과 대비도 비로소 안도한다.

설화	(자리에 앉으며) 큰일 나는 줄 알았네.
나겸	(놀리는) 왜, 벌써 네 사람 같구 막 그래? 다치면 안 될 거 같고?
설화	시서화 삼절이라는 명성은 들었지만 용모가 저리 아름다운 줄은 몰랐지. 완벽하다는 건, 저분을 두고 나온 말 같네?
나겸	인품은 하나도 모르면서?
설화	사람이 저렇게 잘생기면 인품이 안 좋을 수가 없어. 나 봐. 예쁘게 태어나 아낌없는 사랑 받고, 그래서 자연 성격도 좋고.
나겸	(어이없는) 네가?
설화	너무 깊이 들어가진 말자. 경기 봐. 다시 하잖니?

다시 말에 오르려던 휘, 말 허리로 흐르는 피를 발견한다. 안장을 들추면 말 옆구리에 박혀 있는 대못! 휘의 얼굴 심각해지고. 경기 포기하고 말을 데리고 나간다. 승리보다는 말부터 치료해야 했던 것.

도청[5]   청의군 병사 교체!

휘 대신 다른 선수가 들어오고 강, 회심의 미소를 지으며 경기 속개하려는데 홍의군 선수가 하나 모자란다.

---

5) 격구시합의 주심이다.

강   (누가 비는지 깨닫고 순간 열이 확! 받는) 성득식 어디 갔어!

S#53. 동 일각 (D)

자현, 득식에게 쫓기고 있다. 전각 모퉁이로 꺾어졌다 맞은편에서 돌아 나오는 득식과 마주칠 뻔! 기겁을 하고 방향 틀어 도망가는 자현에서.

S#54. 선수 대기실 복도 (D)

선수들 대기 공간으로 숨어든 자현, 급한 마음에 아무 문이나 밀리는 대로 열고 들어간다. 한 발 늦게 쫓아온 득식, 누이가 간 곳 몰라 두리번거리는데... 어디선가 발자국 소리 나는. 득식, 소리 나는 쪽으로 사라진다.

S#55. 휘의 대기실 (D)

문틈으로 밖을 내다보던 자현, 득식이 다른 쪽으로 사라지자 비로소 안도의 숨을 내쉬고. 돌아서면 방 안의 풍경이 서서히 눈에 들어오기 시작한다. 각종 신기한 격구 용품과 마구들. 처음 보는 것들이라 다 신기한데... 화구통 내려놓고 이것저것 만져보고 쏠어보는 자현.

S#56. 마구간 (D)

마의가 대기 중이다. 휘, 다른 사람의 손을 빌리지 않고 손수 안장부터 벗기는데... 말 허리에 박힌 대못이 드러나자 기겁을 하는 기특!

휘   (마의에게) 어서 치료부터 해주게. 대못이 박힌 줄도 모르고 박차를
         차댔으니... 어지간히 아팠을 게야.
마의   (의혹에 차는) 이건 우연히 이리 되기가 어렵습니다... 누가 고의로
         꽂아 넣지 않고서야...
휘   ... (덮는) 그저, 사고였네.

불끈하는 기특. 이게 다 누구 장난질인지 알 것만 같은데...

마의   ... (납득은 안 가지만 알았다고 고개 숙이는)

휘, 맘이 영 안 좋다. 말의 얼굴 달래듯 두드려주고. 기특, 분하고 속상하다.

S#57. 휘의 대기실 (D)

아직 안 나가고 있는 자현, 구석에 걸려 있는 또 다른 격구복 구경에 눈이 팔렸는데...

S#58. 선수 대기실 복도 (D)

어두운 얼굴로 걸어 들어오는 휘. 대체 누가 이런 짓을? 기분 안 좋은데... 기특, 도저히 못 참고 터뜨린다.

기특   그냥 넘어가시면 안 됩니다!
휘   (기특이 무슨 말을 하려는지 안다. 중단시키려 미션 주는) 가서 경기를 보고
            오너라.
기특   에?
휘   내가 빠진 경기가 어떻게 돌아가는지, 너라도 보고 오란 말이다.
기특   이 판국에 경기가 어찌 되든 무슨 상관입니까! 낙마하다 말발굽
            에 밟히기라도 했음! 마마는 돌아가실 수도 있었다구요!
휘   (차갑게) 명을 거역할 셈이냐?
기특   ... (속상하고)

휘, 기특을 남겨두고 혼자서 대기실로 가는데. 이러지도 저러지도 못하겠는 기특, 답답해서 미치겠다. 어후! 가슴을 치다가, 복도 벽을 주먹으로 쾅!

S#59. 휘의 대기실 안 (D)

기특이 벽을 치는 바람에 쿵! 소리가 울리고. 자현, 움찔한다.

S#60. 휘의 대기실 앞 (D)

문 앞에 당도한 휘, 문고리에 손을 대고.

S#61. 동 안 (D)

바깥에서 기척 나고. 문고리 소리. 득식인가? 당황한 자현, 우왕좌왕하는데!

S#62. 동 앞 (D)

휘, 문을 열고 들어간다.

S#63. 동 안 (D)

휘, 들어서는데 안에는 아무도 없다. 손장갑, 가슴 보호대 등 각종 보호 장구 풀어내리는 휘. 손길 점점 격해지더니, 드디어 터뜨리는 분노! 장비들을 세차게 아무 데나 내리지는데!

걸어둔 격구복 아래 보이는 치맛자락이 움찔 흔들리고! 숨어 있는 자현이다. 휘의 기세에 놀라 잔뜩 쫄아드는.

S#64. 격구장 (D)

청의군 선수 대기석 언저리에 다시 자리를 잡는 기특. 막바지를 향해 치닫고 있는 경기. 장내에서는 강이 전의를 불태우고! 기특, 그런 강을 노려본다. 낙마의 음모가 강의 짓인 것만 같은데...

결국 자현을 놓치고 돌아온 득식이 홍의군 대기구역에 자리를 잡는다. 강, 자기 앞으로 온 공을 절묘한 치니매기[6]로 구문 밖으로 쳐내고! 우와! 홍의군 관중석 일어나는! 이로써 승기를 굳히는 홍의군! 강, 의기양양하고! 기특, 그런 강이 더

---

6) 격구 동작 중 하나. 몸을 말의 머리 쪽으로 비스듬히 눕는 듯이 하면서, 공채를 말 꼬리와 나란히 가도록 잡는 자세이다.

욱더 꼴 보기 싫다.

S#65. 휘의 대기실 (D)

우와! 대기실까지 전해지는 함성. 순간, 격구복 벗던 휘의 손이 멎고. 강의 득점을, 홍의군의 승리를 짐작해보는. 격구복 뒤의 자현, 긴장에 침을 꼴딱 삼키는데. 동정을 살피러 몰래 고개 내밀면 허걱! 휘가 반라가 되어 있다. 바지만 입은 채로 상체는 온통 벗은 몸! 눈을 질끈 감고 다시 숨어드는 자현! 난감한 상황인데!

휘의 팔뚝으로 흘러내리는 피.

S#66. 다시 격구장 (D)

강, 같은 편 선수들에게 득점 축하를 받고 있다. 그런 강을 뿌듯하게 보는 나겸.

설화	우리 은성대군이 끝까지 뛰었음 홍의군이 못 이겼지.
나겸	(실소하는) 아쉽네, 누가 와도 이길 수 있다는 걸 증명 못해서.
설화	정혼자라고 벌써 편드니?
나겸	정혼도 안 한 네가 그리 역성을 드는데 나라고 못할까?
설화	(할 말 없다) 근데 자현이가 안 보인다? 즈이 오래비도 나온 시합에?
나겸	근신 중이겠지. 신부수업에도 잘렸잖아.
설화	이제 수업 분위기 좀 좋아지겠네. 왕실은 무슨. 그래가지곤 여염집 혼사도 힘들 텐데.
나겸	대제학 가문의 위세가 있으니 어디로든 시집은 갈걸?
설화	(피식) 요즘이 뭐 그런 시대니? 암것도 없는 너네 집안에서 군부인이 나오는 판국인데.
나겸	...... (굳고)
설화	사람 하나만 본 거잖아. 자현이 걔는 어림없어.
나겸	(둘 다한테 모욕인) 악담을 해라 아주. 동무한테...
설화	(건성으로) 걱정돼서 하는 소리야.
나겸	... (더 이상 상대하지 않고 강의 움직임 쫓는)

두 소녀가 이야기를 나누는 동안 장상궁이 대비에게 귓속말로 뭔가 전하면. 이

어 주상에게 뭐라 하는 대비. 주상, 긴장하고.

승리에 기분 좋은 강, 선수들 격려가 끝나고 왕가 자리 보는데. 주상과 대비가 벌써 일어나고 있다. 다급히 빠져나가는 모자. 김새는 강.

S#67. 휘의 대기실 (D)

휘, 실은 낙마 시 부상을 입었다. 피가 흐르는 상처 부위. 한쪽에 마련된 대야 앞에 가서 물병을 들이붓는데. 쓰라린 상처. 이를 악물고 상처를 씻어낸다. 면포로 피를 막아보는데. 피비린내 사이로 스며드는 어떤 향기! 휘, 멈칫하는.

여전히 격구복 뒤에서 긴장하고 있는 자현.

휘, 한쪽에 아무렇게나 놓여진 자현의 화구통 그제야 발견하고. 가서 열어본다. 거칠게 그려진 말 그림들, 자현의 스케치인데... 어설프지만 제법이다. 순간 사각! 옷자락 스치는 소리! 휘, 풀어둔 호신용 단도를 뽑아 들고.

잠깐 움직였다가 옷자락 소리에 얼음 되어 숨죽이고 서 있는 자현.

휘, 향기 나는 쪽 살피다가 자현의 치맛자락 발견한다. 여자?

S#68. 격구장 (D)

경기는 홍의군의 승리로 끝났다. 낙담하는 기특. 선수들, 경기장에 일렬로 늘어서 서로에게 인사하고. 관중석으로 돌아서는 선수들! 관중들, 뜨거운 박수와 함성으로 환호를 보내고! 그 속에 나겸과 설화의 모습.

강에게 박수 보내는 나겸, 혹시 휘가 다시 안 나오나 선수 출입구 쪽을 두리번거리는 설화.

S#69. 다시 휘의 대기실 (D)

치마를 확인한 휘, 여자라도 용서할 수 없다! 상관없다! 최종 확인을 위해 걸려 있는 격구복을 떨어뜨린다. 바닥에 툭 떨어지면. 벽에 내린 천 위로 불룩 솟아 있는 실루엣. 휘, 칼을 들고 위에서 아래로 가르는데! 칼질에 떨어져 내리는 천 자락!

그 뒤에 선 자현, 전신이 드러나자 그대로 얼어붙는데! 그런 자현을 노려보는 휘!

휘   ... (자현을 알아보고) 심중청?

허걱! 관광방 이가를 알아보고 입을 막는 자현의 얼굴에서 엔딩!

대군

사랑을 그리다

3부

S#1. 휘의 대기실 (D)

치마를 확인한 휘, 여자라도 용서할 수 없다! 상관없다! 최종 확인을 위해 걸려 있는 격구복을 떨어뜨린다. 바닥에 툭 떨어지면. 벽에 내린 천 위로 불룩 솟아 있는 실루엣. 휘, 칼을 들고 위에서 아래로 가르는데! 칼질에 떨어져 내리는 천 자락!

그 뒤에 선 자현, 전신이 드러나자 그대로 얼어붙는데! 그런 자현을 노려보는 휘!

휘	... (자현을 알아보고) 심중청?
자현	(알아보고 놀라 손으로 입을 막았다가) 관광방... 이... 가? (더 당황하는)
휘	(자현의 차림을 훑어보며) 반가의 규수라며 큰소리치더니 오늘은 천비라... 대체 정체가 무엇이냐?
자현	(떨리는데 센 척하는) 댁하구 무슨 상관? 비키시오! 나가야 하니.
휘	(기가 차서) 하. 지금 침입자는 내가 아니라 그쪽 같은데?
자현	길을 잃고 방을 잘못 들어온 거뿐이거든? (밀치고 가려는데)
휘	(자현을 잡아채며) 어느 전각의 끄나풀이냐? 내 말에 손댄 것도 너냐?
자현	!! (뿌리치며) 무슨 소리예요!
휘	화방에서 마주치구 하필이면 오늘 또 내 대기실에 숨어들었다?
자현	난 여기가 어딘 줄도 몰라!
휘	솔직히 말해보시지.
자현	!
휘	다른 전각의 끄나풀이 아니라면... (기가 차서/주제에) 너도 팔자를 고치고 싶은 게냐?
자현	!! (기분 나쁜/휘의 정체를 모르기에 뭔 소린지 모른다)
휘	너 역시 왕실에 눈먼/ 하고많은 계집들 중 하나냐, 그 말이다!

자현, 휘의 빰을 친다. 얼굴 돌아간 휘!

자현	바람둥이 인간 말종 왕실 사내들한테 관심도 없지만!
휘	?! (그래? 진짜?)
자현	그러거나 말거나 그쪽이 상관할 바 아니고! 내가 반가의 규수이

든 어느 집 천비든 간에! 불쾌한 모욕을 받아줄 이유는 없지.

휘   일부러 날 보러 온 게 아니드냐.

자현   길을 잃었다니까? 나가려던 참이었다구!

휘   (벗은 몸으로 압박해 들어가는) 그럼 애초에 왜 숨었느냐? 대체 뭘 노리
            는데!

물러서던 자현, 벽에 다시 딱 붙고. 휘, 양팔을 올려 자현을 팔 사이에 가두는 모
양새가 된다. 둘 사이 숨 막히는 긴장감에서!

S#2. 격구장/홍의군 대기구역 (D)

승리의 기쁨을 만끽하며 돌아오는 홍의군 선수들. 기다리던 후보 선수들, 시종
들, 달려들어 환대하는데! 표정 없이 들어오던 강, 사라졌던 득식 발견하자 순식
간에 차가워진다.

득식   (눈치 없이) 승리를 축하드립니다, 대군! 정말 멋진 경기였...

강   ! (장시로 득식을 내리친)

득식   으악! (아픔에 나뒹굴고)

얼어붙는 선수들!

강   (경기 중 자리를 떠버린 형과 모후에 대한 서운함에 분노가 덧칠된) 병사가 전
            투 중 자리를 떠? 전시였다면 즉결로 목이 날아갈 일이다!

득식   (무릎 꿇고 조아리는) 죄송합니다! 갑자기 피치 못할 일이 생겨...

강   (OL) 오늘 이긴 덕에 살은 줄이나 알아.

득식   ...... (겁에 질려 반항도 못하고)

강   (다른 홍의군들에게) 앞으로 성득식은 주전에서 제외한다. 오늘 밤 자
            축연에서도! 안 보이는 게 좋을 거야.

강, 주전들과 가버리고. 혼자 남은 득식, 이를 빠득빠득 간다.

득식   자현이 내 이걸 그냥!

S#3. 휘의 대기실 (D)

서로를 노리고 있는 휘와 자현! 지나치게 가까운 거리, 서로의 숨결이 힘겨운데...

자현	다시 말해줘? 노리는 거 없다고! 여기가 어딘지도 모르고 들어왔고! 너만 아니었음 진작에 나갔을 거라고!
휘	어느 집 여식이냐.
자현	(입 다물고)
휘	아니면, 어느 집 천비... (통증이 몰려오는)

자현, 이 틈에 휘를 확 밀어내고 뛰쳐나오는! 그 서슬에 다시 상처가 벌어져 피가 솟고! 자현, 기겁을 하지만 그냥 달려 나가고. 휘, 아무 데나 짚고 서는데! 고통을 참아보는.

S#4. 동 앞 (D)

뛰쳐나오는 자현, 그대로 달려 나간다!

S#5. 선수 대기실 출구 (D)

대기실에서 빠져나오는 자현. 바깥은 경기가 끝나 몰려 나가는 구경꾼들로 인산인해를 이루고. 가다가 서는 자현. 제 손에 묻은 피. 고통스러워하던 휘의 모습이 선하고. 그래도 돌아갈 수는 없어 망설임 끝에 앞으로 나아갔다가... 에잇! 뒤를 다시 쳐다보는데!

S#6. 격구장 일각 (D)

강, 어을운과 수하들을 데리고 대기실로 가고 있다.

S#7. 휘의 대기실 (D)

자현이 제 손수건으로 휘의 상처를 묶어 지혈 중이다. 휘, 그런 자현 보고 있다. 이 소녀, 뭘까... 어떻게 이 상황에 돌아와 자기를 치료해줄 수 있을까... 이해가 안 되면서, 어딘가 좀 뭉클하기도 하고...

자현	빨리 가서 의원에게 보이시오.
휘	(놀려보는) 내 걱정에 돌아온 것이냐?
자현	(정말 도와줘도 여전한 반말!) 댁이 걱정된 게 아니라! 피 흘리다 죽기라도 하면 내가 덤터기 쓸까 봐 그런다, 됐니?
휘	난 또... 두고 간 거 챙기러 온 줄 알았네.
자현	? (뭔 소린가 싶다가 펼쳐진 그림들과 화구통 발견하고 눈 커지고) !
휘	군마도를 난 치듯 꽃 그리듯 그려서야 쓰나... 말갈기는 갈필을 써서 거칠게 그려야지.
자현	! (서둘러 일어나 챙겨 드는. 부족한 그림을 내보인 게 자존심 상하고) 내가 미쳤지, 무슨 좋은 소리를 듣겠다고 도루 와서는... (나가려는데)

휘, 자현의 손목을 잡는다! 놀라는 자현!

S#8. 선수 대기실 복도 (D)

강과 수하들이 오고 있다.

S#9. 다시 휘의 대기실 (D)

휘, 자현의 손목을 잡고 있다.

휘	어디 사는, 누구냐.
자현	......
휘	신분을 밝혀라. (진심이다) 네가 누군지... 알아야겠다.
자현	...... (그 기세에 왠지 떨리는)

자현을 보는 휘의 강렬한 시선. 망설이다 뿌리치고 나오는 자현. 휘, 따라 나가는데.

S#10. 동 앞 (D)

강과 수하들이 휘의 대기실 앞에 선다. 동시에 문이 열리며 자현이 뛰쳐나오는. 강과 부딪히는 자현! 따라 나온 휘! 강의 등장에 당황하고! 휘와 자현을 번갈아 보는 강!

휘   (자현이 들키면 안 될 것 같아) 뭘 하고 선 게냐? 어서 물러가거라!

당황한 자현, 누구한테랄 것도 없이 꾸벅하고 총총 사라진다. 강, 쳐다보면.

휘   (둘러대는) 방을 잘못 든 모양이야.
강   ... (뭔가 미심쩍은데)
휘   들어와.

강, 안으로 들기 전에 대기 중이던 어을운에게 눈짓하는. 어을운, 재빨리 물러나 자현을 따라간다. 강, 그제서야 안으로.

S#11. 동 안 (D)

휘, 상처 위에 새 옷을 입고 있다. 들어오는 강과 수하들.

강   처소로 가자. 어의가 기다리고 있을 게야.
휘   그럴 거 없어. 별것두 아닌데.
강   미안하다. 나 때문에 낙마까지 하고.
휘   경기 중에 최선을 다한 것뿐인데 뭐... 마음에 두지 마.

휘의 상처에 매어진 붕대. 자수가 놓여진 여자의 손수건이다. 눈여겨봤지만 모른 척하는 강.

강   아우님이 빠진 덕에 맥없이 이겨버렸구나.
휘   ... (복잡한 심사를 누르고) 운도 실력이라 하더군. 홍의군이... 강한 거야.
강   다음엔 제대로 겨뤄보자!

휘	... (쓰게 웃는데)
강	(휘의 어깨에 팔 두르며) 승리는 축하하고! 패배는 위로해야지! 우리 아우님을 위해 도성 최고의 기녀들이 대기 중이다.
휘	기녀는 무슨...
강	장가도 간다면서 첫날밤에 버벅대면 어쩌려구. 내 오늘 밤, 우리 아우님을 진짜 사내로 만들어주지!

우와! 웃는 수하들!

휘	...... (거북한데)

S#12. 격구장 일각 (D)

열 받은 채 나와 툴툴거리는 자현. 휘에게 가면서 그런 자현을 알아보지 못하고 스치는 기특. 자현을 따라가는 어을운. 기특, 어을운을 노려본다. 무시하고 가는 어을운.

자현	대체 뭔 악연인데 사방팔방에서 부딪히는 거야... (하다가 굳는)

눈앞에 자현네 가족들이 떠억! 득식과 함께 나가던 성억 부부가 자현의 몰골을 목도하고 기함한다.

안씨	저저... (기가 막혀 말도 안 나오는데)
성억	(자현의 복색이 이해 안 되는) 저 아이가 우리 자현이 맞소?
득식	너 거기 안 서! (잡으러 달려가면)
자현	(소리 지르며 냅다 도망가는) 으아악!

득식 피해 달려가던 자현, 나겸이네 가족, 설화네 가족 다 부딪히고. 안씨, 남사스러워 얼굴을 못 들고! 성억은 차라리 외면하고 싶은 현실에 눈을 질끈! 설화와 나겸은 뭐가 뭔지 모르겠고...

사태를 주의 깊게 지켜보는 어을운.

자현, 결국 득식의 손에 잡히는데! 오라버니! 비명을 질러대는 자현!!
일각에서 보고 있던 나겸과 설화, 기가 찬다.

설화	(벌어진 입이 다물어지질 않고) 자현이 쟤 어쩌려고 저러니? 미쳤나? 여기가 어디라고... 종친들이며 성균관 유생들 드글드글한데 저 옷이 저게 뭐야!
나겸	(웃음 나오는) 뭐 뻔하지. 외출금지령에 변복하고 몰래 나선 거 아니겠어?
설화	증말 혼자 보기 아까운 인물이야.
나겸	귀엽잖아.
설화	두 번만 귀여웠다간 무슨 사단 나지 싶다.
나겸	(웃는데) 이따 가보자. 자초지종을 들어보자구.
설화	(절레절레)

득식에게 질질 끌려가는 자현.

S#13. 선수 대기실 복도 (D)

대기실을 나선 강, 복도를 걷고 있다. 옆에 선 어을운이 자현에 대해 이미 보고를 마친 상황.

강	하녀가 아니라 득식의 누이라...
어을운	......
강	대제학의 여식이 대군의 대기실을 찾았다...? (씨익 웃으며) 뒤풀이 장소를 바꿔야 하겠구나...

알아듣는 어을운. 그 위로 산모의 비명이 울리고.

S#14. 산실 앞 (D)

으악! 효빈 김씨의 비명이 산실 밖까지 생생하다. 진통이 시작됐는데! 대비, 같이 기다리던 주상을 돌려보낸다.

대비 심씨	편전에서 기다리세요. 해산을 하면, 연통을 드리겠습니다.
주상	어의는 도착했습니까? 산파는요!
대비 심씨	어미에게 맡기세요.
주상	...... (애가 타고)
대비 심씨	아이가 무사히 태어나면, 만방에 알릴 경사지만, 만에 하나 잘못되기라도 하면!
주상	어마마마!
대비 심씨	없던 일로 묻고 가야 합니다.
주상	......
대비 심씨	먼저 간 중전을 비롯해서 후궁들도 회임만 하면 하나같이 용종을 잃었습니다. 백성들은 왕실에 저주라도 내린 줄 알고 있어요.
주상	(침통하고)
대비 심씨	가서 기다리세요. 조용히, 아무 일도 없는 것처럼.
주상	......

으악! 산모의 비명이 재차 울리고!

S#15. 산실 (D)

효빈 김씨가 고삐를 붙잡고 진통 중이다. 의녀들이 달라붙어 해산을 돕고 있으나... 난산이다. 지켜보던 장상궁, 밖으로 나가는.

S#16. 동 앞 (D)

주상, 자리를 뜨고 없다. 어의와 대비가 밖에서 기다리는데. 문 열리고 나오는 장상궁.

장상궁	(심각한) 머리가 보이질 않습니다.
대비 심씨	? (어의를 보면)
어의	역압니다!
대비 심씨	!
어의	(장상궁에게) 발바닥이 먼저 나오거든 바늘로 찔러 위치를 바꾸라 하십시오! 어느 정도 회전이 되면 태중으로 손을 넣어 머리를 잡

	고 돌리는 겁니다!
장상궁	(끄덕이고/산실로 돌아가려는데)
대비 심씨	아이를 살리거라.
어의/장상궁	!
대비 심씨	(소리 죽여) 산모보다, 아이가 중하네.
어의	산모가 살아야 태아도 삽니다! 산모가 힘을 쓰지 못하면! 태아도 위험해집니다.
대비 심씨	무슨 일이 있어도! 아이는 살려야 할 것이야.
어의	...
대비 심씨	이번에도 왕손을 잃으면, 용서는 없을 테니까.
어의	! (얼었다가 다시 처치 내리는) 머리가 잡히지 않거든! 소금을 산모의 배에 바른 후에... 태아의 발목을 잡고, 그대로 빼내라 이르십시오.
장상궁	(끄덕인 후/서둘러 들어가고)

단호한 표정의 대비, 산실문을 뚫어질 듯 바라본다.

CUT TO

산모의 비명 찢어질 듯하고! 으앙! 신생아의 울음 터진다!

| 대비 심씨 | ! (기대에 차는) 살았느냐? 아들이냐! |

아기 울음소리 커지고.

S#17. 자현의 집 전경 (D)

S#18. 자현의 집/자현의 처소 앞 (D)

안에서 흘러나오는 소리.

| 끝단(E) | 게 누구 없느냐? 어서 다과를 가져오너라. 출출하다는데두. |

S#19. 동 안 (D)

자현의 옷을 입은 끝단, 아씨 코스프레하며 혼자 즐겁다. 서안 위에 놓인 한과 접시.

끝단   (하녀 모드로 한과 접시 밀어놓으며) 여기 대령했사옵니다. 더 필요한 게 있으신지요? (다시 아씨 모드 잡으며) 그럼 어디 어깨를 좀 주물러보 아라. (제 손으로 열심히 어깨 주무른다. 한 손으로는 연신 한과 집어 먹으며) 거기가 아니야. 더 세게! 옳지! 시원하구나~

하는데 벌컥 열리는 문! 끝단, 기겁을 하고 바짝 엎드리는데! 누군지 몰라 서안 위로 눈만 빼꼼히 내밀어 보면! 기세 등등 안씨와 풀 죽은 자현이 서 있다. 들켰 구나! 끝단, 난감해지는데... 안씨가 들어와 끝단이 등을 마구 팬다.

끝단   아구구 마님! (죽는 소리 내는)
안씨   네 이년! 아씨를 말려도 모자랄 판에 대역을 자처해?! 니가 쫓겨 날라구 아주 용을 쓰지? 어디 한번 절해고도로 팔려 가볼 테냐!
자현   (말리며) 제가 시켰어요! 제가! 억지로 끝단이 옷을 뺏어 입었다구 요!
안씨   억지로 하는 년이 헤헤호호 웃어가며 양반 흉내나! 밖에서 다 들 었어!
끝단   (싹싹 비는) 마님! 다시는, 다시는 안 그럴게요!
안씨   귀에 딱지 앉겠다! 니 입에서 그 소리가 한두 번이야!
자현   (무릎 꿇고) 다 제 잘못이에요! 끝단인 그저 제가 시키는 대로 한 죄 밖에 없어요!
안씨   할 수 없지 뭐. 아무리 주인 잘못 만난 죄라지만 네년을 내보내는 수밖에.
끝단/자현   (겁에 질린) 마님!/(안 된다는) 어머니!
안씨   친딸을 내쫓을 순 없잖니?

자현과 끝단, 서로를 마주 보는데!

안씨   (밖을 향해) 끌어내라!

밖에서 대기하고 있던 안채 하녀들, 우르르 몰려 들어와 끝단이 끌어내는. 눈물 콧물 쏟으며 버티는 끝단.

끝단   아씨! 아씨!
자현   끝단아! 끝단아!

결국 끌려 나가는 끝단. 혼비백산해서 따라 나가는 자현!

S#20. 동 앞 (D)

마당으로 끌어내려지는 끝단. 버선발로 따라 내려가는 자현!

안씨   거간꾼한테 보내. 값이 헐해도 상관없으니깐 나서는 작자 있음 바루 넘기라 그러구!
끝단   잘못했습니다 마님! 살려주세요 마님! 보내지 마세요! 마님! 마님!

다급히 들어서던 득식, 벌어진 광경에 멈칫하고.

득식   뭐야... 왜 불똥이 끝단이한테 튀어...

결사적으로 끝단이 사수하는 자현.

자현   맞으라면 맞으께요! 굶으라면 굶겠어요!
안씨   넌 그 옷이나 어떻게 좀 못해!
자현   끝단이는 안 돼요!
안씨   몸종이 없으면 네가 그런 짓을 꿈이나 꾸겠니? 이게 다 뒤에서 받쳐주고 옆에서 도와주는 저년 때문이니 둘 사이부터 떼어놓으라는 대감마님 분부시다!
자현   (이판사판으로) 그럼 저도 나갈래요!
안씨   뭐?
자현   끝단이 내치시면 저도 머리 깎고 산에 들어갑니다! 비구니 될 거라구요!

안씨	(기가 차서) 너 지금 이 어미 협박하니?
자현	못할 거 같으세요?
안씨	... (좀 질린다. 할 거 같다.)

나서는 득식.

득식	어머니! 지금 이러실 때가 아닙니다.
안씨	아니다, 이참에 이 두 것들한테 아주 본때를 보여야.
득식	(OL) 대군들이 이리 행차를 하신다니까요!
안씨	?!
자현	(돌아보는)
안씨	대군 누가? 왜? 어디로?
득식	진양대군께서 우리 집에서 축하연을 올리는 광영을 주셨어요.
안씨	옴마야!
득식	경기에서 소자의 부진을 만회할 수 있는 절호의 기횝니다! 대군께서 장소만 제공하라고, 연회에 필요한 음식이며 뭐며 모든 걸 준비해 오겠다고 하셨지만 아무리 그래도 빈손으로 맞을 수는 없지 않습니까! 서둘러주십시오!
안씨	광영이 아니라 날벼락이네, 이건! (허둥지둥 신발 신으며) 얘들아, 부엌에 우리 뭐 있니? 아니지, 광! 광부터 열어!

하녀들 끌고 우루루 몰려 나가는 안씨. 긴장이 풀려 철퍼덕 주저앉는 끝단.

자현	끝단아!
끝단	(안도감에 맥이 다 풀린) 아씨...
자현	괜찮아? 어디 다친 데 없어?
끝단	(안도의 눈물 흘리고)
득식	뒷수습은 걱정 말거라. 없었던 일이 되도록 내 알아서 할 것이니. (자현에게) 들어가서 청심환이라도 좀 먹여.
자현	꼭 그렇게 아는 척을 해야 했어?
득식	뭐?
자현	(서운한) 오라버니가 눈 한번 감아줬음, 이 사단은 안 났잖아!
득식	지금 네가 한 짓은 생각 않고 이 오래비 탓하는 거냐?

자현	어떻게 한 번을 안 넘어가 주냐고!

열 받은 득식, 어깨 깐다. 장시에 맞아 길게 상처가 나 있다. 끝단, 눈을 가리고!
자현, 놀라서 본다.

득식	너 때문에 경기두 못 뛰구 이 지경이 됐어. 진노한 진양대군 손에! 죽을 수도 있었다구!
자현	(급히 다가가서 살피며) 오라버니 괜찮아? 의원한테 보여야 되는 거 아냐?
득식	(거칠게 밀어내고 옷 추스른다)
자현	(충격과 걱정에) 어... 어떻게... 사람한테 채찍질을...
득식	또다시 내 앞길을 막았다간 끝단이가 아니라 네가 쫓겨날 줄 알아. 그러니 제발! 죽은 듯 방구석에 처박혀 있어! 집안 망신 좀 그만 시키구! (나가버리면)

자현, 득식에게 미안해지는 한편 강에게 화가 치솟는데!

S#21. 곳간 앞/동 안 (D)

찬모가 곳간 자물쇠를 열고 있다. 하녀들 몰고 온 안씨, 옷고름으로 땀 닦는다.
작정하고 부린 호통, 안 하던 짓이라 나름 긴장했었다.

안씨	나 어떻디? 호랑이 마님처럼 무섭고 좀 그랬어?
찬모	지들은 오금이 다 저리던데요? 끝단이 정말 팔려 가는 줄만 알았어요.
안씨	내가 먼저 나서서 이 난리 안 침 우리 집 남자들 손에 자현이 벌써 죽었어.
찬모	참으로 속이 깊으십니다~
안씨	이참에 변신 좀 해봐? 솜방망이에서 호랭이 마님으루?
찬모	그냥 하던 대로 하시는 게...
안씨	(바로 포기하는) 그르치? 나하구 어울리진 않지?

곳간문이 활짝 열리고! 들어선 안씨, 뒤따른 하녀들에게 식재료를 지정해준다.

하녀들, 소쿠리 더미에서 하나씩 꺼내 들고 재료 담을 준비하면.

안씨   쌀은 젤 좋은 걸루 저거 저거. 일단 밥부터 짓구 고깃간에 사람 보내 소랑 돼지 있는 대루 달라 그래. 닭은 닭장에서 실한 놈으로 서너 마리 잡아 오구. (말하면서 손으로는 야채와 건재료들 하녀들 소쿠리에 담아 내는) 술방문도 열어라. 상에 낼 만한 술들이 뭐가 있나 봐야겠다.

열쇠 꾸러미 들고 있다 술창고 자물쇠를 따는 찬모.

안씨   (술창고로 들어서며) 짧은 시간에 준비를 마쳐야 하니 우리 집 식구로 해결이 안 될 것이다. 이웃의 솜씨 좋은 찬모들을 청해 오너라.

명을 들은 하녀 하나 달려가고. 큰일이 닥치자 비로소 대가댁 마님다운 풍모가 나오는 안씨의 진두지휘.

S#22. 대군 처소 전경 (D)

S#23. 동/목욕실 (D)

방 하나 크기의 커다란 욕조에 같이 들어가 있는 양안대군과 강. 물 위에 술잔 올린 다반이 떠 있다. 욕의 차림으로 물속에 앉아 도열한 기생들 초이스 중. 한 명씩 차례로 욕조 앞으로 가서 한 바퀴를 돌거나 장기를 발휘, 강의 눈에 들려 애쓴다. 맘에 들면 어을운에게 눈짓하고 맘에 안 들면 손가락을 쳐서 불통의 의사를 표시하는 강. 애매하면 양안대군을 쳐다본다. 양안대군, 훑어보고 고개 끄덕이면 통과. 술잔이 비면 주전자 들고 욕조 옆에 선 궁녀가 수면 위의 다반으로 부리를 겨냥, 묘기 부리듯 포물선을 그리며 잔을 채운다. (중국식 차 따르는 묘기 참고) 욕조 옆에는 술병과 잔들을 올려놓은 준비대 보이고.

강   좌의정 김추가 중전을 빨리 뽑자고 난리라던데...
양안대군   이 시국에 간택령을 내리고 요란을 떠는 것은 왕실에서도 부담이다. (안 된다는)
강   자기 딸이 후궁이니 국모의 자리를 노리는 게지요. 수태를 한 적도 있어 어마마마께서 눈여겨보십니다.

양안대군   (뜻 모를 미소) 그러면 뭐하는가. 그 누구도, 궁 안에서 주상의 후사
를 보지 못했는데.

강   !

양안대군   주상의 비빈들은, 수태는 하였어도 용종을 끝까지 지켜내지는 못
해. 그것이, 그들의 운명이라네.

강   ...... (백부가 그렇게까지...)

양안대군   지금이 기회인 게야... 교태전이 비고 후사가 없는 지금이!

강   ... (의미심장한) 백부님께서 비빈들의 운명을 그리 만들고... 이제 조
정 여론까지 끌어내셨으니/ 조만간 결판이 나겠지요.

양안대군   ...... (뿌듯하고)

이윽고 초요경 차례가 되어 앞으로 나선다.

초요경   (치맛자락 잡고 사뿐 인사하는) 초요경이라 하옵니다.

군계일학의 외모. 양안대군이 침을 삼킨다. 눈여겨보는 강.

S#24. 마구간 (D)

치료가 끝난 말을 다시 살피는 휘. 기특, 속이 터지기 직전이다.

기특   어느 놈인지, 진상을 알아내야 하지 않겠습니까!

휘   우리 청의군이 지기를 바라는 자, 혹은 내가 다치기를 바라는 자
겠지.

기특   그니까요!

휘   누구겠느냐.

기특   ...... (예감이 오지만)

휘   전자라면 그저 상대선수일 뿐이요 후자라면 나를 미워하는 자인
데... 둘 다 밝혀져 봤자 소란스럽기만 하다.

기특   마마!

휘   국상으로 계속 우울했던 왕실이 아니냐. 더 이상의 사단은 만들지
말아야지.

기특	... (속상하고 억울한) 매번 당하구 덮기만 하시니...
휘	대군의 소임이 무엇이라 생각하느냐...
기특	예? (보는)
휘	이 왕실은... 피바람 속에 세워지고 분란 속에 이어져왔다. 전하께서 성군을 꿈꾸실 때... 동생인 내가 할 일이 무엇이겠느냐?
기특	...
휘	전하의 꿈이 이뤄지도록 왕실의 화평을 도모하는 것이 나의 본분이야.
기특	그럼 마마는 다른 꿈이 없으세요? 바라는 게... 그게 전부예요?
휘	...... (화제 돌리는/말을 쓸어주며) 이 녀석한테는 미안하구나. 말 못하는 짐승이 사람의 일로 고약한 짓을 당했으니.
기특	저는 이깟 말보다 마마가 더 걱정됩니다.
휘	...... (조용히 말 등만 쓸어주는데)

S#25. 다시 목욕실 (D)

강, 초요경을 알아본다.

강	시구를 한 기녀로구나.
초요경	알아봐 주시니 광영이옵니다.
강	오늘 너의 공을 잡아챈 이가 누군 줄 아느냐?
초요경	마마의 아우 되는 은성대군 아니십니까?
강	패배로 상심한 그 아이를 어루만져 줄 수 있겠느냐?
초요경	(너는 나를 원하지 않는) 그리하길... 원하십니까?
강	휘는 아직... 여자를 모른다. 네가, 그 앨 사내로 만들어준다면 내 후한 상을 내리마.
초요경	... 궁중악무를 전습하는 예기의 몸입니다. 함부로 몸을 놀리는 천기가 아닙니다.
양안대군	(들은 바가 있다) 도성 한량들이 집문서를 팔아 줄을 선다는 기생이 너로구나.
강	(술잔 입으로 가져가며) 도도하고 콧대 높기로 소문난 계집이지요.
양안대군	미인은 원래 꺾는 맛에 보는 게야. 아우에게 양보할 게 뭐 있나? 소카님께서 선점하시게.

강	... (보는데)
초요경	선택은 제가 하지요. 두 대군 가운데 과연 누가 제 마음을 가져가실지.
강	! (빈정이 확 상하고)
양안대군	뭐라? (맹랑함이 귀엽다는 듯 웃어넘기는) 허허허!

강, 빈 술잔을 초요경을 향해 날린다. 초요경의 뺨을 스치고 날아가 떨어지는 술잔. 일동 놀라고! 아무런 내색하지 않는 초요경. 복숭앗빛 도는 희디흰 뺨에 한줄 핏자국이 그어지고 붉은 실금 아래로 핏방울이 흘러내린다.

강	얼굴 하나 믿고 물색 모르고 까부는구나.
초요경	...... (치욕감 들고)
강	감히 나까지 넘볼 생각 말고 내 아우나 잡아보아라. 실패하면, 그간 도성에서 쌓아 올린 너의 이름이 허명임을 알겠지.
초요경	... (분한데)
강	(어을운에게 눈짓하면)

어을운, 기녀들 데리고 나간다.

자존심을 다쳐 꼼짝 않는 초요경. 바닥에 뒹구는 잔을 집어 술병이 놓인 탁자로 간다. 스스로 잔을 채워 입으로 가져가는데! 탕! 탁자 위에 내려지는 빈 잔. 제 입에 술을 한껏 머금고 욕조 안으로 들어가 강에게 다가가는 초요경. 다가오는 시선을 받아내는 강! 입 맞추며 술 전하는 초요경! 강, 술을 받아 마신다. 허허! 헛웃음 소리 내며 흥미진진 지켜보는 양안대군!

초요경	(입술 떼고)
강	... (눈을 뜨는데)
초요경	(자극하는 손놀림으로 강 입가에 묻은 술방울을 닦아주며) 그럼 연회에서 뵙겠습니다.
강	... (이년 봐라)

물에서 나가는 초요경. 강, 그런 초요경의 뒤태를 쫓고.

양안대군	(웃으며) 물건이로세! 물건이야!
강	...... (마음에 들고)
양안대군	왜 조카님이 취하지 않고 아우에게 양보를 하려는고?
강	저 미모에... 이만한 담력이면 계집으로 취하기는 아깝지요.
양안대군	허면?
강	계집으로 품기보다 제 사람을 만들려 합니다.
양안대군	조카님의 사람으로 만든다?
강	병법에 미인계만 한 상책이 없다 하더군요. 초요경 정도면 장차 미인계의 가장 큰 무기가 되지 않겠습니까?
양안대군	대장부가 큰일을 하려면 온갖 사람이 다 필요한 법이지. 암, 사람이 무기인 게야.

양안대군, 호탕하게 웃는다. 괴물로 자라고 있는 조카가 더없이 맘에 들고.

S#26. 동/전실 (D)

궁녀들이 목욕을 마친 강과 양안대군에게 새 옷을 입히고 있다.

양안대군	뒤풀이를 대제학의 집에서 한다지?
강	성대감은 좀처럼 속을 드러내지 않습니다. 아군인지 적군인지, 가늠이 안 되니...
양안대군	대제학의 아들이 같은 홍의군 아니었던가?
강	딸도 있더군요.
양안대군	(보는)
강	혼처가... 장인 자리도 없는 윤씨 문중이 아니라 거기였더라면... 당연히 제 편이 되어주었겠지요.
양안대군	... 순리대로 가보세.
강	순리는 만들어가는 거라고 하셨습니다.
양안대군	(씨익)
강	연회에 모시겠습니다. 함께 가시지요.
양안대군	눈치 없이 청춘들 자리에 끼어서야 쓰나! 뒷방 늙은이는 따로 할 일이 있는 게야.
강	......

S#27. 휘의 처소 (D)

궁녀들의 도움으로 옷 갈아입는 휘. 상처를 싸매고 있던 자현의 손수건이 대야에 담겨 밖으로 내어져 가고. 휘, 눈으로 그걸 쫓는다. 기특, 상처 부위에 약을 바르고 새 천으로 감싼다. 궁녀들 손에 문이 열리면 밖에 서 있던 어을운 보이고.

어을운   마마!

대번에 경계의 낯 띄우는 기특.

휘   ...... (그저 보고)
어을운   해 지기 전에 대제학 성대감 댁으로 오시랍니다. 대군께서는 연회 준비 때문에 먼저 출발하셨구요.
휘   ... (가기 싫은데...)

S#28. 자현의 집 앞 (D)

대문이 활짝 열려 있다. 수레에서 내려지는 육고기와 생선 등 속속 도착하는 식재료들, 이웃에서 일하러 오는 찬모와 하녀들.

S#29. 자현의 처소 (D)

자현과 끝단, 서로의 옷으로 갈아입는 중이다. 속옷 차림의 끝단, 자현이부터 옷 입게 도와주다 멎은.

끝단   (침을 꼴깍) 남정네가... 화방에서 만난 그 도령이 옷을 벗고 있었다구요?
자현   (손사래 치는) 아니, 다는 아니구! 위에만! 위에만이야.
끝단   (난리 치는) 아씨, 대체 어쩌시려구요! 이제 시집은 다 가셨네. 끝났어, 끝나.
자현   내가 보고 싶어 봤니? 누가 있는 줄도 모르고 그 사람이 그냥 막 벗었다니까.
끝단   소리라도 질렀어야죠!

자현	(옷 다 입고 앉으며) 그때는 그냥 너무 놀라서 아무 생각도 안 났단 말이야.
끝단	(갑자기 음흉하게) 어땠어요?
자현	어떻긴 뭐가 어때.
끝단	(자기 옷 주위 입으며) 그 도련님 엄청 잘생겼던데... 몸도 좋아요?
자현	망측하게.
끝단	어머, 망측한 사람이 누군데? 본 사람이 누군데? 난 뭐 물어도 못 보나?
자현	안 본 눈을 어디 가서 살 수도 없구, 잊어야지. 지워버리고 말 거야.
끝단	옷깃만 스쳐도 인연인 세상에 이렇게 자꾸 마주치면 운명 아니에요?
자현	(경대 열며) 갖다 붙이기는! 운명 되려면 삼세번은 만나야 하거든?
끝단	이따 오면 보겠네 뭐.
자현	!
끝단	격구하던 사람이래매요. 뒤풀이하러 올 거 아니에요.
자현	(외면하고 싶은) 오거나 말거나 내가 볼 일이 뭐 있니!

CUT TO

제 옷으로 돌아온 끝단, 경대에서 머리빗 꺼내 흐트러진 자현의 머리 빗겨준다.

자현	(머리 맡긴 채로) 운명은 그냥 우리 둘이 운명이야.
끝단	치이. 그럼 시집가지 마세요. 아까 쫌 감동 먹기는 했으니깐 쉰네가 계속 뫼시구 살게요.
자현	좋아. 대신 너도 안 가는 거다?
끝단	(그건 싫은) 전 시집가도 아씨 뫼실 수 있어요!
자현	(경대 속으로 눈 흘기며) 배신자.
끝단	누가 먼저 배신하는지 두고 보자구요.

웃음기 머금는 자현의 얼굴 경대에 비치고.

S#30. 동 (저녁)

붓을 놀리고 있는 자현, 낮에 본 말들을 잊기 전에 그려두고자 한다. 기억을 더 듬어가며 말들을 그려보는데... 휘가 툭 던진 조언이 생각나고.

인서트) 7씬

휘   군마도를 난 치듯 꽃 그리듯 그려서야 쓰나... 말갈기는 갈필을 써서 거칠게 그려야지.

짜증나지만 따르지 않을 수 없는. 물기 없는 붓을 골라 손으로 꾹꾹 누른다. 먹을 조금만 묻혀 갈필을 만드는데... 연습 삼아 옆에 둔 연습지에 한번 그어보는. 갈필 효과가 살아나고.

S#31. 사랑채 마당 (저녁)

강이 득식의 안내를 받아 사랑채로 들고 있다.

득식   (쩔쩔매며) 아, 아직 음식 준비가 덜 되었는데... 이렇게 일찍 오실 줄 알았으면...

강   내 다 알아서 한다 하지 않았는가... 예정에 없던 일이라 그저 연회장소만 제공해주면 된다고.

득식   귀한 몸을 모시는 광영을 입었사온데 어찌 빈손으로 맞이하겠습니까.

강   내 낮의 일을 사과하러 일찍 온 것일세. 어깨는 괜찮은가? 내가 좀 심했지 싶은데...

득식   아닙니다, 대군마마!

짐짓 미안한 표정 지어 보이는 강.

S#32. 사랑채/정자 (저녁)

좌정하는 강과 득식.

강	(무심히 지나가는 말처럼) 격구장에서 이 댁 여식이 대기실을 찾았던 데...
득식	(기겁하는) 즈이 자현이가요?
강	할 말이 있으면... 이참에 와서 고하라 하게.
득식	아닙니다, 대군마마! 누이는 그저 저를 찾아다닌 것뿐입니다.
강	난 또 뭐라고...

득식, 안도의 숨을 내쉬고...

강	허면... 기다리는 동안 누이한테 차나 한잔 얻어 마실까?
득식	(당황하고) 예?!
강	(보면)
득식	...... (곤란하고)
강	그게 그리 힘든 일인가?
득식	...... (미치겠는데)

S#33. 자현의 처소 (저녁)

자현, 갈필로 군마도를 완성했다. 말갈기의 효과가 잘 살아난. 휘의 조언대로 하니 그림이 확 다르다. 자현, 만족스러운 표정 짓는데. 갑자기 문이 열리고 끝단이 얼굴 내민다.

자현	깜짝이야!
끝단	(흥분한) 나오세요, 얼른! 빨리요, 아씨!
자현	넌 인제 드나들 때 고하지두 않냐?
끝단	지금 그림이나 그리고 계실 때가 아니란 말이에요! 사랑으로 오시래요!
자현	누가?
끝단	누구긴 누구예요! 도련님이죠! 지금 대군마마 오셨다구 와서 차 좀 내시래요!
자현	내가 왜?
끝단	(안 되겠다, 들어오는) 귀한 손님이니깐 그렇죠!
자현	방구석에서 죽은 듯 꼼짝도 말랬어. 문 밖으로 머리칼 한 올도 보

이지 말랬단 말이야.

끝단	아씨는 대군마마 얼굴 궁금하지도 않아요?
자현	전혀.
끝단	(자현 끌어내며) 전 궁금하다구요! 하늘 같은 왕족 얼굴 볼 수 있는 기회가 지금 말구 또 있겠냐구요! 아씨가 안 가심 저도 못 본다구요!
자현	야, 야! 이거 안 놔! 내가 거길 왜 가아!

끝단에게 끌려 나가는 자현.

S#34. 사랑채/정자 (저녁)

다반 들고 온 자현, 득식과 앉아 있는 강의 얼굴 보고 놀라서 굳었다.

인서트) 10씬. 휘의 대기실에서 나오다 강과 부딪히던 순간.

뒤에는 물병 들고 따라온 끝단이 어떻게 해서든 대군 얼굴 좀 보려고 기웃대며 까치발을 하고.

자현	(들킬세라 휙 돌아서는)
끝단	왜요, 아씨?
자현	(소리 죽여) 저 사람이 대군 맞느냐?
끝단	(맞을 거라는) 하녀들이 진양대군 오셨다고 난리던데...
득식	(자현 발견하고) 뭐하느냐, 왔으면 어서 인사드리지 않고.
자현	! (굳는)
강	(보는)
득식	돌아서서 뭐하는 게야! 예가 아니다!
강	(예를 차리는) 반가의 규수에게 다례를 청하니... 초면에 결례가 많소이다.
자현	! (초면 아니라구!)
끝단	어서 오르세요!

끝단에게 다구를 안기고 도망가려던 자현, 치마 끝을 밟고 넘어지는데! 어! 남

자들 놀라 일어서고! 강이 후다닥 내려와 자현을 일으킨다. 그 와중에도 얼굴 안 보이려 기를 쓰는 자현!

S#35. 자현의 집/대문 앞 (저녁)

휘의 교자가 도착했다. 문을 열어주는 하인. 기특이 교자꾼들 챙기는 동안 하인 따라 집 안으로 드는 휘.

S#36. 다시 정자 (저녁)

강   괜찮은 것이오? 어디, 다치지는 않았소?

더 이상 피할 수가 없다. 마지못해... 고개 드는 자현, 강과 시선이 마주친다!

자현   (추스르는) 괜찮습니다.
강   ...... (자현의 얼굴 확인하고)
득식   (쪽팔려 죽겠다) 저저! 조심하지 않구! 마마 앞에서 이 무슨 추태를!

자현, 강의 시선 받아내며 치마 털어내며 매무새 바로잡는다. 엎질러진 물이지만 새삼 도도한 표정으로 정자에 오르면.

강   몰랐구려. 공에게 이리 고운 누이가 있는 줄.
득식   곱기는요, 보시다시피 어찌나 말괄량이인지 집에서두 두 손 두 발 다 들었습니다.
자현   ... (죽을 맛이다)
강   오라, 그래서 낮에 복장이 남달랐던 것인가?
득식   (식은땀 나는) 외출금지를 시켰더니 기어이 변복까지 하고 나서서...

으하하! 강의 웃음 터진다. 자현, 모른 척 다기 세팅하는데...

강   성미를 알겠구만. 하고 싶은 일은 기어이 해야 직성이 풀리는?
득식   사내로 태어났다면 누가 뭐라겠습니까? 계집으로 태어나 저 모양 이니 오래비로서 심려가 큽니다.

강	혹시 아는가? 날개를 펴게 해주면 눈부신 나비가 될 수 있을지. 아직은 허물을 못 벗은 굼벵이래두 말일세.
자현	! (뭐야 이거. 욕이야 칭찬이야!)

S#37. 집안 일각 (저녁)

하인의 안내로 사랑채로 향하는 휘.

S#38. 사랑채/정자 (저녁)

차를 우리는 자현. 제법 다예가 우아한데... 정자 아래서 대군을 열심히 구경 중인 끝단. 사랑채로 들어서던 휘, 자현의 모습에 멈칫해서 선다.

강	말괄량이라는 건 오래비가 팬한 흠을 잡은 게로군. 이렇게 태가 얌전한데...
득식	사깁니다. 대군마마 계시다고 아닌 척하고 있는 것뿐입니다.
자현	(당황해서 물 넘치고)
득식	보세요! 이렇다니까요!
자현	(다포로 닦아내며) 오라버니가 헐뜯지만 않으시면 좀 더 집중해서 잘해보겠습니다.

강, 큭큭대고 웃고. 득식, 울그락붉으락. 상황파악을 위해 일단 중문 옆으로 몸을 숨기는 휘.

자현	(작정하고 강 들으라는) 오늘 이 차는... 마마를 위해서가 아니라 제 오라버니에게 드리는 것입니다.
강	? (보고)
득식	(당황해서) 너 지금 뭔 헛소리하려고.
자현	철없는 누이 때문에 불충을 저질러 마소 취급을 당하셨지요.
득식	(사색이 돼서 하지 말라는) 야, 야!
자현	(강 똑바로 보며) 수하들에게 존경이 아닌 두려움을 바라시나 봅니다. 잘못을 채찍으로 벌하시니.
강	(전혀 거리낌 없는) 내가 부덕하여 덕장은 못 되구... 굳이 따지자면

　　　　　　　용장이라고나 할까?

자현　　　　　(기가 차고) 가혹함은! 용장의 덕목도 되지 못합니다!

듣고 있던 휘, 놀란다. 자기도 대놓고 못하는 소리다. 자현의 용기에 충격받고
새삼 다시 보는.

득식　　　　　닥치지 못해! 네까짓 게 뭘 안다고!

자현　　　　　...... (전혀 기죽지 않는)

강　　　　　　(차를 마시며/찻잔 너머로 시선은 자현에게 둔 채) 공은 좋은 누이를 두었
　　　　　　　구려. 오라비를 생각하는 마음이 참으로 갸륵하오.

득식　　　　　(안절부절이고)

강　　　　　　(빈 잔 내려놓으며) 사과를 하긴 했는데... 내가 어찌 하면 좋겠소?

자현　　　　　(잔 채워주는) 사과를 하셨다니 그나마 다행입니다.

강　　　　　　허면, 나를 용서해주겠소?

자현　　　　　용서는 제가 아니라 오라버니에게 받으셔야지요.

득식　　　　　(더 이상 안 되겠다 싶어 끌어낸다) 이리 나와! 너 미쳤어! 감히 어느 안
　　　　　　　전이라고 막말을!

자현, 득식에게 끌려 내려가는데. 강, 그 뒷모습 보고.

득식　　　　　(자현을 사랑채에서 몰아내며) 나가! 나가!

밖으로 밀려나는 자현.

득식　　　　　(다급히 다시 올라와 조아리는) 죄송합니다. 누이를 가르치지 못한 제
　　　　　　　불찰입니다. 철없는 계집애의 말은 담아두지 마십시오.

강, 조용히 자현이 우려두고 간 차를 마신다.

S#39. 사랑채 앞 (저녁)

처소로 가는 자현. 끝단, 강을 도발한 자현이 걱정스럽고.

끝단	대군마마예요! 아씨는 겁도 안 나요?
자현	대군이면 뭐하니? 사람한테 채찍이나 휘두르는 폭한인데!
끝단	(아쉬운) 얼굴은 잘생겼던데... 키도 훤칠하고.
자현	왕족들 증말 재수 없어! (하는데 눈앞에 휘다. 멎는)
휘	... (이래서야 오늘도 신분을 못 밝히겠고)

따라오다 부딪히는 끝단. 그 서슬에 자현이 앞으로 넘어가려는 찰나, 어깨를 잡아주는 휘!

끝단	(두 눈 커지고)

자현, 중심 잡고 이내 휘의 손길에서 빠져나오는데!

자현	(당황해서) 우리 집엔 웬일이세요?
끝단	(몰라서 묻나?) 뒤풀이하러 오셨겠죠!
휘	(놀려먹는) 말은 편하게 해도 되네. 원래 쭉 반말하기로 한 사이니까.
끝단	?
자현	도련님께서 예를 갖춰주시면, 저도 예에 어긋나게는 안 하겠습니다.
휘	낮에는 고마웠소.
자현	?!
휘	더불어 무례를 사과하오. 화방에서의 무례도 함께.
자현	!! (웬일이래?)
휘	잘못인 줄 알았으나 바로 사과하지 못하였소. 사내들이란 게... 때로 그렇게 허세를 부릴 때가 있다오.
자현	(좀 누그러지며) 진정한 사내다움이란, 잘못을 인정할 때를 아는 게 아닐런지요.
휘	... 내가 아직... 진짜 사내가 아닌 탓이오. 용서를... 바래도 되겠소?
자현	... (누그러지며) 지금은 쫌 사내다우시네요.

화사하게 웃어 보이는 휘. 자현, 가슴이 쿵! 떨어지고! 처음 보는 휘의 미소에 당황한다. 꽃이 지듯 서서히 미소를 가라앉히는 휘.

자현	(당황을 감추려) 그럼 안으로 드시지요. 오라버니께서 대군마마와 함께 기다리고 계십니다.
휘	......

자현, 곱게 인사하고 물러간다. 뒤에서 휘의 시선이 느껴지는데...

끝단	저분이... (연결해보고 떠올리는) 벗은 몸 본 사이?

자현, 끝단의 입을 틀어막고 별채로 끌고 간다.

끝단	(뿌리치며) 맞잖아요! 제가 뭐 없는 말 해요?
자현	(버럭) 조용히 해! 누구 혼삿길 막을 일 있어?
끝단	언제는 시집 안 가신담서요!
자현	그건 내가 안 가는 거구! 못 가는 거랑 같애!
끝단	두 번이 세 번 됐으니 이제 영락없는 운명이네 뭐.
자현	아무 데나 갖다 붙이지 말라니까!

휘, 자현과 끝단의 수작 다 들었다. 피식 웃으며 가는. 운명이라는 단어가 와서 박힌다.

S#40. 양안대군저 앞 (N)

달려온 자준, 다급히 안으로 들어가는.

S#41. 동/사랑 (N)

양안대군과 우의정 박부경, 호판 정연 등 세제파 대신들이 모여 있다.

박부경	일단 세제 책봉 논의의 물꼬를 텄으니 대감께서 세를 실어주셔야 합니다. 종친들이 나서 상소도 올리고 해야지요.
양안대군	걱정 마시게. 순번을 정해 대기 중이니.
정연	대신들이 잘못 나섰다가는 역적으로 몰릴 수도 있을 터! 종친들 이 충심으로 나서야 할 때입니다.

양안대군	(씨익) 종사를 위해 왕위도 양보한 나일세. 그런 내가 왕실에 충언을 하겠다는데 누가 뭐라겠는가.
박부경	헌데 주상께서 번번이 대비전으로 결정을 미루시니...
정연	대비의 마음을 움직이려면 동생인 도승지부터 끌어들여야 합니다. 둘째는 자식이 아니랍니까? 차남이 왕이 되어도 대비의 권세는 변함이 없을 것이라고, 심씨 가문에 이를 깨우쳐주어야지요.
박부경	도승지가 아직 순진하여 물정을 모르니...
양안대군	세상 물리 깨치는 데 여색만 한 게 없지요.
박부경	?! (알아듣고)
양안대군	정도만 걸어서 무슨 대계를 이루겠습니까. 나라를 창업하신 태조께서도... 왕자의 난을 일으켜 보위를 움켜쥔 우리 아바마마도... 형의 자리를 가져간 내 동생도... 모두가 사도에 뛰어들어 뜻을 이루었지요.

대신들 다들 공감하는데 밖에서.

자준(소리)	대감! 큰일 났사옵니다.
양안대군	무슨 일이냐?

문 열리고 자준이 고한다.

자준	궁에서 변고가 있다 하옵니다.
양안대군	!

S#42. 산실 (N)

주상에게 강보에 싸인 갓난아기 보여주는 대비. 감격의 눈물이 그렁그렁 맺혀 있다.

대비 심씨	보세요, 주상. 드디어 주상에게도 후사가 생겼습니다.
주상	... (떨리는 손으로 강보를 젖혀 아기 얼굴 확인한다)
대비 심씨	한번 안아보시겠습니까?
주상	(조심스럽게 강보 받는)

대비 심씨   (지켜보는데)

파리한 얼굴로 누워서 주상을 보는 효빈 김씨. 주상, 아기를 보다 효빈의 손을
잡아준다.

효빈 김씨   전하...
주상   고맙소. 효빈이 왕실의 숙원을 이루었어요!
대비 심씨   (뿌듯하고) 장한 일이지요.

효빈 김씨, 그간의 긴장과 설움이 눈 녹듯 풀어지고. 행복에 겨운 주상의 얼굴.

S#43. 자현의 집 앞 (N)

설화와 나겸의 가마가 차례로 도착한다. 가마에서 내리는 두 소녀.

나겸   너무 늦은 거 아닌가 모르겠다...
설화   무릇 연회란, 해가 져야 제격 아니겠어?
나겸   (내숭) 우린 자현이 보러 온 거잖아.
설화   어머, 난 아니거든? 그 평계루 오늘 이 집에 모인 사내들 보러 온
               거거든?
나겸   (누가 들을까 무섭다. 그만하라고 건드리는)

안으로 드는 두 소녀.

S#44. 사랑채 마당/정자 (N)

축하연이 한창이다. 홍의군, 청의군 선수들 모두 와 있고. 그 앞에서 교방입춤을
추는 초요경. 홍의군의 승리를 상징하는 붉은 손수건, 절도 있는 손놀림에 여러
가지 발 디딤새를 선보이며 사내들을 유혹하는데... 강이 얼굴에 낸 상처는 작
은 꽃그림으로 가렸다. 그런 초요경에 넋이 나간 사내들. 그 파장을 유심히 보는
강. 휘만 별 관심이 없다. 그런 휘에게 시선 주는 초요경, 음악 마무리되며 춤사
위를 마치자 강에게 손수건을 바친다.

초요경	승리를 감축드리옵니다.
강	(받아 들면)
초요경	(강 보란 듯이 휘 옆으로 가 앉고)
휘	! (이 여자가 왜?)

강, 막상 초요경이 휘 옆에 가 앉자 기분 별로다. 술잔 비우는데.

초요경	(휘에게) 술 한잔 주시렵니까?
휘	... (별 말 없이 한잔 따라주고)
초요경	형님의 우애가 깊으시더군요.
휘	?
초요경	(속삭이는) 오늘 밤, 대군을 모시라는 명을 받았사옵니다. 평소 마마의 서화를 흠모하고 있었사온데... 이렇게 모시게 되어 광영이옵니다.
휘	(당황했지만 이내 침착하게) 뭔가 착오가 있는 것 같구나. 난, 여자는 필요 없다.
초요경	! (굳고)
강	(그럼 그렇지) 내 미리 경고하지 않았더냐? 우리 아우님이... 낯을 가린다고.
초요경	제가... 맘에 안 드십니까?
휘	어느 한심한 사내가 천기로 하여금 남자를 고르게 한다더냐. 예기의 본분을 다하였으면, 이만 물러가거라.

동석한 사내들, 크하하 웃고! 초요경, 모욕감에 입술을 깨무는데...

강	너무 낙담하지 말거라. 내 아우는 원래... 여색을 탐하지 않는다.
초요경	(휘에게 술 따르며) 오늘만 날이 아니지 않습니까? 청춘은 아직 찬란하고 밤은 매일 다시 돌아오지요. (포기하지 않겠다는)
휘	... (맹랑해서 본다)
강	아우님이 실수하신 거네. 여자에게는 한을 남기면 아니 되는 법인데...
휘	... (이 분위기 싫은. 술 마셔버리고)

S#45. 자현의 처소 (N)

나겸과 설화, 자현 앞에 앉았다. 사이에 연회 음식 조금씩 맛보기로 담아놓은 소반 놓였고. 설화만 열심히 집어 먹고 있다.

나겸	그럼, 사랑에 대군이 계시다는 거네?
자현	싸 온 음식이랑 기생들하며... 아주 밤을 샐 기세더라.
설화	기생들 얼마나 왔어? 다들 이쁘디?
자현	(시뜻하게/왠지 모를 질투로 심정이 상한) 난 하나두 못 봤어.
나겸	...... (신경 쓰이고)
설화	우리 구경 한번 갈까? (나겸 건드려보는) 대군마마가 기생들하구 어떻게 노는지.
자현	... (나겸의 기색 살피는)
나겸	천기들 있는 곳에 우리가 갈 수는 없고... 대군이 이리로 오시게 해야지.
자현	(펄쩍 뛰는) 그건 안 되지! 대군이 여길 왜 와!
나겸	(소반 밀고 서안 아래 문방사우 꺼내며) 부탁해.
자현	?
나겸	시집가기 전에, 한 번은 대군을 보고 싶어.
자현	... (이해는 가고)
나겸	상궁들의 눈에 들어 윗전의 호의는 얻었지만... 정작 지아비 될 사람이 날 어떻게 생각하는지... 알고 싶어.
자현	(나겸이 강의 인품을 알아야 한다고 생각한다. 결심하고 연적의 물 따르며) 대군이 널 어떻게 생각하는지보다... 대군이 어떤 사람인지를 봐.
나겸	도와줄 거지?

자현, 먹 갈기 시작한다.

S#46. 사랑채 앞 (N)

어을운이 부동자세로 지키고 섰다. 뒷짐을 지고 다가가는 끝단.

끝단	(교태 어린) 늦게까지 고생하네요~ 요기는 하셨나 몰라아~

시선도 안 주는 어을운. 끝단, 무안해지고.

끝단   아니 나는 그래도 우리 집에 오신 손님들인데에~ 과부 사정은 홀
       애비가 안다고 같이 고생하는 처지에 전이라도 좀 갖다드릴까 해
       서...

어을운, 끝단의 어깨를 잡고 순식간에 돌려세워 떠밀어 버린다. 시끄럽게 굴지
말고 가라는! 끝단, 자존심 팍! 상하고! 팽하니 돌아서 코앞에 서신 들이미는.

끝단   내 진짜 볼일은 이거거든요? 우리 아씨가 대군께 갖다드리랍니
       다!
어을운   ... (받고)
끝단   다짜고짜 용건부터 들이밀기 그래서 뜸 좀 들였더니 사람 무안
       주기는! 흥! (냅다 가버리는)

끝단에게 대수롭지 않은 시선 한번 주고 사랑채 안쪽 형편 살피는 어을운. 가다
가 돌아보는 끝단. 자기한테 신경도 안 쓰는 어을운에 빈정 상해서 삐죽대며 다
시 간다.

S#47. 사랑채/정자 (N)

사람들 얼큰하게 취했고, 기생들 연주와 웃음소리 흐드러지는. 어을운이 다가와
조심스럽게 강에게 귀엣말하며 서찰을 전한다. 펴보는 강, 흥미로운 표정인데...

S#48. 후원 (N)

뒤돌아서 있는 소녀의 자태. 들어서는 강. 소녀의 뒷모습에 왠지 심장박동이 빨
라지는. 처음이다, 이런 적이.

강   (누르고 수작 거는) 낭자께서 아직도 나한테 야단칠 것이 남았소?

돌아서는 소녀. 자현이 아니라 나겸이다.

강	! (순식간에 식어버리는 심장/그러나 동요 없이 쳐다보고)
나겸	(사뿐 인사하며) 처음 뵙겠습니다.
강	... (표정 지우며) 누구냐.
나겸	(긴장하고) 곧 대군의 지어미가 될 파평 윤씨 집안의 여식 나겸이라 하옵니다.
강	...
나겸	이 댁 여식이... 소녀의 둘도 없는 동무입니다. 대군께서 계시다는 소식에... 망설이다 청을 넣었습니다. 몰랐으면 모를까... 알면서도 인사를 올리지 않는 건 예가 아닐 듯하여...
강	(불러낸 사람이 자현이 아니라는 것에 대한 배신감으로 필요 이상 차갑게 구는) 혼례도 올리기 전에 정혼자를 불러내다니...
나겸	(멎고)
강	친언니를 밀어내고 왕실 혼처를 차지한 처자답소이다.
나겸	... (당황했지만 차분하게 소명하는) 상궁단이 집에 오던 날, 언니가 몸이 좋지 않았습니다. 소녀가 대신 손님들을 맞이했고, 궁에는 언니 대신 저에 대한 보고가 올라간 것입니다.
강	왜 하필이면... 바로 그날 언니가 아팠을까? 당사자가 아픈데, 왜 선을 미루지 않았을까?
나겸	! (무안하고 자존심 상한)
강	다시는 이런 천박한 수작을 부리지 마시오. (일갈하고 가버리는데)

일각에 숨어 훔쳐보는 두 소녀. 흥미진진 눈을 뗄 수가 없는 설화, 친구가 느낄 무참함에 오금이 저린 자현.

| 나겸 | (이대로 보낼 수는 없다) 언니한테 약을 먹였습니다. |

강, 가다 서는. 나겸의 폭탄선언에 두 소녀도 놀라고!

S#49. 자현의 집 앞 (N)

교자에서 내리는 양안대군, 집 안으로 들어간다.

S#50. 다시 후원 (N)

강에게 모든 것을 털어놓는 나겸.

나겸   계략을 꾸며 언니 대신 상궁들 앞에 나아갔고! 사력을 다해 대군
          의 정혼녀가 되었습니다! 원하는 지아비를 갖기 위해! 원하는 자
          리를 차지하기 위해서요!
강   (돌아보는데)
나겸   (강의 약점을 찔러 도발해버리는) 자질이 부족한데 장녀라 하여 기회를
          가져가고! 아무리 출중해도 둘째라서 양보만 해야 한다면!!
강   ! (뭔가 속에서 치받치고)
나겸   그처럼 억울한 일이 또 어디 있겠습니까.

강, 다시 퍽퍽 다가가 나겸을 당겨 거칠게 입을 맞춰버린다. 놀라는 나겸!

지켜보던 자현과 설화, 경악하고!

나겸, 강을 밀어내고! 순식간에 뺨을 쳐버린다! 나겸의 일격에도 피식 웃는 강!

자현, 설화를 끌고 자리 피해주려고 한다. 설화, 기를 쓰고 뿌리치며 계속 지켜
보려는데 자현에게 끌려가고 마는.

나겸   제가 사랑채에서 춤을 추고 있는 천긴 줄 아십니까!
강   날 원한 게 아니었소?
나겸   대군의 부인이 되기를 원한 것은 사실이나! 그렇다고 나를! 함부
          로 여겨도 되는 건 아닙니다!
강   내가 아니라 군부인 자리를 탐낸 것이로군.
나겸   !
강   실망하진 않았소. 예상했던 바니까.
나겸   !!

미련 없이 돌아서는 강. 혼자 남은 나겸, 분하고 치욕적인데!

S#51. 사랑채/정자 (N)

분위기 점점 달아오르는 술자리. 휘는 슬슬 돌아가야겠다 싶어 자리에서 일어서
는데 사랑채로 들어서는 양안대군.

휘	백부님!
양안대군	(다가온다)
휘	늦으셨습니다. 이리 앉으시지요.
양안대군	늬 형은 어디 있느냐? 어서 궁으로 돌아가야 한다.
휘	! 무슨 일입니까.
양안대군	... (보다가) 왕자가 태어났다.
휘	! (기쁜) 건강합니까? 산모는 무사하구요?
양안대군	! (알고 있었구나!)
휘	(좋아서) 형님을 찾아오겠습니다.

다급히 나가는 휘. 보는 양안대군.

S#52. 자현의 처소 안 (N)

나겸과 설화, 돌아갈 채비하고 있다. 잔치 음식 챙겨주는 자현.

자현	(비단보에 쌓인 함 건네며) 아랫사람들 풀어 먹일 거는 하녀들 편에 따로 챙겼어. 이거는 부모님 갖다 드려.
나겸	고맙다.
설화	(다 봤으면서 떠보는) 근데, 대군하구는 어땠어? 잘해주시디? 멋졌어?
자현	(왜 그래? 툭 치는)
설화	(딴청하고)
나겸	... (수줍은 듯) 안 그래도 어떤 사람인지, 어찌 생겼는지 궁금했다며... 혼인날까지 그리움을 배우겠다 하셨어.
자현/설화	!
설화	(비꼬는) 아주 다정하기가 이를 데 없네?
나겸	(미소하는)
자현	......

S#53. 대문가/설화의 가마 안/나겸의 가마 안 (N)

친구들 보내는 자현. 인사를 마친 설화와 나겸, 각자의 가마에 오른다.

설화   (가마 안에 자리를 잡으며/비웃는) 어디서 그짓말이야... 누가 속을 줄 아
        나...

가마 속의 나겸, 치맛자락을 꼭 쥔다. 분에 찬.

자현, 긴 하루였다. 두 친구의 가마가 출발하자 한숨 한번 내쉬고 집 안으로 돌
아가는.

S#54. 집 안 일각 (N)

강을 찾아다니는 휘의 모습.

S#55. 별채 앞 (N)

처소로 돌아가는 자현. 그 앞을 막아서는 강. 자현, 놀라고. 목례하고 지나치려는
데 강은 다시 그 앞을 막아서고.

자현   ... 왜 이러십니까.
강   낭자의 부름에 나와보니 다른 여인이 기다리고 있더군.
자현   정혼녀를 만나면 기뻐하실 줄 알았습니다.
강   소녀들의 우정이라 그건가?
자현   ...... (나겸을 막 대하던 강이 괘씸한) 나겸이는 동무들 중에 가장 똑똑
        한 아입니다! 대군께는 분에 넘치는 신붓감이지요! 저라면 뒤도 안
        돌아보고 도망갔을 건데.
강   (한 발 다가가는) 오래비뿐만 아니라 동무를 생각하는 마음도 절절
        하군.
자현   ...... (물러나고)
강   (다시 한 발 다가가며) 동무를 위해 왕족을 능멸하는 만용을 부리다
        니.

자현	! (더 물러나고)
강	(위협조로) 목숨이 아깝지 않은 게야...
자현	(더 이상 물러날 데가 없다) 지금, 겁박이라도 하시는 겝니까?
강	겁박이라니, 자비를 베풀고 있는 게 안 보이나? 왕실을 능멸한 죄로 이 자리서 베어버릴 수도 있는데, 이렇게 살려두고 있지 않은가.
자현	...... (긴장하고)

자현의 손목을 잡아채는 강! 기겁하는 자현! 뿌리치려는데!

강	(더욱 거세게 자현의 손목을 그러쥐고) 동무가 나의 짝 되는 게 그리 싫다면, 어떤가? 낭자가 동무 대신 그 자리에 오는 게?
자현	!
강	나한테 시집오라... 그 말이오!
자현	정말 제대로 미치셨군요!

독 오르는 강! 강을 노려보는 자현인데! 중문이 탕! 열리고 휘가 들어선다. 당황해서 돌아보는 두 사람! 강에게 잡혀 있는 자현을 목격한 휘, 순간적으로 굳은 얼굴에서 엔딩!

대군 사랑을 그리다

4부

S#1. 자현의 집/별채 앞 (N)

처소로 돌아가는 자현. 그 앞을 막아서는 강. 자현, 놀라고. 목례하고 지나치려는데 강은 다시 그 앞을 막아서고.

자현	... 왜 이러십니까.
강	낭자의 부름에 나와보니 다른 여인이 기다리고 있더군.
자현	정혼녀를 만나면 기뻐하실 줄 알았습니다.
강	소녀들의 우정이라 그건가?
자현	...... (나겸을 막 대하던 강이 괘씸한) 나겸이는 동무들 중에 가장 똑똑한 아입니다! 대군께는 분에 넘치는 신붓감이지요! 저라면 뒤도 안 돌아보고 도망갔을 건데.
강	(한 발 다가가는) 오래비뿐만 아니라 동무를 생각하는 마음도 절절하군.
자현	...... (물러나고)
강	(다시 한 발 다가가며) 동무를 위해 왕족을 능멸하는 만용을 부리다니.
자현	! (더 물러나고)
강	(위협조로) 목숨이 아깝지 않은 게야...
자현	(더 이상 물러날 데가 없다) 지금, 겁박이라도 하시는 겝니까?
강	겁박이라니, 자비를 베풀고 있는 게 안 보이나? 왕실을 능멸한 죄로 이 자리서 베어버릴 수도 있는데, 이렇게 살려두고 있지 않은가.
자현	...... (긴장하고)

자현의 손목을 잡아채는 강! 기겁하는 자현! 뿌리치려는데!

강	(더욱 거세게 자현의 손목을 그러쥐고) 동무가 나의 비가 되는 게 그리 싫다면, 어떤가? 낭자가 동무 대신 그 자리에 오는 게?
자현	!
강	나한테 시집오라... 그 말이오!
자현	정말 제대로 미치셨군요!

중문이 탕! 열리고 휘가 들어선다. 돌아보는 강과 자현! 강에게 잡혀 있는 자현을 목격한 휘! 자현, 강에게서 손을 빼내고. 순간 침묵이 감돈다.

강   (휘에게 다가가는) 무슨 일이냐?
휘   (자현 의식해서) 궁에 일이 생긴 것 같습니다.
강   !
자현   ... (무슨 일인가 싶고)
휘   돌아가셔야 합니다.

강, 다급히 간다. 휘, 따라가며 자현에게 차가운 시선 보내는. 자현, 움찔하고.

S#2. 자현의 처소 안 (N)

끝단, 바닥을 걸레질 중이다. 들어오는 자현.

끝단   아씨들 가셨어요?
자현   (화들짝) 응?
끝단   왜 그러세요? 밖에서 무슨 일 있으셨어요?
자현   ... 아, 아냐.

자리에 앉아 한숨 내쉬는 자현. 강이... 두렵다. 휘에게 오해받은 것도 속상하고...

끝단   ... (살피는)
자현   ...... 아... (탄식하며 고개 파묻는)
끝단   ??

S#3. 집 안 일각 (N)

양안대군에게 가는 강과 휘.

휘   백부님께서 직접 데리러 오셨어.
강   ! 무슨 변고라도 생긴 것이냐?
휘   ... 변고가 아니라 경사지. 왕실에 후사가 생겼으니.

강	! (가다 멎는)
휘	피접 나가 있던 효빈마마가 실은 회임 중이었거든.
강	!!
휘	이제 궁으로 들어와 해산을 했나 보더라고.
강	(믿을 수가 없는) 효빈이... 회임을 했었다고?
휘	전하의 비빈들이 다 애를 놓쳤잖아. 이번에도 잘못될까 봐 내전에서 비밀에 부친 모양이야.
강	! (그래서 몰랐구나)

S#4. 사랑채/성억의 처소 (N)

양안대군, 성억의 접대를 받으며 대군들을 기다리고 있다.

성억	(정말 기쁘다) 경하드립니다. 내일 아침 일찍 입궁하여 하례를 올려야겠습니다.
양안대군	어린것이 무사한지, 산모는 어떤지... 아직은 아무것도 모르오.
성억	... 적적했던 왕실의 경사요, 오랜 국상에 지친 백성들에게 단비가 되어줄 기쁨이 아닙니까. 좋은 일만 있을 것입니다.
양안대군	대감은... 선대의 충신이었지.
성억	... 부족하지만 금상께도 충을 다하려 하고 있사옵니다.
양안대군	대감은 누가 왕이 되어도 좋은 것이오?
성억	......
양안대군	조선의 왕이기만 하면... 그게 누가 됐든 상관이 없느냐, 이 말이오.
성억	정당하게 보위에 오르신 분이라면, 무릇 신하된 도리로 섬기고 충성을 다해야겠지요.
양안대군	조선의 대제학답소. 언제나 정답만 내놓는.
성억	...... (넘겼다 싶은데)
양안대군	허나 대감이 충심을 바치는 대상이 진정 왕실이오?
성억	? 그게 무슨 말씀이신지...
양안대군	대감이 꿈꾸는 것은 이씨의 나라가 아니라 신하들의 나라가 아니냐, 이 말이오.
성억	(긴장하고)

양안대군	(보는데)

둘 사이의 긴장을 깨뜨리며 밖에서 휘가 고하는.

휘(소리)	백부님, 형님을 찾았습니다.

S#5. 대문 앞 (N)

성억과 득식 부자가 나와서 양안대군과 대군들 일행 배웅하고 있다. 대기 중인 말과 교자들.

강	(성억에게) 폐만 끼치고 갑니다.
성억	모시게 되어 광영이었습니다.
양안대군	조만간 대감을 초대하여 답례를 하도록 하지요.
성억	별말씀을...
휘	(빨리 가서 확인하고 싶은)
강	...... (표정 없고)
양안대군	가자.

출발하는 일행. 성억 부자, 떠나는 그들을 지켜보고. 비로소 안도하는 득식.

S#6. 궁 외경 (N)

S#7. 대비전 (N)

대비 심씨와 주상, 양안대군과 대군들에게 하례를 받고 있다.

일동	경하드리옵니다!
대비/주상	(흐뭇하면서 긴장되고)
대비 심씨	(양안을 겨냥한) 왕실의 더없는 축복이요 이로써 분열된 조정을 하나로 모을 수 있으니 얼마나 다행입니까.
양안대군	......
강	헌데 전하, 어찌하여 이런 경사를 일찍 알리지 않으신 것이옵니까.

주상	(민망한) 국상 중이라... 상이 끝나면 기쁨을 나누고자 하였다.
대비 심씨	흉사가 많았으니 조심, 또 조심한 게야. 내일 아침 문무백관들의 하례가 있을 것이니 그때 교서를 내리도록 할 것이다.
휘	... (기쁜) 아기씨는 어여쁩니까? 전하를 많이 닮았습니까?
주상	(미소하고)
대비 심씨	삼칠일이 지나면 볼 수 있을 것입니다. 주상을, 많이 닮았습니다.
휘	... (기대되고)
강	꼭... 보고 싶군요.
휘	... (강의 묘한 어조에 쳐다보는)

S#8. 대군 처소/휘의 처소 앞 (N)

휘, 안으로 들려고 댓돌 위에 신발 벗고 있다. 마루로 올라서면 기특이 댓돌 위 정리하고 따라 들려는데.

휘	(제지하며) 세답방에 좀 들러 오너라.
기특	세답방이요?
휘	... 가서 찾아올 게 있다.
기특	(뭐지? 싶고)

S#9. 강의 처소 (N)

양안대군, 강과 앉아 있다.

양안대군	소복 입고 금식하며 날마다 곡을 하면서... 뒤로는 회임한 후궁을 사가로 빼돌려 아이를 낳게 했다...
강	임금의 일신은 곧 나라의 일이니... 사내의 욕망이 아니라 더 크고 절실한 염원이었겠지요.
양안대군	눈치를 챈 것이다.
강	(보면)

양안대군, 품에서 주머니 하나 꺼낸다. 열어서 서안 위에 쏟아놓으면. 노란 약재들 흩어지고.

양안대군	이게 무엇인지 아십니까.
강	......
양안대군	유향입니다. 서역에서 들어온 약재지요. 통증을 멈추고 새살이 돋게 하는 명약이나 임산부는 금해야 합니다.
강	!
양안대군	후사가 없는 것이 하늘의 뜻이 아니라는 거... 아마도 그걸 알게 된 모양입니다. 하여, 매수된 궁인들 손이 닿지 않는 곳으로 도망을 간 게지.
강	... 저는 어찌 되는 것입니까. 이렇게 그냥 누군가의 동생으로... 쥐죽은 듯 살아야 하는 것입니까.
양안대군	어린것이... 무사히 자랄 거라는 보장이 있습니까.
강	! (거기까지!)
양안대군	왕자가 무사히 자란다 해도... 세월이 깁니다. 나를 보세요. 동생에게 보위를 양보한 내가, 왕이 된 동생보다 오래 살 줄 그 누가 알았겠는지?
강	(보는데)
양안대군	조카님을 세제로 책봉하고자 하는 노력은 멈추지 않을 것입니다.
강	허나 형편이 전과는 다릅니다. 이제 왕실엔! 후사가 생겼어요!
양안대군	... (고민하는데)
강	... (낭패고)

S#10. 경복궁 전경 (다음 날 새벽)

S#11. 휘의 처소 (새벽)

밤을 새워 무언가 그리고 있는 휘. 종이 위가 아니라 세답방에서 찾아온 자현의 손수건 위다. 푸른 안료로 공들여 무언가를 그려나가고 있는데...

인서트) 1씬. 강에게 손목을 잡혀 있던 자현의 모습.

멎어 있던 휘, 다시 붓을 움직이기 시작하는데, 강에게 지고 싶지 않은 마음이다.

S#12. 근정전 (D)

주상을 중심으로 양편으로 도열한 문무백관들. 대비도 왕 옆에 앉아 있고. 대전 지밀과 장상궁이 상전들 모신다. 양안대군과 대군들의 모습 보이고. 도승지 심 정이 교지를 읽는다.

심정   (교지 펴서 읽어내리는) 팔도의 백성들에게 삼가 알리노라. 하늘의 두 터운 은혜와 조종의 말 없는 도움을 받아 고대하던 왕자가 탄생 하였으니.

성억, 김추, 도연수 등 뿌듯해하는 신하들의 얼굴. 이와 달리 굳어 있는 반대파 양안대군, 정연, 박부경 등.

심정   종전에 없었던 혜택을 널리 베풀어 하늘과 백성에 보답코저 하노 라~
일동   성은이 망극하옵니다.
심정   대사령에 있어서는! 전례에 따라 죄안에 등록된 자들에게 용서를 허락하고! 백성들의 조세를 감면하며 부역을 두 달간 없게 하라.

기쁨이 넘치는 휘의 얼굴. 표정 없이 굳어 있는 강의 얼굴이 대비되고.

S#13. 동 (D)

하례가 끝났다. 주상과 대비는 이미 자리를 비우고 신하들이 흩어지고 있다. 김 추 주변으로 몰려들어 축하하고 아부하는 신하들.
한쪽에서 이를 지켜보는 박부경과 정연, 양안대군.

S#14. 자현의 집 외경 (D)

사복 입은 기특이 당도해 있다. 손에는 비단 보자기로 싼 작은 함 들었고.

기특   (문고리 두드리며) 계십니까?

S#15. 자현의 처소 (D)

자현 앞으로 돌아온 손수건. 그러나 없던 그림이 생겨나 있다. 푸른 붓꽃. 그 옆에 새 안료 심중청도 함께 놓인. 끝단이 흥분해 있다.

끝단	그 비싸다는 심중청?! 구하기가 하늘의 별 따기라는 그거?
자현	(좋다기보다 당혹스러운데) 이걸 왜 나한테...
끝단	이거 이거 지금 그 도련님이 아씨한테 맘 있는 거 맞죠? 그죠!
자현	?! (얘기가 그렇게 되는 건가?)
끝단	여자 취향이 좀 특이하시네.
자현	(야리면)
끝단	벗은 몸을 보였으니 책임지라는 건가...
자현	그 얘긴 두 번 다시 꺼내지 말라니까 얘가!
끝단	(손가락 딱! 치며) 아, 그거네 그거.
자현	(보면)
끝단	입 막으려는 뇌물.
자현	......
끝단	자기도 창피한 거죠. 알몸 보인 거.
자현	상체만 벗었다니까. 그리고 잘 보지도 못했어! 실랑이하느라.
끝단	실랑이까지 하셨어요? 그럼 뭐, 막 만지기도 하고 그런 거예요?
자현	망측한 소리 좀 그만해!
끝단	킥킥! (놀려먹는 게 재밌고)

자현, 안료보다 손수건 먼저 들어보는데... 심중청으로 그려낸 붓꽃이 신비롭다.

자현	내가 그리던 꽃하고 똑같은 걸 그려 보냈어.
끝단	신기하네요?
자현	...... (기분 묘하고)
끝단	빨리 잘 받았다고 답장 쓰세요.
자현	써야 돼?
끝단	그럼 뭐 받아먹기만 하고 입 싹 닦게요?
자현	아니, 그렇잖아. 손수건은 원래 내 꺼고 거기다 그림 하나 그려서 안료랑 같이 보낸 건데... 내가 뭐라고 답장을 해...

끝단	(갸웃하다) 설마... 우리한테 안료 값 청구하는 건 아니겠죠? 이게 진짜 심중청이다. 네가 찾던 거 이거니까 돈이나 보내라?
자현	?!

S#16. 습사장 (D)

화살을 겨누고 있는 강. 시위를 놓으면 날아가는 살! 과녁에서 비껴난다. 옆에 선 양안대군이 화살을 새로 하나 꺼내주고. 강, 다시 활시위에 화살을 메기는데.

양안대군	불안하신 겝니까.
강	(활 내리는) 아무래도... 조정의 세가 약합니다. 뒤에서 받쳐줄 강력한 처가가 필요합니다.
양안대군	바람을 타면...
강	(보면)
양안대군	세는 금방 뒤집어집니다.
강	......
양안대군	저들이 많아 보입니까? 저들이 강해 보입니까?
강	...
양안대군	(아니라는) 먹이를 던져주면 들개처럼 몰려들 것이고 바람의 방향이 바뀌면 우르르 따라나설 것입니다. 그것이, 권력의 속성입니다.
강	먹이가 필요하다...
양안대군	(씨익) 아직 눈도 못 뜬 어린것은 조카님의 상대가 될 수 없습니다.
강	......
양안대군	그 아이가 뭘 할 수 있겠습니까? 북방에서 오랑캐가 쳐들어오고 남에서는 왜구가 노략질을 할 때! 갓난쟁이의 손에 나라의 운명을 맡길 수는 없는 법이지요.
강	!
양안대군	예로부터... 후사가 너무 어리면 국난 시에 다른 대책을 세우는 게 관행입니다.
강	......
양안대군	마장에서 좋은 말이나 구해 오십시오. 어을운을... 북방에 한번 보내야겠습니다.

강   ... (알아듣고)

다시 활 드는 강. 이번에는 제대로 맞힌다.

S#17. 습사장 앞 (D)

양안대군과 강이 나오는데... 따라 나오는 어을운. 입구에서 여종과 함께 기다리고 선 여인은 나겸이다. 얌전히 고개 숙여 인사 차리는. 강, 차갑게 보고. 양안대군, 누군가 싶어 강을 보는데...

S#18. 길 (D)

양안대군, 말을 타고 가고 있다. 구종 석구가 고삐 쥐고 앞장서고.

양안대군   저 아이가 자준의 누이냐?
석구   그러하옵니다.
양안대군   (나겸이 싫지 않은/묘한 미소 흘리며) 제법 맹랑하구나.
석구   ......

S#19. 다시 습사장 앞 (D)

어을운과 부들이, 각자 알아서 거리 두며 물러나 있고. 강은 나겸 앞에서 여전히 냉랭하다.

강   내가 여깄는 건 어찌 알고?
나겸   소녀의 오래비가 대군저에 드나들고 있습니다. 오늘 두 분이 함께
            하신다는 일정을 전해 들었지요.
강   미리 감시꾼도 심어놓았다?
나겸   ! (모욕적인데)
강   ...... (차갑게 보는)
나겸   드릴 말씀이 있어 왔습니다.
강   (보면)
나겸   혼사를 깨시지요.

강	... (이번에는 무슨 수작인가 싶고)
나겸	대군과, 파혼하겠습니다.
강	알고 보니 정혼자가 너무 무례해서 싫어졌소?
나겸	대군께서 소녀를 믿지 못하시니... 성혼이 의미가 없습니다.
강	......
나겸	오해 속에 시집가 냉대받고 사느니 차라리 홀로 살며 결백을 증명해 보이겠습니다.
강	왕실이 정한 일을, 당사자들이 바꿀 수 없다는 걸 이미 알 텐데?
나겸	! (굳고)
강	자존심이 상했다는 표시를 참으로 요란하게 내시는구려.

은장도 꺼내는 나겸. 강, 동요 없이 본다.

나겸	(결연하게) 파혼이 아니라 죽음으로 증명해 보이리까?
강	......

나겸, 강을 노려본다.

S#20. 대군 처소 전경 (D)

S#21. 휘의 처소 (D)

사복 차림의 기특이 휘에게 다녀왔다고 보고 중이다.

휘	내가 누군지는 아직 얘기 안 했지?
기특	그럼요! 그쪽에서는 마마를 영락없는 사대부집 도령으로 알고 있더라구요.
휘	(다행이고) 답장은?
기특	? 아무것도 안 주던데요?
휘	(역정 내는) 이렇게 아무 생각이 없어서야! 기다렸다가 아씨의 답장을 받아 와야지!
기특	기다렸다구요! 아무리 기다려도 소식이 없어서 그냥 왔단 말이에요!

휘   (실망스러운데)

CUT TO

혼자가 된 휘, 서안에 문방사우가 준비되어 있다. 마음을 가다듬고 자현에게 편지를 써내려가기 시작하는.

S#22. 습사장 앞 (D)

강, 나겸의 손목을 잡아채서 은장도 빼앗는. 나겸, 안 뺏기려 몸부림치다 바닥에 쓰러진다. 무참하고.

강   (은장도를 챙겨 넣으며) 이건 첫날밤에 돌려주리다.
나겸   !

손 내미는 강. 나겸, 망설이다 강의 손 잡는다.

강   (나겸을 일으켜 세우며) 그 무엇도 증명할 필요가 없소.
나겸   ……
강   낭자와 나의 혼인은 그저 정해져 있는 일이오. 헌데 새삼스럽게 나한테 무엇을 보여주고 싶은 게요?
나겸   눈 막고 귀 막고 아무것도 모른 채 정해진 대로 끌려다니고 싶지 않았습니다. 소녀는 스스로 대군을 선택했고! 지아비의 꿈을 함께 이뤄가는 부창부수의 삶을 살고자 합니다.
강   … (감히) 낭자가 나의 꿈을 아시오?
나겸   장차 알게 되겠지요.
강   … 혼례일에 봅시다.
나겸   (보면)
강   낭자의 갸륵한 뜻은 잘 알았소.
나겸   …… (풀린 건가? 대체 속을 알 수가 없는데)

돌아서는 강, 나겸과 멀어지고. 그제야 주인 곁으로 달려오는 부들이, 나겸의 치마에 묻은 흙을 털어주며 매무새 살펴주는데. 상관없이 멀어지는 강을 보고 선 나겸의 모습.

S#23. 대비전 (D)

도승지 심정이 대비 심씨 앞에 와 있다.

대비 심씨	효빈이 산후조리 중이라 당장에 책례는 못 올리더라도 명호는 정해야 합니다. 그래야 산실에서 나오는 대로 교태전에 거할 수가 있어요.
심정	허면 왕자 아기씨는...
대비 심씨	효빈을 중전으로 올리고, 원자는 명호를 정해주어야지요.
심정	대신들과 논의해보겠사옵니다.
대비 심씨	... (이제야 한시름 놓이고)

S#24. 자현의 집 전경 (다음 날 D)

S#25. 동/자현의 처소 (D)

자현, 휘의 서찰을 받았다. 옆에서 끝단이 기웃대고.

畵伯欲成時	(화백욕성시)	화백을 이루고자 할 때에는
必須學老師	(필수학노사)	반드시 스승에게 배워야 하네
吾心歡亦許	(오심환역허)	내 마음 기쁘게 또한 허락하나니
箭串翌朝期	(전곶익조기)	살곶이에서 내일 아침을 기약하게나

끝단	뭔 소리래요?
자현	군마도 그리고 싶으면 마장으로 나오라는 거야. 자기가 스승이 되어주겠다고.
끝단	어디서 뻔히 보이는 수작을!
자현	?
끝단	그림은 핑계잖아요. 아씨하고 한번 놀아보겠다는 심산인데, 절대 안 돼요!
자현	그림만 배우는 건데두?

끝단	남들 눈에 그렇게 보이겠어요? 기생도 아닌데 훤한 대낮에 사내나 만나구 다니면 아씨 평판이 어찌 되겠어요! 혼삿길 막혀요. 절대 안 돼요!
자현	... (나가고는 싶은데)
끝단	차라리 티 안 나게 밤에 몰래 만나든가.
자현	?! (그걸 지금 말이라고!)
끝단	어뜨케 제가 망 한번 봐드려요?
자현	일관성 좀 가져! 너 땜에 내 인생이 더 헷갈려!
끝단	(딴청하는)
자현	(흘기고)

S#26. 살곶이 마장 전경 (다음 날 D)

평평한 초원에 드넓게 펼쳐진 마목장 전경. 방목한 말들이 삼삼오오 무리 지어 풀을 뜯고 있다.

S#27. 마장 앞 (D)

미복 차림으로 화구통 메고 누군가를 기다리고 있는 휘. 앞에서 한 선비가 온다. 실망하고 앞에 먼 길 보는데... 휘 옆에 와 서는 선비, 역시나 화구통 메고 있다. 휘, 좀 멀찍이 떨어지는데... 슬금슬금 다가가는 선비.

휘	... (뭔가 싶어 보면)

고개 들어 휘를 보는 선비, 남장한 자현이다.

자현	마장 안으로 들어가는 겁니까?
휘	! (놀라서) 몰골이... 그게 뭐요?
자현	(끝단에게 들은 대로) 남녀가 유별한데 대낮부터 어울려 다니다 불미스러운 소문이라도 나면, 제 평판이 어찌 되겠습니까?
휘	... 평판을 그리 중요시 여기는 사람이 외간남자에게 손목을 함부로 잡힌 것이오? 왕실 사내라면 치를 떨더니 다 내숭이었나 보오?
자현	치를 떨다 못해 아주 학을 떼었거든요?

휘	(자신도 왕족인데) ...
자현	정혼녀까지 있는 주제에 어찌나 개념이 없던지...
휘	...... (변명의 여지가 없고)
자현	말은 언제 보여주시는 겁니까? 그림은 어디서?

휘, 남장한 자현의 모습을 훑어본다. 이게 더 편할 거 같기도 한데...

말을 골라 데리고 나오던 어을운, 휘를 발견하고 옆으로 비켜선다. 말을 다독이는 척하면서 제 모습 숨기는. 휘와 자현, 어을운을 지나치는데... 자현, 뒤돌아보며 말을 쳐다보고. 그러다 이내 휘 쫓아가는.

S#28. 마목장 일각 (D)

하얀 화선지에 검정색 먹물이 툭 떨어진다. 먹의 농도를 살피는 휘의 손길. 울타리 밖 큰 나무 아래에 자리 깔고 앉아 말 그림을 그리는 휘와 자현. 먹, 벼루, 화선지 등 필요한 도구들이 준비되어 있다.

울타리 안에서 한가롭게 노니는 말들의 풍경이 더없이 평화롭고.

휘의 붓질에 윤곽선도 없이 자신감 있게 말이 그려지는데.

자현	(경탄하며) 선도 안 그리구 이렇게!
휘	몰골법이라 하오.
자현	와... 속도감까지 느껴지는데요?
휘	(으쓱해서 가르치는) 이리 그리자면 대상물을 잘 관찰해야 하오. 우리 눈에 보이지 않는 본질까지 잡아낼 수 있어야...

휘의 그림을 유심히 보는 자현, 경탄과 함께 질투와 자괴감이 밀려든다. 알아듣겠냐는 듯 자현 돌아보는 휘, 자현과 눈이 마주친다. 자현, 황급히 시선을 돌리며 자신도 앞에 놓인 붓을 든다.

휘	달리는 말의 다리는 담묵으로, 말꼬리는 거칠게 표현해야 바람에 날림까지 기운생동해지는 것이오.

자현   ... (시도해보는데/잘 안 되고)

보다가 안 되겠다 싶어 바싹 다가온 휘, 종이 치우고 새 종이 깔아준다. 자현이
붓을 고쳐 잡자 그녀의 손등에 제 손을 올린다. 놀라는 자현! 휘, 자현의 손을 위
에서 덧잡아 붓질을 함께 한다. 자현, 떨리는데... 두 사람의 손에서 새로이 생겨
나는 말의 형태.

휘   (손 놓아주며) 이제 감을 알겠소?

밀착 상태에서 눈이 다시 마주친 두 사람.

자현   외간남자한테... 손목을 잡히면 안 된다면서요.
휘   (놀리는) 나를 남자로 본 것이오? 나는 오늘 낭자의 스승이 되어주
          려 한 것인데.
자현   ! 말로만 가르쳐주셔도 됩니다.
휘   말로만이라...
자현   ...... (긴장하는데)

이때 뭔가에 자극받은 말이 울타리 쪽으로 달려온다. 두 사람 앞으로 흙먼지 일
면서 자욱한 먼지를 뒤집어쓰는 두 사람. 둘 다 기침을 콜록콜록 해대며 분위기
가 깨진다.

휘   (기침과 흙먼지 가라앉은 뒤에) 안 되겠소. 말로만은.
자현   ?!

S#29. 울타리 안 (D)

휘, 자현을 말에 태웠다. 말 등 위에 납작 엎드려 벌벌 떨고 있는 자현.

휘   허리를 펴시오! 그래서는 말이 앞으로 나아가질 않소!
자현   (겁에 질려) 그냥 구경만 해두 된다구요! 여기 지금 너무 높단 말이
          에요!
휘   그냥 평보만 할 거요. 내가 고삐를 잡을 거고!

자현	내려줘요! 말 같은 거 한 번도 안 타봤단 말이에요!
휘	배우겠다는 열정이 겨우 그 정도였소?
자현	! (보는)
휘	군마도를 잘 그려보고 싶어 하녀로 변복까지 하고 격구장에 숨어 들었던 패기는 어디로 갔소!
자현	... (부끄러워지고)
휘	말을 그리겠다는 사람이 달리는 말의 느낌도 모르면 어찌 그림을 그리겠소!

자극당한 자현, 비로소 허리를 펴고.

휘	겁내지 마시오. 말은 겁내는 사람은 귀신같이 알아채고 우습게 본다오.
자현	(척추에 힘주는데)

휘, 말을 출발시키려는데... 고삐 잡은 자현의 손이 덜덜덜 떨리고 있다. 휘, 보다 못해 훌쩍 말 위에 오르는!

자현	! (놀라서 굳고)

휘, 자현을 뒤에서 안는 모양새가 되어 고삐를 잡는다. 박차를 가하면 움직이기 시작하는 말. 어어! 잠시 휘청하지만 휘의 품속에서 이내 안정을 찾는 자현. 휘의 팔 안에 갇혀 기분 묘한데...

S#30. 대군저/강의 처소 (D)

칼을 닦다가 멎은 강. 앞에 어을운이 조아려 마장의 일을 고하고 있다.

강	휘가 마장에 있다고?
어을운	......
강	격구에서 부상당한 말 대신 새 말을 고르려는 게지.
어을운	정체 모를 사내와 동행이었습니다.
강	! (생각해보는)

어을운	... (기다리는데)
강	(누군지 궁금해지고) 초요경에게 연통을 넣어주어라.
어을운	(보면)
강	기회를 한 번 더 줄 테니 이번에는 성공해보라고. 동행자의 신분도 밝혀내고 말이야.
어을운	받들겠사옵니다.

칼을 다시 닦기 시작하는 강. 칼날에 비치는 강의 얼굴.

S#31. 마장 일각 혹은 길 (D)

휘, 자현을 태운 채 말을 평보시키고 있다. 어느 정도 익숙해진 자현, 이제 재밌어하는데...

자현	이거 뭐 높이만 다르지 가마랑 비슷하네요?
휘	... (그래?)

말을 평보에서 구보로 속도 높이는.

자현	어어...

휘, 자현이 어느 정도 익숙해진 것 같자 말에 박차를 가해 달리게 한다. 으악! 비명 지르는 자현! 한 손으로 고삐를 몰아 쥔 채, 남은 손으로 자현을 끌어안는 휘! 자현, 공포와 스릴이 동시에 몰려온다! 온몸에 부딪히는 바람! 획획 속도감 있게 지나가는 풍경들! 자현, 해방감을 느끼고!

S#32. 마장 앞 (D)

밖으로 나오는 휘와 자현. 자현은 전보다 나아진 군마도 들고 신이 나 있다. 연신 보면서 뿌듯해하는데 옷은 온통 먹이며 먼지며 난리고. 휘는 자현과 달리 깔끔 그 자체.

휘	(자현 보고 혹시 자기도 저 모양인가 싶어 살피는/괜찮다. 다행이고) 그림은 혼자 그린 게요?
자현	?
휘	온몸으로 티가 나서.
자현	(시무룩) 도대체 왜 이런지 모르겠습니다. 그림을 몰래 배워 그런가...
휘	?
자현	... 부모님께서 제가 그림 그리는 걸 싫어하시거든요. 애초에 시작을 몰래 해서 버릇이 잘못 들었는지... 매번 뭘 그릴 때마다 자꾸 먹이 묻더라구요.
휘	조급해져서 그럴 거요. 결과에 급급하지 말고 과정을 즐기다 보면... 자연 고쳐질 버릇이오.
자현	... (과연 그럴까 싶은데/화구통에 그림 넣다가 문득) 그런데 우리가 통성명을 하였던가요? 관광방 사는 이가라고 하셨는데... 불공평합니다. 도련님께서는 제 이름을 아시나 저는 그쪽 이름을 알지 못하잖습니까!
휘	......
자현	이제 그림도 같이 그리는 화우가 되었으니, 이름쯤은 알아야 하지 않나...?
휘	화우는 무슨. 스승과 제자 사이지.
자현	(고깝지만) 네네, 스승님 존함을 알고자 합니다.
휘	...... 휘. (휘파람 불듯, 숨을 내쉬듯)
자현	(못 알아들었다) 네?
휘	휘. 휘라고.
자현	아~ 이휘?
휘	... (신분을 알았으려나? 내 이름을 알려나?)
자현	휘... (재밌는) 휘파람을 불면 도련님의 이름이 되는군요?
휘	! (그런 생각 안 해봤다)
자현	(휘파람을 불어보는데)
휘	! (떨린다)

휘파람 소리에 저만치 앞에서 돌아보는 여인, 초요경이다. 휘, 멎고. 초요경, 멀리서 인사하면.

자현	(휘파람 멈추고) 누구…? 아는 여인이십니까?
휘	… 잠시 기다리시오.

초요경에게 다가간다. 다가오는 휘를 보고 선 초요경. 뒤에서 기다리는 자현.

휘	어인 일이냐.
초요경	오늘 대군을 모시고자 합니다.
휘	(대군 운운에 잠시 자현을 돌아보고) 말을 삼가거라. 내 오늘, 사정이 있어 미복잠행 중이다.
초요경	! 재미있군요. 대군께서.
휘	! (쳐다보면)
초요경	(호칭 바꾸는) 도련님께서 그런 취미가 있으신지 몰랐습니다.
휘	기방을 드나드는 취미는 없으니 오늘의 초대는 사양하마.

자현, 슬금슬금 다가오는데.

초요경	그림을 하나 봐주셨으면 합니다.
휘	?
초요경	… 아는 역관이 명에서 그림 한 점을 샀는데… 들여와 보니 바로 은성대군 마마의 낙관이 찍혀 있지 뭡니까.
휘	!
초요경	북경에서는 자국의 그림보다 더 비싸게 팔리는 작품이라 하더이다.
휘	흠흠! (민망한 가운데 뿌듯한) 뭐 그런 일이 종종 있다고는 하더라만.
초요경	혹여 가품은 아닌지, 한번 봐주시지요. 진위 여부를 대… 아니 도련님만큼 잘 아는 이가 누가 있겠습니까? 한 번만 들러주시면, 오늘의 은혜는 잊지 않겠사옵니다.
휘	보다시피 오늘은 일행이 있어… (사양하려는데)

어느새 다가와 있는 자현, 냉큼 끼어든다.

자현	갑시다!
휘	!

초요경	(보고)
자현	자고로 아리따운 여인의 청은 거절하는 게 아니랬소.
휘	(기가 차서) 지금 그쪽이 기방 같은 데 갈 때요?
자현	꼭! 가보고 싶소. (매달리는) 오늘 아니면 내 평생 이런 기회가 또 오겠소?
초요경	... (흥미롭게 보고)
휘	아니 되오. 정 가고 싶으면 혼자 가든가. (하고 가버리는데)

자현, 초요경에 찰싹 붙는다.

자현	그래, 기루가 어디요?
초요경	(동행을 녹이면 된다는 걸 알아챈다) 뫼시겠습니다.

초요경 따라가는 자현. 휘, 가다가 우뚝 서는.

S#33. 기루 앞 (N)

홍등이 걸린 기루. 안에서 풍악 소리 새어 나온다.

S#34. 기루 마당 (N)

초요경의 안내를 받아 기루에 들어선 자현. 뒤에는 휘가 화난 채 서 있는데. 마당 가득 걸린 대낮처럼 밝은 홍등 불빛에 이 방 저 방에서 흘러나와 섞이는 음률. 화려한 옷과 장신구로 치장한 기생들이 이동 중이다. 대청마루에 길게 쳐진 형형색색의 발조차도 아름답고. 별세계에 온 듯 눈이 휘둥그레진 자현. 휘, 그런 자현이 어이가 없다.

초요경	(안내하며) 잠시 기다려주시지요. 그림을 가지고 오겠습니다. (자신의 방문 열어주고 물러가는데)

신발 벗어던지고 들어가려는 자현을 붙잡는 휘.

휘	대체 왜 이러시오? 지금 자신이 반가의 여인임을 잊었소?

자현	그건 도련님밖에 모르잖아요. 내 평생 기루에 들어와 기녀들 얼굴을 볼 일이 또 있겠어요? 미인도를 그려볼 절호의 기횝니다.
휘	미인도를 그리고 싶으면 자화상을 그리면 될 거 아니오!
자현	아니, 자화상이야 백날 천날 그려봤자 똑같은 얼굴이고오~ (하다가 문득 휘의 말뜻 깨닫는. 내가 미인이라는 말인가?)
휘	! (본심 나와버려 당황한/먼저 들어가 버린다)
자현	...... ? (제 얼굴 만져보고)

S#35. 기루/초요경의 방 (N)

자현과 휘가 단둘이 앉아 있다. 자현은 신기하다는 듯 방 안을 둘러보고.

자현	뭐 기방이라고 크게 다르진 않네요?
휘	(아무래도 안 되겠다/일어서며) 이만하면 되었소. 무슨 사단 나기 전에 돌아갑시다.
자현	(뒤로 물러나며) 뭐 아직 시작도 안 한 거 같은데...

문이 열리고! 하녀들이 주안상 올리고 기녀들이 줄줄이 들어온다. 휘와 자현 곁을 에워싸듯 앉는데. 당황하는 휘! 신기한 자현! 각자 자기 소개하는 기녀들.

애랑	애랑이라 하옵니다.
도화	도화라 하옵니다.
휘	(단호한) 술은 필요 없다. 느이들은 더 필요 없고.
애랑	(술 따르는) 목부터 축이셔요. 귀한 그림인데 금방 준비가 되겠습니까?
자현	...... (흥미진진하다/따라주는 술 마셔보려 하는데)
휘	어허! (막으며 술잔 가져간다)
자현	!
휘	(자기가 마셔버리는)
자현	! (아깝고)
휘	(잔 내려놓고) 이분은 술을 못 드신다. 잔 채우지 말거라.
자현	... (좋다 말았다, 물만 들이키는)
도화	근데 이 도련님 너무 곱게 생기셨다아~ 여인네라 해도 믿겠네.

자현	(물 마시다 혹 싫은) !
도화	(자현의 뺨을 만지며) 피부가 꿀 발라놓은 거 같습니다. 남정네가 어찌 이리 고우십니까? 혹시 속살도 고우셔요? (하며 옷 속으로 손 넣어보려 하면)
자현	(화들짝 피하며) 왜, 왜 이러시오!
휘	무슨 짓들이냐!
애랑	(아랑곳없이) 나으리. 옷이 더럽습니다. 금방 빨아드릴 테니 벗으셔요.
휘	! (경악하고)
자현	(옷섶 꼭 쥐고는) 괜찮소. 난 더러운 옷이라도 상관없소!
애랑	즈이가 알아서 해드린다니까요!

기녀들, 자현의 도포 벗기고. 휘, 이러지도 저러지도 못하는데!

| 자현 | (일어나 도망가는) 내 잠시 뒷간에 다녀오리다! |

빠져나가는 자현! 까르르 웃는 기녀들!

| 휘 | (차갑게) 모두 나가거라. |
| 애랑 | 나으리, 그러지 마시고 저희도 한잔 주시고... |

자기 앞의 상 엎어버리는 휘! 얼어붙는 기녀들!

| 휘 | 내 말이, 안 들리느냐? 모두. 나가라고. |

기녀들, 눈치 보며 나가고. 더러는 엎어진 상 치우고 방 안 정리한다. 노기를 차갑게 드러내며 앉아 있는 휘.

S#36. 기루 마당 (N)

옷이 엉망인 채 다급히 방을 빠져나오는 자현, 기녀들은 더 이상 쫓아오지 않는다. 안도의 한숨 쉬며 의관 제대로 갖추려는데... 마당으로 들어서는 손님 하나. 조방꾼의 안내 받는 성억이다! 기겁해서 돌아서는 자현! 뒷모습만 보이며 재게 도망가는데...

성억	(남장한 자현의 뒷모습에 혀를 차는) 또 어느 집 자제가 기루에서 집안 망신을 시키누...
조방꾼	(다른 손님방 앞에 서서) 기다리고 계십니다. (문 열어주고)

안으로 드는 성억.

일각에 숨은 자현, 가슴을 쓸어내리고.

자현	뭐야, 변복만 했다 하면 우리 식구가 들이닥쳐... (서둘러 옷 제대로 입고)

S#37. 손님방 안 (N)

먼저 와 홀로 술을 마시고 있는 손님, 양안대군이다. 성억, 좌정하는.

성억	집으로 오시지 어찌 이런 곳으로 사람을 불러내십니까.
양안대군	(따라주는) 왕실에 경사가 나지 않았습니까. 축하주 한잔 해야지요.
성억	...... (주는 술 마시고)
양안대군	(보다가) 오래전...
성억	(보면)
양안대군	아바마마의 명으로 세자위에서 내려올 때...
성억	......
양안대군	모두가 서슬 퍼런 아바마마가 두려워 입도 벙긋 못하는데... 경이 홀로 반대하여 상소를 올린 것을 두고두고 기억하고 있소.
성억	개국 이래 단 한 번도 정상적인 왕위 승계가 이루어진 적이 없었으니까요. 장자 상속의 묵계를 제도화하려면, 세자위가 흔들리면 안 된다 보았소이다.
양안대군	허나 결국 나는 폐세자되었고 내 동생이... 이 나라의 반석을 다지고 태평성대를 열었지.
성억	... 하실 말씀이 무엇입니까.
양안대군	지금도 생각이 같소?

성억	(보면)
양안대군	장자상속만이 사직을 위한 길이라 보시느냐, 그 말이오.
성억	대감께서... 모르시는 것이 하나 있소.
양안대군	(보면)
성억	(결심하고 쏟아내는) 내가 상소를 올린 것은 대감을 위해서가 아니었소! 새 나라의 제도가 하루빨리 안정되기를 바라는 유학자의 양심이었을 뿐입니다.
양안대군	!
성억	어심은 굳건했고, 어차피 대감은 세자위에서 내려와야 했소이다.
양안대군	(치욕적이고)
성억	잃어버린 왕위에 대한 미련으로! 헛된 꿈을 꾸지 마세요! 어리신 왕자님이 원자 아기씨가 되든! 강성한 대군들을 후계자로 정하든! 그것은 전하와 조정이 할 일입니다. 종친이 함부로 나설 일이 아니외다!
양안대군	(술잔 부서질 듯 쥐다가/갑자기 웃음 터뜨리는)
성억	!
양안대군	(능치는) 대제학께서 워낙에 고지식하니... 내가 무슨 말을 못 하겠소!
성억	......
양안대군	날 세우지 마시오. 그저 오늘은, 편히 술 한잔 하자고 부른 것이니.
성억	......

S#38. 초요경의 방 (N)

어느새 치워진 방 안. 엎어지지 않은 작은 주안상 하나 남아 있고. 휘와 자현 앞에 내밀어지는 그림 한 장.

초요경	어떻습니까. 그분의 그림이, 맞습니까?
휘	......
자현	(들여다보며) 필치가 공의 그림을 닮은 거 같기도 하고...
초요경	(자현을 눈여겨보고)
휘	어디서 이런 걸 잘도 구했구나.

초요경	진품입니까?
휘	가짜다.
초요경	!
자현	(보고)
휘	명에서 위조된 것이다.
자현	그걸 어찌 아십니까?
휘	(내 그림이니 알지!/하지만 설명할 수가 없고) 종이도 조선에서 쓰이는 것이 아니고 얼핏 보아 필치가 비슷하나 색을 쓰는 방식이 다르다. 무엇보다... 산수가 조선의 풍경이 아니지 않느냐.
자현	아... (그렇구나)
초요경	진품은... 구할 길이 없겠사옵니까? (달라는)
휘	꼭 필요한 나랏일이 아니면 그림을 내돌리지 않는 사람이다. 욕심을 접거라.
초요경	......
휘	(빨리 가고 싶은/자현에게) 일어서시게. 그만 집에 가야지.
자현	(얼결에 일어나려는데)
초요경	(보관함에서 대금¹⁾을 꺼낸다) 가시는 길에 이별곡 하나 띄우겠습니다.
휘/자현	!/?
초요경	기루가 처음이라는 꽃 같은 도련님을 위해... 가시는 길에 꽃잎 대신 음을 깔겠습니다.
휘	들은 것으로 하겠다. (나가려는데)
자현	(붙잡고) 사람 성의가 있는데...
휘	(미치겠고)
자현	한 곡 들어주는 게 뭐 어려운 일은 아니지 않소.
휘	......

이윽고 연주가 시작되고. 금방 빠져드는 자현. 휘, 골치 아픈데... 보통 솜씨가 아니다. 어느새 휘도 빠져들고.

초요경의 연주가 절정으로 치닫는다. 휘, 여자로서가 아니라 예인으로 초요경을 보고. 음악에 넋이 빠져 있던 자현, 문득 휘를 보게 되고. 부드러워진 표정으

---

1) 조선 시대에는 여성이 관을 연주하는 것이 불가능했다. 연출의 의도로 특별히 들어간 것.

로 초요경을 바라보는 그의 표정을 본다. 이유를 알 수 없이 가슴이 아파지는. 자현, 음에 취하고 휘를 보는 아픔에 주안상 위의 술 한잔, 마셔버린다. 휘, 봤다. 눈 커지고!

S#39. 자현의 집/대문 앞 (N)

끝단, 괜히 비질을 하며 대문가를 기웃거린다. 자현, 기다리는. 안채로 저녁 문안 들어가던 득식, 끝단에게 다가오는.

득식	이번엔 또 뭐냐?
끝단	(화들짝) 네?
득식	오밤중에 비질이 웬 말이야. 자현이 또 나갔지?
끝단	아니에요! 그냥 제가 심심해서... (액션 취하는) 달밤에 운동 삼아.
득식	(자현의 처소로 가려는) 확인한다?
끝단	(빗자루 집어던지고 득식 팔 부여잡는) 도련님!
득식	(보면)
끝단	그림 배우러 나가신 거예요. 한 번만! 한 번만 모른 척해주세요! 이번에도 걸리면 저 증말 쫓겨나요!
득식	(한숨) 하긴. 주인 잘못 만난 네가 무슨 죄냐. 사고뭉치 건사하느라 맘고생이 자심한데, 되려 내가 더 미안하지.
끝단	(분위기 파악하고 엄살떠는) 저 속 썩어가는 거, 아무도 몰라요. 아씨가 뭐 제 말을 듣나요, 마님이 제 사정을 아시나요...
득식	(가엾고) 어려운 일 있으면 언제든 찾아오너라. 난... 네 편이니라.
끝단	(과장되게 두 손 모으며) 도련님! 감동이에요!
득식	(으쓱하고)

S#40. 도성 거리/자현의 집 앞 (N)

휘의 등에 술 취한 자현이 업혀 있다. 휘, 화구통 두 개를 손에 든 채 자현을 업고 가는데... 술주정하는 자현.

자현	어찌 그리 어여쁜지...
휘	......

자현	대금은 또 어찌 그리 잘 부는지...
휘	......
자현	도련님은 넋을 잃고 보는데...
휘	! (아닌데)
자현	내가 사내래두 반하겠습디다...
휘	쓸데없는 소리 마오. 사내 마음은 알지도 못하면서.
자현	...... (잠들어 버린)
휘	...... (등에 와 닿은 자현의 얼굴, 숨소리... 느껴지고)

대문 밖까지 나와 서성이던 끝단, 두 사람 발견하고 기겁을 하며 달려온다.

S#41. 길 (N)

휘, 혼자 궁으로 돌아가고 있는데... 성역을 태운 교자가 스쳐 지나간다.

S#42. 자현의 집/마당 (N)

정신없는 자현, 끝단의 어깨에 기대어 질질 끌려가는데...

끝단	내가 못 살아! 남장을 하구 나가더니 아주 그냥 술까지? 지가 제 명에 못 살면 다 아씨 때문인 줄이나 아세요!
자현	(횡설수설하는) 네가 죽으면 나도 죽어... 우린 운명이잖아...
끝단	그런 운명 싫거든요!
자현	......

안채에서 나오는 안씨와 득식.

안씨	대감께서 들어오실 때가 지났는데...

얼어붙는 끝단인데. 늘어진 자현을 끌고 어디로 숨어야 할지, 튈 데는 없는지 다급하고. 우왕좌왕하는 끝단 발견한 안씨, 뭔가 싶고.

안씨	거기 누구냐? (늘어진 선비 차림에) 대감?

후다닥 달려가 가려주는 득식.

득식	제 친굽니다.
안씨	친구 누구?
득식	같이 사랑에서 술 한잔 하다가 먼저 취해가지구... 그냥 간다는 걸 재워서 보내려고...
안씨	(혀를 차고) 술을 마실라면 곱게 마실 것이지 어디 남의 집에서 추태를...
득식	죄송합니다, 어머니!
안씨	넌 어디 가서 저러지 마라. 집안 망신이야.
득식	그럼요, 어머니. 전 절대로 이러지 않습니다.
안씨	어여 사랑에 갖다 뉘여.

득식, 끝단과 함께 자현을 끌고 가는.

끝단	고맙습니다, 도련님.
득식	끝단이 너, 나한테 빚 하나 진 거다?
끝단	! 제가요? 아씨가 아니고?
득식	응, 너.
끝단	?!

S#43. 양안대군저/사랑 (다음 날 D)

양안대군과 강 앉아 있고. 초요경이 와서 휘에 대한 보고를 한다.

초요경	여인을 데려오셨더군요.
강	휘가, 계집을? 사내가 아니었더란 말이냐.
초요경	남장을 하고 있었으나 분명 여인이었습니다.
양안대군	!
초요경	(비웃는) 신분을 숨기고 남장여인과 함께 다니시니... 특별한 즐거움에 빠져 다른 계집을 거들떠도 안 보시는 게지요.
강	여인이라...
양안대군	짐작 가는 바가 있느냐?

강	(자현이 아닐까 싶고) 대제학은 뭐라 하던가요?
양안대군	성억이 원하는 건 신하들이 중심을 잡는 정국일세. 종친의 관여를, 바라지 않아.
강	허면...
양안대군	모양새를 만들어줘야지.
강	......
양안대군	왕이 약해져야 신권이 강해지는 게 아닐세.
강	(보는)
양안대군	강력한 왕이 오히려 안정된 정치를 펼치고 신권을 인정할 줄 아는 게야. 고려를 보시게. 왕이 허약하면... 온갖 파리 떼가 들러붙지 않던가.

초요경, 살피고.

S#44. 자현의 집/자현의 처소 (D)

숙취로 괴로운 자현, 끙끙 앓으며 자고 있는데 그 위에 뿌려지는 물방울! 자현, 손을 내저으며 얼굴 돌리는데! 열 받은 끝단, 물에 적신 면포를 자현의 얼굴 위에 척! 얹어버린다.

자현	윽! 차거! (진저리 치며 일어나는)
끝단	(한심하게 보는) 인제 정신이 좀 드세요?
자현	(정신 안 들어 둘러보는) 뭐야? 여기가 어디야? 나 언제 집에 왔는데?
끝단	남장했다구 진짜 사내라두 된 줄 아세요? 어젯밤에 술에 떡이 돼가지구 도련님한테 업혀 오셨잖아요!
자현	설마... (안 믿는) 그짓말은...

경대 착착 펴서 자현의 몰골 확인시켜주는 끝단! 남장 차림 그대로 퍼져 잔 자현! 머리는 산발에 꼴이 가관이다. 허걱하는.

끝단	(꿀물 대령하고) 이거 마시고! 소세하고! 얼른 안채에 문안인사 가시죠?
자현	정말... 도련님이 날 업구 왔어?

끝단   (끄덕이고)

자현, 바닥으로 꺼져드는. 죽고 싶다.

S#45. 양안대군저/사랑 (D)

어을운이 먼 길 떠나기 전에 인사하러 왔다. 양안대군과 강 앉아 있고.

양안대군   (밀봉한 서찰 내어주며) 반드시 여진족 이만주 추장을 직접 만나 전해
            야 한다.
어을운   (받아 들며 읍하고)
강   옷 속에 밀봉할 것이며 관군이나 북방의 수령에게 의심을 사게
            되면.
어을운   (작은 병에 든 독약 보여주는) 걱정 마십시오, 그 자리에서 자결할 것입
            니다.
강   (믿음직한) 살아서 돌아오너라. 내, 너를 기다리겠다.
어을운   (읍하고 물러나는데)

어을운 나가고 나면.

강   이제 기다림만 남은 것입니까?
양안대군   조정대신들을 하나하나 포섭해나가야지. 우리의 세를 은밀히 넓
            혀가는 게야.
강   대제학은 제가 한번 애써보지요.
양안대군   우리 조카님께서?
강   자식 이기는 부모 없다지 않습니까.
양안대군   그 집 아들을 이용할 생각인가?
강   ...... (다른 생각에) 배를 한번 띄울까 합니다.
양안대군   ?

S#46. 산길 (D)

말을 달리는 어을운. 북쪽을 향해 달려가는데!

S#47. 휘의 처소 (다른 날 D)

휘, 기특의 시중을 받으며 의관을 정제하는 중이다.

기특   (괜히 신나서) 오늘은 아씨 만나서 뭐 하실 건데요? 수라간에 일러
          나들이 음식이라도 준비를 시킬까요? 아예 풍로를 들고 가서 화
          전을 지지면... 고기 굽는 건 분위기가 좀 그렇겠죠?
휘   호들갑 떨지 마라.
기특   걱정돼서 그러죠.
휘   운명이니 걱정할 거 없다.
기특   운명이요?
휘   우연이 세 번 겹치면 운명이라 한다는구나.
기특   ... (손가락으로 헤아려보는)
휘   (그런 기특 보며 미소 짓는데)
기특   근데, 언제까지 아씨한테 관광방 이가라고 둘러대실 건데요?
휘   지난번에 이름은 밝혔다.
기특   이 나라 대군마마신 줄은 아시던가요?
휘   ... (그건 아니지만)
기특   (알아채고) 언제까지 속이실 건데요...
휘   오늘은 고백할 거야.
기특   ! 진짜요?
휘   마음이란 것은 진실의 정원에서만 자란다지 않느냐. 이제는 내 신
          분을 밝히고 진지하게...
기특   (짓궂어지고) 진지하게 뭐 하실라구...?
휘   ... 알 거 없다.
기특   (씩 웃는데)

S#48. 자현의 처소 앞 (D)

차려입은 자현이 처소에서 나온다. 호기심과 기대에 들뜬 끝단, 쉴 새 없이 조잘
거리는.

끝단   (신 놓아주며) 아씨 이제 그 도련님하구 정인 되시는 거예요?

자현	(신으며) 그런 소리 함부로 하지 마.
끝단	그럼 왜 나가시는 거예요? 연통이 오자 바로 차비를 하고 나오시니...
자현	... 어디까지인지 가보고 싶어서.
끝단	예?

처소 밖으로 걸어가는 두 사람.

자현	나는... 어떻게 살아야 할지 무엇이 돼야 할지... 그걸 알 수가 없었어.
끝단	무엇이 될 필요가 뭐 있어요? 아씨는 이미 양반이신데? 어떻게 살건요... 같은 양반한테 시집가 일평생 호의호식하면 되지, 뭐가 걱정이세요?
자현	... 그러게 말이다. 헌데 나는 알고 싶단다. 내가 누군지, 어떤 사람인지...
끝단	누구긴요... 성씨 집안 귀한 따님이시죠.
자현	그런 거 말구... 진짜 나 말이야... 우리 집안 말구... 오롯한 나 자신...
끝단	(도통 이해가 안 가고)
자현	처음이었다?
끝단	?
자현	내가 원하는 걸 들어주고, 알아주는 사람이.
끝단	... (보면)
자현	그림 그리지 마라, 나가지 마라, 글 읽지 마라! ...자라면서 지겹게 들은 잔소리야. 내 지나온 삶은 온통 하지 말라는 것투성인데... 그 사람은 그토록 갖고 싶던 심중청을 보내주고... 같은 꽃을 그리고, 군마도를 가르쳐주고...
끝단	... (뭔가 두 사람이 통하는구나 이해하고)
자현	더 가보고 싶어. 그 사람하구... 더 가보면... 내가 전혀 모르는 세상으로... 갈 수도 있을 것 같아.
끝단	...... (좀 걱정도 되고 서운하기도 하고) 넘 멀리 가지는 마셔요.
자현	... (웃을 듯 말 듯)

중문을 빠져나가는 두 사람.

S#49. 길/가마 안 (D)

자현이 가마에 타고 있다. 설렘과 흥분이 올라오는. 손으로 가만히 가슴께를 눌러보는데...

S#50. 자현의 집 대문 앞 (D)

문 여는 끝단. 앞에서 웃고 있는 기특.

끝단   ? 아씨는 이미 출발하셨는데요?
기특   ?? 어딜요? (품속에서 휘가 준 서찰을 꺼내며) 우리 대군... 아니 도련님 서찰 전해드리고 직접 모셔 가려고 왔는데...
끝단   무슨 소리예요? 아까 가마를 보내셨잖아요!
기특   !
끝단   (불안해지는) 자기들이 다 뫼신다구 수행두 물리라 해서 저도 안 따라갔는데...
기특   !!!

S#51. 한강 나루터 (D)

대기 중인 쪽배. 기다리고 있는 사공. 저 멀리 강 위에 차일을 친 큰 배가 떠 있다. 자현이 멈춰 선 가마에서 내리는데... 기다렸다는 듯 다가와 인사하며 맞이하는 사공.

사공   (강 위에 떠 있는 배를 가리키며) 저기서 기다리고 계십니다.
자현   ... (떠 있는 배에 시선 주고)
사공   모시겠습니다.

사공의 도움으로 배에 오르는 자현. 자리를 잡자 사공이 배를 띄우고 노를 젓기 시작한다. 나루터에서 멀어지는 쪽배. 큰 배로 점점 다가가는데...

S#52. 휘의 처소 앞 (D)

휘, 초조하게 기다리고 있고. 기특이 달려 들어오는.

휘   (다급한) 알아보았느냐!
기특   한강에 배를 띄웠다고 합니다. 아무래도 아씨를 거기로 모신 것
          같습니다.

달려 나가는 휘. 쫓아가는 기특.

S#53. 마구간 (D)

말고삐 마구 풀어내는 휘! 다급히 말에 올라타고! 기특, 다른 말 잡아타고 따라
간다.

S#54. 한강/배 위 (D)

큰 배에서 쪽배로 접이식 계단이 내려지고. 사공이 계단을 고정시키면 자현이
큰 배로 옮겨 탄다.

S#55. 길 (D)

말을 타고 달리는 휘! 뒤따르는 기특!

S#56. 배 위/차일 아래 (D)

탁자에 한 상이 잘 차려져 있고... 한 남자가 뒤돌아 앉아 있다. 자현, 조심스럽게
앞으로 나아가는데... 이윽고 남자의 바로 뒤에 이른다. 조심스레 기척을 내려 하
는데... 남자가 빙글 몸을 돌리면, 놀라서 멎는 자현! 휘가 아니라... 강이다! 자현,
얼어붙어 있는데...

강   왜 그리 놀라시오?
자현   ......

강	뜻하지 않은 초대를 좋아하는 줄 알았는데...
자현	대군이 계실 줄은 몰랐습니다!
강	허면, 누굴 만나러 온 것이오?
자현	(말문 막히고/돌아가려는)

막아서는 내관.

자현	!
강	헤엄쳐 가시게?
자현	(돌아보면)
강	아셔야 할 거요. 타고 온 배는 이미 돌아갔구... 이 배는... 내 명이 아니면 움직이지 않는다오.
자현	이건, 납치나 다름없습니다! 돌아가겠어요!
강	할 얘기가 끝나면, 아니 간다 매달려도 데려다주겠소.
자현	(화가 치솟는데)
강	(자현에게 의자 내어주는) 앉으시오. 거부하면 할수록, 선상에 있는 시간만 늘어날 테니까. 난 종종... 여기서 밤을 보내기도 한다오.

자현, 할 수 없이 가 앉는다. 빨리 끝내자는 분위기 팍팍!

강	술을 할 줄 아시오?
자현	! (지난 추태가 생각나고/모른 척 새침한)
강	아직 배우지 못하였으면 차라도 하시겠소?
자현	하실 말씀이나 하시지요.
강	(차를 따른다)
자현	......

S#57. 한강 나루터 (D)

휘의 말이 와 선다. 굴러떨어지듯 다급히 내리는 휘. 이어서 기특의 말도 와 서고. 돌아와 대기 중이던 사공에게 다가가는 휘!

휘	형님은 어디 계시느냐! 배에는 누가 탔느냐!

당황한 사공, 강물 쪽으로 고개 돌리는데. 그 시선 따라가는 휘! 강물 한가운데 떠 있는 배. 유유히 멀어져가는데!

S#58. 다시 배 위 (D)

강	혼례일이 다가오는데...
자현	... 감축드립니다.
강	헌데 나는... 정혼녀보다 다른 여인 생각을 더 많이 하니... 이거 큰 일 아니오?
자현	! 제대로 미치셨군요.
강	(씨익 웃는데)
자현	제가 누군지 아십니까? 대군의 부인 될! 나겸이의 동무입니다!
강	알고 있소. 그 동무를 생각하는 마음이 끔찍하다는 것도.
자현	헌데 저를 이리 희롱하심은, 예가 아닙니다!
강	나는 예를 지키는 사내가 아니라서.
자현	저한테는 제대로 지켜주십시오!
강	낭자가 내 곁에 있어준다면.
자현	!
강	이런 내가 좀 달라질 수도 있지 않을까...
자현	(일어나며) 더 이상은 못 듣겠습니다.
강	난 버려진 자식이었소.
자현	(멎고)
강	왕자들 가운데 나 혼자만 궁 밖에서 자랐지. 젖먹이 어릴 때부터 말이오. 내 주변에는, 가족이 아무도 없었소.
자현	(보면)
강	나를 낳아준 부모님은 자식에게 아비와 어미가 아니라 그저 왕과 왕비였고... 대신 아비 노릇 해준 백부께서는 날 작은 당신으로 만 들고자 애를 쓰더이다.
자현	... (뭔가 진실을 털어놓고 있는 것 같다. 쉽사리 떨치고 가질 못하고)
강	내 앞에서 사람들은 두 가지 태도뿐이오. 눈치를 보거나, 아부하 거나.
자현	(보는데)
강	낭자는... 다르오.

자현	그래서, 나겸이와 파혼이라도 하시렵니까?
강	(말문 막히고)
자현	하나를 버리고 하나를 택하겠다는 게 아니라! 실은 둘 다 갖고 싶다는 파렴치한 욕심을 부리고 계신 게 아닙니까!
강	난 대군이오! 여염의 사내와는 다르오!
자현	네, 다르시네요. 여염의 사내와는 비교도 안 되게 뻔뻔하고 후안무치하십니다!

자리를 박차고 난간으로 향하는 자현! 강, 다급히 일어나 뒤를 쫓고. 금방이라도 뛰어내릴 듯 뱃전에 서는 자현인데!

자현	배를 대십시오! 돌아가야겠습니다!
강	말했을 텐데? 이 배는 내 명이 아니면 움직이지 않는다고.

자현, 뱃전에 오르는! 가늠 안 되는 강심을 내려다보는데...

강	헤엄은 칠 줄 아시오?
자현	빠져 죽는 한이 있어도 이 배에 더는 못 있겠습니다.
강	... 내가... 그리 싫소?
자현	(노려보는)
강	기어이 나를 거역하겠다...?

위협하듯 다가가는 강! 밀리지 않는 자현! 강물은 넘실거리고! 마치 그 옛날 생각시 연이처럼 물속으로 밀어버릴 기세인데!! 곧 강물에 빠질 것 같은 위기의 자현! 그 위로 휘파람 소리! 휘다!

조각배를 타고 강의 배로 다가온 휘! 기특이 노를 젓고 있고.

자현	도련님!
강	(비웃듯 보는데) 네가 여기 웬일이냐.
휘	(무시하고 자현에게) 내려오세요. 제가 모시겠습니다.
강	(자현을 잡아채며) 난 보낼 생각이 없어!
휘	!

자현	(휘와 시선 마주치고)
휘	(애타게 보는데)

강에게 잡혀 있는 자현, 휘에게 갈 수 있는 길이 없는데! 둘 사이에서 어쩔 줄 모르는 자현에서 엔딩!

대군 사랑을 그리다

5부

S#1. 배 위 (D)

위협하듯 다가가는 강! 밀리지 않는 자현! 강물은 넘실거리고! 마치 그 옛날 생각시 연이처럼 물속으로 밀어버릴 기세인데!! 곧 강물에 빠질 것 같은 위기의 자현! 그 위로 휘파람 소리! 휘다!

조각배를 타고 강의 배로 다가온 휘! 기특이 노를 젓고 있고.

자현	(휘를 향해) 도련님!
강	(비웃듯 아래를 보며) 네가 여기 웬일이냐.
휘	(무시하고 자현에게) 내려오세요. 제가 모시겠습니다.
강	(자현을 잡아채며) 난 보낼 생각이 없어!
휘	!
자현	(휘와 시선 마주치고)
휘	(애타게 보는데)

강에게 잡혀 있는 자현, 휘에게 갈 수 있는 길이 없는데! 둘 사이에서 어쩔 줄 모르는 자현! 강을 거세게 뿌리치고 그대로 물속으로 뛰어든다! 놀라는 휘와 강! 휘, 곧 따라서 뛰어들고! 기특, '마마!' 소리치며 기겁을 한다!

S#2. 물속 (D)

점점 가라앉는 자현. 휘, 자현 쪽으로 헤엄쳐 가며 애타게 손을 내미는데! 물속에서 눈 마주치는 두 사람! 자현의 눈에 서린 공포감! 휘, 미친 듯이 다가가고!

S#3. 배 위 (D)

강, 배에서 수면을 지켜보고 있다.

마마! 마마! 애타게 부르는 기특! 순간! 자현을 데리고 물 위로 솟아오르는 휘! 자현을 조각배 위로 올리고! 기특이 잡아당긴다.

지켜보고 선 강.

흠뻑 젖은 채 켁켁대고 있는 자현. 뒤따라 배에 오른 휘, 다가가 어깨를 잡는다.

휘	(여전히 공포감 가시지 않은) 괜찮은 거요? 숨은 쉴 수 있겠소?
자현	(아직 말은 나오지 않는다/괜찮다는 뜻으로 끄덕이면)
휘	(버럭 화내는) 무작정 뛰어들면 어쩌자는 거요! 헤엄도 칠 줄 모르면서!
자현	... (기죽어) 내려오라면서요...
휘	배를 옮겨 타라는 거지 누가 강물에 뛰어들라 했소? 그대로 빠져 죽었으면 어쩌려고!
자현	믿었어요.
휘	!
자현	구해주실 줄 알았습니다.
휘	(뭉클 올라오는/자현을 와락! 끌어안으며) 이번이 마지막이어야 하오. 두 번 다시! 목숨 건 도박은 하지 마시오!
자현	! (당황하는/그러나 뭔가 남다른 심정이 전해져 오고)

휘, 더 꽉 끌어안는데... 자현, 이렇게 더 안겨 있으면 안 될 거 같고...

노려보고 선 강, 두 사람의 포옹에 빈정 상하고. 이내 뱃머리에서 모습을 감춘다.

S#4. 강의 배 (D)

자리로 돌아온 강, 부글거리고. 분기를 못 참고 탁자를 엎어버린다! 와장창! 엎어지고 부서지는 그릇들!

강, 드디어 두 눈으로 확인한 동생과 자현의 관계에 질투가 끓어오르는데!

S#5. 나루터 (D)

휘의 배가 와 닿는다. 뛰어내린 기특이 기다리는 사공에게 배를 건네고. 먼저 내린 휘, 배에서 내리려는 자현을 그대로 번쩍 안아 든다.

자현	(놀라는) 뭐... 뭐하시는 거예요?

휘, 자현을 안고 걸어가는데.

자현   걸을 수 있습니다. 놓아주시어요!

무시하고 그냥 계속 가는 휘.

자현   걸을 수 있다니까요!
휘   ......

묵묵히 따르는 기특.

S#6. 초막 전경 (D)

사공들이 쓰는 임시 거처, 허술한 초막이다. 문 앞에 지키고 선 기특.

S#7. 초막 안 (D)

비로소 바닥에 자현을 내려놓는 휘. 초막 안을 둘러본다. 한쪽에 아궁이 같은 공간 보이고. 그 옆에 약간의 장작들 위에 부싯돌도 놓였다. 가서 부싯돌 부딪쳐보는 휘. 잘 안 된다.

자현   여긴 왜 오냐구요! 어서 집에 가야죠!
휘   그 꼴로 사람들 앞에 나서겠다? 용기가 대단하오.

자현, 그제서야 자기 몰골 내려다보면 젖어서 훤히 다 비치는. 민망함에 확 돌아앉는데!

자현   나가세요!

부싯돌에서 겨우 불꽃이 인다. 휘, 벽난로에 장작들 집어넣고 불쏘시개로 쓸 바닥의 마른 나뭇잎들을 긁어 넣는다.

휘   나가지 말래도 나갈 거요.

불붙이는 휘. 장작에 제대로 불이 붙으면.

S#8. 둥 앞 (D)

휘가 나온다. 다가오는 기특.

휘	아씨댁 몸종에게 일러 마른 옷을 챙겨 오너라. 어른들 모르게 조용히 움직이고.
기특	네! 얼른 다녀오겠습니다.

인사하고 달려가는 기특. 휘, 주변에 널린 마른 나뭇가지들을 줍는다.

인서트) 1씬. 눈앞에서 물속으로 뛰어들던 자현의 모습.
　　　 2씬. 물속에서 멀어져가던 자현.

다시 떠올려도 공포다! 잔상을 털어내고 땔감 확보에 나서는.

S#9. 초막 전경 (N)

해가 지고 있다. 안에서 따뜻한 불빛이 흘러나오고.

S#10. 초막 안 (N)

휘가 모닥불에 장작 보태 넣는다. 내외하며 자현 쪽은 보지 않는데... 어느새 옷 거의 다 말라 있는 자현. 불 살핀 휘, 다시 나가려다 문득 서고.

휘	내 마음 따위... 그대에게 그렇게 아무것도 아니었소?
자현	!
휘	어찌하여 다른 이의 초대에 그리 쉽게 응한 것이오!
자현	(억울한) 강가에 나온 것은! 도련님이 계신 줄 알았기 때문입니다!
휘	그래도 그렇지 혼자 몸으로 오라는데 의심도 안 했소? 매사에 어찌 그리 무모하오!
자현	보고 싶었으니까요!

휘	! (쿵! 멎고)
자현	도련님께 묻고 싶은 것이 있었습니다.
휘	(돌아보면)
자현	저한테... 그림은 왜 가르쳤는지... 안료도 보내주고 마장에 데려가고 기방에도 같이 가주고... 제가 원하는 거, 하자는 거는 다 해주셨습니다.
휘	(가슴이 뛰고)
자현	연유가 무엇입니까?
휘	(누르면서) 오지랖에 덜렁인 줄은 알았지만 심지어 머리까지 나쁜 것이오?
자현	(발끈하는) 뭐라구요?
휘	낭자가 기뻐하는 걸 보고 싶었소.
자현	!
휘	심중청을... 원하지 않았소? 파란색으로 그려보고 싶은 게 있었던 거 아니오? 군마도를 잘 그리는 게 소원 아니었소?
자현	... (사무쳐오는데)
휘	심중청 말고도 보내고 싶은 게 많았소. 담장 밑에 국화꽃이 흐드러지면 보여주고 싶었고 대추나무에 열매가 붉게 익어가면 따다 주고 싶었소. 비 갠 후에 무지개가 뜨면 지기 전에 봐얄 텐데 싶어 애가 탔고 길가에 돌멩이 하나도 빛깔이 남다른 게 있으면 갖다 주고 싶었소.
자현	(뭔가 심장이 쿵! 내려앉지만/좀 더 확실하게 확인하고 싶은) 그러니까 왜요!

더 이상 못 참고 다가드는 휘! 자현에게 똑바로 다가가 그대로 입을 맞춘다! 너무 놀라 눈 크게 뜨고 당하는 자현!

휘	(입술 떼고) 답이 되었소?
자현	!

어이없어 휘를 보는 자현. 휘에게 무언가 대거리를 하려는 찰나! 문이 열리며 들어오는 끝단과 기특!

끝단	아씨! 저 왔어요!

당황해서 떨어지는 휘와 자현!

S#11. 동 앞 (N)

휘, 기특과 함께 나온다. 뭔가 눈치 챈 듯한 기특, 휘 빤히 보는데...

휘	왜!
기특	(딴청하는) 아무것도 아니에요.
휘	(찔려서) 아무 일도 없었거든?
기특	누가 뭐래요?
휘	허험! (괜히 헛기침하며 멀어지는)

S#12. 초막 안 (N)

자현, 끝단의 시중을 받으며 새 옷으로 갈아입는 중이다.

끝단	이게 웬일이래요... 대체 어떻게 되신 거예요?!
자현	물에 빠졌어.
끝단	(기겁해서) 어쩌다가요! 내가 못 살아!
자현	...... 도련님이 구해줬어.
끝단	(멎었다가) 참 나... 두 분이 인연은 인연인가 부다... 도련님 아니었음 큰일 날 뻔하셨네요.
자현	......
끝단	근데... 그게 다예요? (빤히) 다른 일은 없었어요?
자현	...... (차마 더 이상은 말을 못하고/딴청하는) 근데 빗은 안 갖구 왔니? 머리도 빗어야 하는데...
끝단	... (뭔가 의심스럽고)

손으로 제 머리 매만지는 자현.

S#13. 기루 앞 (N)

홍등이 걸린 기루 앞. 문이 열리면, 기루 앞에 선 강의 얼굴 보이고. 문을 연 사람은 기녀 초요경이다.

초요경   대군께서 기별도 없이 어인 일이십니까?

대문 안으로 들어서 다짜고짜 초요경의 손을 잡아끌고 가는 강.

초요경   (화들짝) 마마!

한마디 말도 없이 초요경 끌고 가는 강. 초요경... 예감이 온다.

S#14. 빈 방 (N)

불도 안 켜진 어두운 방으로 초요경 끌고 들어오는 강, 문 닫아걸고 벽으로 거칠게 초요경 밀어붙인다! 막무가내로 덤비는 강! 초요경, 피할 수 없음을 깨닫는. 밖에서는 풍악과 사내들의 말소리, 간드러지는 기생들의 웃음소리... 왁자한 소음이 생생하게 들리고.

초요경   (강 제지하며) 옷부터 벗겠습니다.
강   !

강에게서 한 발자국 떨어지는 초요경. 어둠 속에서 옷고름 풀어내린다. 저고리 벗는. 치마말기 풀어내며 강을 향해 치맛자락 던져버리는데! 천장에서 천천히 떨어져 내리는 치마... 강, 손으로 쳐내고! 초요경을 다시 와락! 끌어당긴다!

바닥에 눕혀지는 초요경. 강... 초요경의 얼굴 위에서 잠시 멈추는. 자기가 원하는 여인은 이 계집이 아니다. 그 순간 깨닫는 초요경, 자신 역시 이 남자를 원하는 것이 아니다. 그러나... 상대의 망설임을 끝장내듯 그의 머리를 안아 온다. 각기 다른 사람을 향한 열정으로 불타오르는 두 사람의 입맞춤에서.

S#15. 자현의 처소 (N)

자현, 끝단과 함께 색깔만 다르고 모양은 똑같은 노리개를 세 개 만들고 있다. 자현, 끝단에게 물어가며 매듭짓는.

자현	이렇게?
끝단	(짜증 내며) 아니, 그게 아니죠! (가르쳐주며) 그르게 파는 거 사시라니까 굳이 손수 만들겠다고 이 고생을...
자현	이래야 의미가 있지...
끝단	이게 쇤네가 만드는 거지 아씨가 만드는 거예요?
자현	(뻔뻔) 나두 놀지는 않잖아.
끝단	(투덜대며 작업 계속)
자현	... (작업하다 문득 서안 위에 손수건 보는/휘가 그려 보낸 손수건이다. 가만히 제 입술 만져보는데)
끝단	(기색이 이상해서 보고)
자현	... (휘의 입맞춤 떠올리다 부끄러워 얼굴 팍 숨기는)
끝단	얼레? (뭐하나 싶고)

다시 정신 차리는 자현, 매듭 이어가는데.

끝단	아씨, 저한테 뭐 숨기는 거 있죠?
자현	(놀라서 어버버거리고) 수... 숨... 숨기기는 뭘!
끝단	수상한데...

외면하며 노리개 매듭에 집중하는 자현.

S#16. 기루/방 안 (N)

강, 옷을 다시 입고 있다. 자리에서 일어나는 초요경, 저고리 벗은 채다.

초요경	밤이 늦었습니다. 주무시고 가시지요.
강	(그럴 생각 없고) 넌 이제 내 것이다. (더 이상 휘한테 관심 갖지 말라는)
초요경	......
강	나만을 위해 살고, 죽어도 내 명을 따르거라.
초요경	그리하면, 제가 무엇을 얻을 수 있습니까?
강	무엇을 바라느냐?
초요경	... 생각해보지요.
강	!

S#17. 기루 앞 (N)

강, 대기하고 있던 교자에 오른다. 의복 갖춰 입고 배웅 나온 초요경, 배웅하느
라 나와서 인사하는데... 눈길 한번 안 주고 떠나가는 강. 오래오래 읍하고 있던
초요경, 이윽고 고개 드는데... 더없이 차가운 얼굴.

초요경   대군, 나는 그 누구의 것도 아닙니다. 허나, 대군이 주시는 것은
                감사히 받지요.

작아져가는 강의 교자.

S#18. 대군저 전경 (N)

S#19. 강의 처소 앞 (N)

강이 들어선다. 멈칫 서는. 처소 앞에서 휘가 기다리고 있었던 것. 뚜벅뚜벅 다
가오더니 강을 향해 주먹을 날리는 휘. 강, 갑작스런 가격에 휘청하고.

강   (반격으로 멱살을 틀어쥐는)
휘   (노려보는데)
강   계집 때문이냐.
휘   손대지 마.
강   !
휘   (뿌리치며) 두 번 다시, 내 사람한테 손대지 마.
강   오해를 한 것 같으니 한 번은 맞아주마.
휘   !
강   마음에 둔 처자가 있느냐, 몇 번을 물었건만. 그때마다 우리 아우
                님은 제대로 된 대답을 해주지 않았지. 이 형이 섭섭한 것도 무리
                는 아니지 않나?
휘   형은... 언제나 내 것을 탐냈어.
강   ... 니 꺼라 여긴 그것들이... 실은 내 것이었을지도 모른다는 생각
                은 안 해봤고?
휘   ! 다 줄게.

강	......
휘	형이 원하는 거 뭐든지 가져! 그 사람만 건들지 마.
강	아직두 오해를 하는 게냐. 그 옛날 생각시를... 내가 죽였다고.
휘	!
강	잊은 게 아니라... 잊은 척하고 산 것이냐.
휘	(힘들게) 어렸다고... 자기가 무슨 짓을 하는지도 몰랐을 거라고... 그렇게 애써 덮어둔 거야. 평생을... 속죄하며 살아.
강	우리는 왕자다. 고귀한 혈통이며 보호받아야 할 존재들이지.
휘	(분노하는) 특권만 누리는 게 왕실인 줄 알아? 백성을 지키는 게 우리의 의무야!
강	왕은 무치라 했다.
휘	형은 왕이 아니야!
강	!
휘	절대로 왕이 될 수도 없고! 알아?
강	......

가버리는 휘. 돌아서서 노려보고 선 강.

S#20. 휘의 처소 (N)

휘, 정성 들여 먹을 갈았다. 서안 위에 하얀 종이. 이윽고 붓을 들어 일필휘지로 써내려가기 시작하는데...

S#21. 몽타주 (다른 날 D)

- 자현의 집 대문 앞. 사복 입은 기특이 서찰이 담긴 봉투를 품에 안고 달려온. 끝단이 주변 살피며 문을 열어주는데...
- 다른 날. 자현의 집 담장. 기특이 담장 위로 서찰 넘기면, 끝단이 받아내고.
- 자현의 처소. 서찰을 읽고 있는 자현. 떨리는 얼굴.
- 고운 지함 안에 차곡차곡 쌓이는 연서들.

S#22. 대비전 전경 (D)

S#23. 대비전 (D)

중전이 된 효빈이 대비전에 인사를 왔다. 장상궁과 교태전 상궁의 도움을 받아 큰절을 올리는 중전 김씨. 대비 심씨, 절하는 며느리를 흐뭇하게 본다. 중전 김씨, 절 마치고 자리에 앉으면. 상궁들, 한쪽으로 물러나고.

대비 심씨	몸은 좀 어떠한가?
중전 김씨	염려해주신 덕에 하루가 다르게 좋아지고 있사옵니다.
대비 심씨	산후조리 중이라 책례는 올리지 못하였지만 하루라도 빨리 중궁의 위에 올리고자 명호를 정하였네. 왕자를 낳은 몸이니 이제 누가 뭐래도, 이 나라의 엄연한 국모인 게야.
중전 김씨	(감격에 차는) 망극하옵니다.
대비 심씨	(일부러 불러보는) 중전...
중전 김씨	(울컥해서) 예, 마마...
대비 심씨	얼마나 귀하게 얻은 아들입니까... (사무쳐온다) 얼마나 힘들게 지켜낸 왕손입니까.
중전 김씨	... 회임을 비밀로 하고 사가에서 은신하라는 마마의 명이 아니었더라면 오늘의 광영 또한 없었을 것이옵니다.
대비 심씨	이제 겨우 한 고비를 넘겼습니다.
중전 김씨	... (안다)
대비 심씨	귀한 손을 무사히 원자로 삼고 세자위에 올리는 그날까지, 잘 키우고... 잘 지켜내야 합니다.
중전 김씨	... (유념하는)

S#24. 교태전 (D)

김추, 김관 부자가 아기를 보러 왔다. 외할아버지 김추가 아기를 안고 어르고 있고, 김관이 신기한 듯 강보 속의 조카를 구경하는. 그 광경을 흐뭇하게 보고 있는 중전 김씨.

김관	아기씨가 어여쁩니다. 마마를, 많이 닮았습니다.
중전 김씨	대비마마께선 주상전하 어렸을 때와 똑같다고 하십니다.
김추	(기분 좋은) 누굴 닮은들 어떻습니까? 왕기가 서린 잘생긴 얼굴 아

닙니까!

다들 웃고.

김관   (보자기에 싼 항아리 밀어주며) 해산할 때 고생한 얘길 들으시곤 사가
                  의 어머니가 걱정이 이만저만이 아니십니다. 용봉탕이니 아침저
                  녁으로 드시랍니다.
중전 김씨   (친정어머니 생각에 메여오는/항아리 보자기 쓰다듬으며) 아이가 거꾸로 들
                  어서서... 꼼짝없이 죽는 줄 알았지요.
김추   !
중전 김씨   대비마마는... 아이를 살리라 하시더이다.
김관   ! (울컥 오르고)
중전 김씨   서운하지 않았습니다. 제 생각도 그랬으니까요.
김추/김관   ......
중전 김씨   (김추에게서 아이 받아 안으며) 아이가 죽으면 저 역시 산목숨이 아니
                  지 않습니까. (강보 안 들여다보고) 잘 키우고 싶습니다.
김관   (보면)
중전 김씨   이 아이를 지켜주세요. 강성한 숙부들이... 너무 두렵습니다.
김추   세제 책봉을 노렸던 진양대군은 원자에게 위협이 되는 존재입니
                  다. 허나 은성대군은 다르지요.
김관   (아버지 보면)
김추   이이제이(以夷制夷).
중전 김씨   !
김추   은성대군으로 하여금 제 형을 견제하고 조카를 지키게 할 것입니
                  다.
김관   ......

그 위로 풍악 소리.

S#25. 길 (다른 날 D)

이어지는 풍악. 수려한 휘의 얼굴이 보인다. 카메라 올라가면, 말에 탄 강이 보
이고. 친영 가는 길이다. 신랑 못지않게 성장한 휘가 강의 말 앞에서 사자¹⁾를 선

다. 왕자의 행렬을 구경하는 백성들. 위풍당당한 강의 기세에, 수려한 휘의 외모에 감탄하고.

S#26. **나겸의 집 앞** (D)

활짝 열린 대문. 하객들이 속속 도착하고. 자준이 나와 손님들 맞이하고 있다. 다른 대가댁 집안과 달리 규모가 작은 반가.

S#27. **마당** (D)

좁은 마당에 혼례 준비가 한창.[2] 차일을 치고 병풍과 휘장을 둘러 대례청을 마련 중이다. 교배상이 놓이고. 그 위에 촛대(2개), 용떡(청실), 암탉(홍실), 소나무 화병, 대나무 화병, 밤, 쌀, 대추가 진설되는.

S#28. **나겸의 처소** (D)

신부 단장 마친 나겸, 설화와 자현이 마지막 점검을 봐준다.

설화　　　(끝났다는) 됐어!

나겸, 경대에 얼굴을 비춰 보면. 만족스럽고.

자현　　　이쁘다.
설화　　　안 떨려?
나겸　　　아직... 실감이 안 나.
자현　　　기분이 이상해... 나겸인 이제... 우리하구는 다른 사람이 되는 것
　　　　　　 같아.

---

1) 사자(使者)란 본래는 종친(宗親) 가운데 3품 이하인 사람으로서, 친영 과정을 도맡아 하는 이를 말한다.

2) 원래 대군의 친영례에는 일반 혼례의 교배상을 차리지 않는다. 초저녁에 신부 댁에 대군이 종친과 문무백관들을 데리고 가서 신부를 맞아 데려오는 친영례를 치르고 대군의 사저에서 '동뢰', 이튿날 궁으로 가서 왕과 왕실 가족들에게 인사하는 '조현례'를 올리는 것이 관례이다.

설화	혼인을 해야 어른이 된다잖아.
나겸	늬들도 인제 차례로 시집갈 텐데 뭐.
자현	우리... 시집가도 지금처럼 친하게 지내는 거다?
나겸	마음이야 그렇지만 오가기가 어떨지...
설화	넌 시집가자마자 바로 안방마님이잖아. 시어머니가 궁에 있으니 집에서는 네가 왕 아냐? 부모님 눈치 보는 지금보다 우리들 만나 기는 훨씬 쉬울걸?
나겸	궁에 말 다 들어가. 시어머니보다 무서운 감시꾼들이 드글드글할 텐데.
설화	구워삶으면 되지! 아랫것들은 돈이면 다 돼. 돈이 상전이다?

기가 차서 웃는 나겸과 자현.

자현	(색깔만 다르고 모양 똑같은 노리개 세 개 꺼내며) 이거...
나겸	이쁘다...
자현	(하나씩 나눠주며) 똑같은 거 하나씩 가지고 있으면 그래도 맘이 좀 나을 거 같아서.
설화	우정 노리개야?
나겸	고마워. 소중하게 간직할게.
자현	(웃다가 미소 지워지는. 강 때문에 걱정된다) ... 잘 살아야 해.
나겸	(끄덕이고)

문 열리고 부들이가 신나서 소리친다.

부들이	왔어요, 왔어! 신랑이 왔어요! 대군마마님들이 왔어요!
나겸	... (벅차고)
설화	(기대로 홍조 띠면서 자현에게) 나 좋아하는 사람 생겼다?
자현	(놀라서) 진짜?
나겸	오늘 보게 될걸?
자현	어머 어머! 누군지 꼭 가르쳐줘야 해!
설화	부모님한테 말했어. 그 사람한테 시집간다구.
자현	뭐야, 그럼 나만 남는 거야?

소녀들, 웃고.

S#29. 대문/마당 (D)

자준의 안내에 따라 휘부터 들어온다. 뒤따르는 신랑 강. 설화와 같이 손님들 속에 섞여서 신랑 일행 구경 중이던 자현, 휘를 보고 놀라는데.

설화	(표정 환해지며) 저 사람이야!
자현	어디?
설화	(휘를 가리키며) 조선에서 젤 잘생긴 왕족, 은성대군 마마!
자현	! (설마 휘?)
설화	어때? 신랑보다 잘나지 않았어? 멋있지? 훤하지?
자현	(충격에) 저 사람이... 대군이라고? 아니야, 이휘... 이휘 도령 아냐?
설화	은성대군 이휘. 주상전하 막냇동생이잖아.
자현	!
설화	어때? 나랑 잘 어울리지?
자현	... (기가 막혀 말문이 막히고)

휘, 자현을 못 보고 강 일행과 함께 지나치는. 자현, 온몸이 싸늘하게 식어내리는 기분이다.

S#30. 동 마당 (D)

강과 나겸의 혼례가 진행 중이다. 자현, 차가운 얼굴로 건너편 휘를 보고 있는데.

인서트) 3부 10씬. 격구장. 대기실 앞에서 휘와 강이 마주쳤던. 자현을 빼돌리던
　　　휘.
　　　4부 1씬. 자현의 집. 강을 찾으러 왔던 휘.
　　　4부 32씬. 마장 앞. 초요경이 은성대군 그림을 운운하자 흠칫하던 휘.
　　　4부 58씬. 한강. 자현을 구하러 강의 배로 다가왔던 휘.

왜 몰랐을까. 강과 휘의 남다른 관계를 짐작할 수 있었던 많은 순간들이 있었는

데. 자책과 함께 자신을 속인 휘에 대한 분노가 올라온다.

혼례를 지켜보던 휘, 고개 돌리다 자현을 발견한다. 뜻밖의 장소에서 자현을 발견하고 반가워 환하게 웃는데. 시선이 마주쳤지만 표정 없는 자현. 휘, 멎었다가 문득 자각하는. 지금 대군의 신분으로 왔는데! 자현, 자리를 뜬다. 휘, 다급히 쫓아가고. 휘가 자현을 따라 나가는 걸 보게 된 강, 눈빛이 달라진다.

S#31. 후원 (D)

자리를 피한 자현, 충격을 소화하지 못해 괴로워하고 있는데 뒤따라온 휘가 자현을 부른다.

휘	자현 낭자...
자현	!
휘	(다가가면)
자현	하늘엔 달이 가득, 뜰에는 꽃이 가득[3]
	꽃그림자 엉긴 데다 달그림자 엉긴 곳에
	달 같고 꽃 같은 님 마주 보고 앉았으니
	세상의 영욕 따위 내 알 바가 아니라네.
휘	(자기가 보낸 시다/멎고)
자현	(돌아보는 눈길에 눈물이 글썽) 이 모든 게 거짓이었습니까?
휘	! 낭자! (다가서면)
자현	날마다! 밤마다! 하루에도 몇 번씩 쏟아지던 연서가! 모두 말뿐인 희롱이었습니까!
휘	아니오! 오해하지 마시오!
자현	(오지 말라는/막으며) 제가 어리석었습니다.
휘	......
자현	관광방 이가!
휘	!

---

3) 달 같고 꽃 같은 님. 삼의당 김씨의 시에서 인용하였다(滿天明月滿園花만천명월만원화 花影相添月影加화영상첨월영가 如月如花人對坐여월여화인대좌 世間榮辱屬誰家세간영욕속수가).

자현	경복궁이 관광방에 있으니! 도련님, 아니 대군마마께서! 거짓말을 하신 건 아니지요.
휘	... 미안하오, 내 그동안 말을 못한 건
자현	(OL) 신분을 숨기고 여염의 여인들을 희롱하는 것이 취미십니까!
휘	낭자!
자현	대군께 시집가겠다는 처자도 있던데요!
휘	! (화들짝) 나는 모르는 일이오!
자현	(원망으로 보고)
휘	(억울한) 내 진심은 낭자뿐이오!
자현	진심? (제가 다가가며) 거짓으로 가려지고! 기만으로 얼룩진 고백이 대군의 진심인가요?
휘	(억울한) 내 말 좀 들어주시오!
자현	이제 우리는! 서로 모르는 사람인 겁니다. 다시는 아는 척도 마세요! (휘를 지나쳐 가버리면)

휘, 자현 따라가는데.

S#32. 중문/마당 (D)

중문을 나서 손님들 속으로 섞여버리는 자현! 휘, 자현을 따라가기 어려운데 사람이 많아 부를 수도 없고! 그런 휘를 잡아채는 기특.

기특	뭐하세요! 신랑 옷 갈아입어야 하는데!

휘, 기특에게 끌려가면서 자현의 자취를 계속 찾고.

S#33. 사랑 (D)

강, 신방에 들기 전에 하녀의 도움을 받아 관대를 벗고 있다. 양안대군이 지켜보는. 하녀, 강의 예복을 개어두고 밖으로 나가는데.

양안대군	기분이 어떠십니까, 조카님.
강	... 다른 것을 갖고 싶습니다.

양안대군	!
강	욕심이 납니다.
양안대군	!
강	모든 것에 욕심이 납니다. 저는... 어찌해야 합니까?
양안대군	(악마 같은 미소 지어지는) 초요경 따위야... 아무리 예기로 이름이 높다 하나 대군의 지체로 그깟 계집이 무어 대수라고. 그저 명만 내리면 됩니다.
강	노류장화를 탐하는 것이 아닙니다. 수십 번을 품어도 그런 꽃으로는 해결되지 않는 갈증입니다.
양안대군	... 큰애비가 도와드리지요. 뭘 그리 갖고 싶으신 겝니까?
강	......

S#34. 자현의 집/자현의 처소 (N)

화로에 재가 타고 있다. 그동안 휘에게서 받은 연서를 다 찢어서 태워버리는 자현. 끝단, 안절부절이고.

끝단	아니, 반가의 자제가 알구 보니 대군이었다 그러면 더 좋은 거 아니에요? 대체 왜 이렇게 화를 내세요...
자현	날 속였어!
끝단	아니, 뭐 기분이 좀 그런 거는 알겠는데...
자현	그것도 모르고 설레고 떨리고 잠을 못 이루고...
끝단	... (티는 안 내더니) 그렇게 좋았어요?
자현	그 모든 게 난봉꾼 왕족의 장난이었던 거라구!
끝단	진심이었을 수도 있잖아요.
자현	나만 갖고 논 게 아니란 말이야!
끝단	!
자현	결국 형제가 다 똑같아! (붓꽃 그림이 그려진 손수건까지 화로에 처넣으려다가 망설이는)
끝단	......

차마 손수건을 넣지 못하고 내리는 자현, 분하고 슬프다. 작은 주먹 안에서 구겨지는 손수건.

S#35. 나겸의 집/나겸의 처소 (N)

신방으로 꾸며진 나겸의 방. 강과 신부 나겸 사이에 주안상 놓였다. 강, 묵묵히 술만 마시는. 나겸, 당혹스러워 보는데...

나겸   서방님... 밤이 깊었습니다.
강   ... (대꾸 없이 술만 마시고)
나겸   저한테... 주실 것이 있지 않습니까.
강   (보는)
나겸   첫날밤에... 은장도를 돌려주신다 하셨습니다.

강, 소매에서 은장도를 꺼내 준다. 나겸, 받고...

강   기분이 어떠시오?
나겸   ......
강   소원하던 군부인의 자리를 차지한 소감이 어떠냐, 이 말이오.
나겸   ... 자고로 여인은 지아비를 선택할 수 없는 법이나... 소첩은 언니
          의 혼처를 빼앗아 여기까지 왔습니다. 도박 같은 모험이었으나...
          그간 기개 높은 대군의 모습을 뵈옵고... 이 선택에 평생 후회는
          없으리라... 떨리는 예감이 들었사옵니다.
강   후회는 없으리라...
나겸   ......
강   돌이킬 수 없을진대, 후회는 해서 무엇하리오! (갑자기 나겸 끌어당기
          는)

주안상 넘어지고! 나겸, 당황한다! 금침으로 나겸을 쓰러뜨리는 강!

나겸   서방님! 머리부터... 머리부터 내려주셔야!

강, 다급히 나겸의 대례복을 벗기고... 눕혀진 나겸, 제 손으로 가까스로 족두리
벗고 비녀를 뽑는다. 이 과정이 뭔가 당황스러운데... 신부를 눕혔으나 계속 자현
을 생각하는 강... 갖지 못할 그녀에 대한 분노 속에 나겸의 옷을 벗긴다.

S#36. 동 (다음 날 새벽)

자다 깨는 새신부 나겸. 옆에 아무도 없다. 일어나 옷을 입는데...

S#37. 동 앞 (새벽)

문이 열린다. 나오다 멎는 나겸. 마당에 서서 동이 터오는 새벽 여명 보고 있는 강의 뒷모습이 보인다. 차마 말을 붙이지 못하는 나겸. 첫날밤도, 이 새벽도... 신랑 때문에 외로운데...

S#38. 경복궁 전경 (D)

S#39. 대비전 (D)

공복을 입은 강과 예복을 입은 나겸 부부가 대비 심씨에게 알현례를 올리고 있다. 옆에는 원자를 안은 중전 김씨가 앉아 있다. 강과 나겸, 절을 올리고 앉으면.

대비 심씨 (기분 좋은) 적적하던 왕실에 경사가 줄을 잇는구나. 원자도 태어나고 새 식구도 들였으니 어미는 이제 여한이 없다.

강 손자도 더 보시고 막내도 장가를 들여야지요. 어마마마께서 기뻐하실 일은 아직 많이 남았습니다.

대비 심씨 (미소) 주상에게 충성을 다하고 중전을 지성으로 뫼시거라. 그것이 늬들 부부의 본분인 게야.

강과 나겸, 걸리고.

중전 김씨 (나겸에게) 궁에 자주 놀러 오세요. 동서가 생겨 기쁩니다.

나겸 (아기 보며) 아기씨는 건강하신지요.

원자에게 몰리는 시선들.

중전 김씨 무럭무럭... 하루가 다르게 잘 자라고 있답니다.

아기 쪽을 보는 강의 서늘한 시선.

S#40. 궁/휘의 처소 (다른 날 D)

휘, 서안 위에 밀봉된 편지를 두고 한숨을 푹푹. 맞은편에 기특 앉아 있다.

기특	(눈치 보며) 마마. 한 번 더 다녀올까요?
휘	됐다. 벌써 다섯 번이나 헛걸음을 하지 않았느냐.
기특	여섯 번.
휘	(노리면)
기특	(딴 데 보고)
휘	(한숨 푹)
기특	그럼 이대로 아씨랑 끝?

그건 안 된다, 벌떡 일어나는 휘.

기특	(서슬에 뒤로 넘어지며) 어쩌시게요?
휘	(결심한) 정면 돌파! (하며 나간다)
기특	(따라 나서며) 마마! 대군마마~ 그래도 뭐 작전이라도 좀 세우고.

나가버리는 휘.

S#41. 대군저 앞 (D)

강과 나겸 부부가 집 앞에 서 있다. 강이 어린 시절에 살던 사저다. 뒤에는 다른 하인들과 부들이. 설레는 마음으로 대문가에 선 나겸.

강	(회한에 찬) 어린 시절 나 혼자 살던 곳이오. 다시는 이 집으로 돌아오지 않으리라, 다짐하며 대문을 나섰건만.
나겸	이제 소첩이 마마 곁에 있사옵니다. 대군은 더 이상, 혼자가 아니십니다.
강	... (보는)
나겸	... (시선 받아치는데)

강	난 부부가 뭔지... 가족이 뭔지 모르오.
나겸	(긴장하고)
강	부모님이 왕과 왕비시니 난 그저 대군일 뿐. 여염의 부부를 본 적이 없어 내자에게 어찌 대해야 하는지를 알지 못하오.
나겸	대군으로 사시옵소서.
강	(보는데)
나겸	나머지는 소첩이 다 알아서 하겠사옵니다.
강	......

부들이가 문을 열어주고. 안으로 들어서는 강 부부.

S#42. 자현의 집/대문 앞 (D)

기특과 함께 당도해 있는 휘. 하인이 맞이하고 있다.

기특	은성대군 마마시네. 이 댁 장자인 성득식 유생을 만나러 왔네만.
하인	(굽신거리며) 이를 어쩝니까? 도련님은 출타 중이신데...
기특	어허! 허면 마마께서 두 번 걸음을 하란 소린가?
하인	(어쩔 줄 모르는데)
휘	(나서며) 기다리면 언젠가 올 게 아닌가. 사랑에서 기다리겠네.
하인	(머뭇하다) 그럼 안으로 드시지요.

하인이 문을 활짝 열면 휘와 기특, 안으로 들어간다.

S#43. 사랑채 마당 (D)

서성대는 휘와 기특.

기특	정면 돌파하신다면서요?
휘	병법에 이르길 위위구조(圍魏救趙)라 했느니! 강한 적을 만나면 돌아가란 말도 모르느냐?
기특	(입 삐쭉거리며) 뉘예뉘예.
휘	자현 낭자의 처소는 어느 쪽이냐?

기특	(별채 쪽 보며) 별채를 덮치게요? 그건 좀 아니죠!
휘	사람을 뭘로 보고!
기특	(깨갱하면)
휘	가서 내가 후원에서 기다린다 전하거라.
기특	아하! (별채로 달려간다)

보고 선 휘.

S#44. 자현의 집/후원 (D)

다소 긴장한 휘, 바위 위에 앉아 고뇌의 포즈 잡아본다. 아닌 것 같고. 일어나서 나무에 기대 상심한 표정 지어본다. 맘에 안 든다. 중문 열리는 소리에 우왕좌왕 하다 나무에 기대서서 고뇌하는 척하는데. 아무런 소리가 없다. 슬쩍 고개 들어 보면 자현이 아닌 득식이다. 이 댁 하인이 모시고 온 참. 휘, 실망과 당황으로 자세에 힘 빠지면! 뒤에서 고개를 절레절레 젓는 기특.

득식	마마! 기별도 없이 즈이 집엔 웬일이십니까! 성균관에 있다가 연통을 받고 서둘러 달려온 길입니다.

하인, 나 잘했지? 하는 표정.

휘	(둘러대는) 지나는 길에 들렀네. 격구 때도 그렇고 형님 혼사에서도 그렇고... 왕실이 큰일 치를 때마다 공의 노고가 커서 치하를 한번 해야겠기에.
득식	(알아주니 고마운/감격하고) 마마! 정말 제가 말을 안 해서 그렇지 진양대군 마마 한 성격 하는 거 아시죠? 그 비위 맞추는 게 보통 일이 아니에요!
휘	(점수 따려는) 아다마다. 친동생인 나는 오죽하겠는가...
득식	(감읍하며 휘의 손 맞잡는) 그래도 이렇게 알아주는 분이 계시니 그간의 설움이 눈 녹듯 사라지옵니다.
휘	... (손 잡힌 게 부담스러운)
득식	(사랑으로 다시 이끌며) 어려운 걸음 하셨는데 안으로 드시지요. 제가요, 할 말이 아주 많습니다!

휘	... (곤란해서 기특 보는데)

기특, 남의 일 보듯. 득식에게 끌려가는 휘.

S#45. 자현의 처소 (N)

자현, 무표정한 얼굴로 책을 읽고 있다. 끝단, 옆에서 바느질하며.

끝단	(자현의 기색 살피며) 집까지 찾아왔는데 얼굴이라도 한번 비추시지... 아직도 안 가시고 사랑에서 도련님이랑 대작하고 계신다는데...
자현	... (책에 시선 그대로 둔/그러나 페이지는 넘어가지 않는다)
끝단	어디 술 마시고 싶어 그러겠어요? 아씨 기다리느라 저러지. 그래도 지체 높은 왕족이 자존심두 없이 매달리는데...
자현	......
끝단	아씨, 그러지 마시구... (가보라는)
자현	왕족이 원하면 무조건 가야 해? 싫어도 만나야 해?
끝단	그래도 변명이라도 한번 들어주지, 매정하시긴.
자현	평생을 오냐오냐 고임만 받아서 세상만사가 다 자기 뜻대로 되는 줄 아는 족속이야. 다른 사람 우습게 보고 다 조종하려구만 들구. 그런 사람들하고 부딪히면... 우리만 다쳐. 상종을 말아야 해.
끝단	아씨를 정말 좋아하는 거 같았는데...
자현	나 말구 다른 여자도 좋아하겠지.
끝단	!
자현	...... (책장이 여전히 같은 쪽에 머물러 있는)

S#46. 사랑 앞 (N)

하품하며 기다리는 기특.

S#47. 사랑 (N)

이미 취한 득식이 휘에게 주정하듯 해대고 있고. 휘는 혹시나 자현이 올까... 바깥의 기척에만 신경 쓴다.

S#48. 기루 전경 (N)

홍등을 밝힌 대문가.

S#49. 기방 (N)

초요경이 양안대군과 강을 모시고 있다.

강	혼자 보내지 말 걸 그랬습니다. 어을운이... 잘 가고 있을지...
양안대군	무리를 지으면 더 위험한 길이네.
초요경	(잔 채워주며 눈치 보고)
강	어을운이 무사히 돌아온다 해도 정치적인 명분만으로는 뜻을 이루기 어렵습니다.
양안대군	처남을 키우시게나.
강	(보면)
양안대군	종친이 나서 사람을 모으면 의심을 받게 마련이지. 대신 나서줄 몰이꾼이 필요한 게야.
강	... (생각해보는데)

S#50. 대군저/안방 (N)

나겸, 부들이에게 강의 귀가를 확인하고 있다.

나겸	대군께서는 아직도 안 들어오셨느냐?
부들이	(민망한) 오늘은 밖에서 주무신다고...
나겸	! 백부님 댁에서 말이냐?
부들이	그게 저...
나겸	(보면)
부들이	기루에서 회합이 있으신 모양입니다.
나겸	! (내색하지 않고 차분하게) 알겠다. 혹시 모르니 대문은 걸지 말라 이르거라.

부들이   예, 마님.

말투와 달리 치마를 움켜쥔 손에 힘이 들어가고.

S#51. 경복궁 외경 (다음 날 D)

S#52. 서고 (D)

휘가 닥치는 대로 책들을 뒤지고 있다. 기득, 따라다니며 헤집어놓은 책 다시 꽂
아 넣으며.

기득   말씀을 하시라니까요. 대체 무슨 책을 찾으시는 건데요...
휘   나도 모른다.
기득   (어이가 없고) 근데 여기서 뭐하시는 거예요?!
휘   책 속에 길이 있다지 않느냐!
기득   ?!

휘, 책을 마구 뒤지다가 《삼국사기》 어느 한 권에 꽂힌. 멈춰 서서 다급히 내용
을 읽어본다. 이거다 싶은데!

S#53. 자현의 집 외경 (다른 날 D)

S#54. 자현의 집/안방 (D)

안씨, 기분 좋게 마님들 맞이하는 중이다. 2부 29씬의 도박 친구 마님들.

마님1   아니 호랭이 대감마님이 웬일로 이런 인심을 쓰신대?
안씨   (으쓱해서) 내가 이 맛에 우리 영감 안 버리구 데꾸 살잖아. 겉으로
           는 틱틱대두 은근 잘해준다니까~
마님2   이건 은근이 아니라 노골적으로 잘해주는 거네.
안씨   (뿌듯한) 어서들 자리 잡고 앉아. (찬모에게) 준비해논 다과 있지? 먹
           을 거 좀 내오고 가서 자현이도 오라구 해. 전기수 구경 같이 하게.
찬모   네, 마님.

찬모, 달려가고.

S#55. 자현의 처소 (D)

서안 붙들고 꼼짝도 안 하려는 자현, 그런 자현을 억지로 일으켜 세우려는 끝단.

자현	난 안 간다니까.
끝단	방구석에 틀어박혀 있는 거 지겹지두 않아요? 마님이 부르시잖아 요!
자현	보고 싶음 너나 가!
끝단	아씨가 안 가는데 제가 어떻게 가요! 가서 잠깐 앉았다만 와요! 마님이 걱정하신단 말이에요~
자현	나 이 책 다 읽어야 한단 말이야!
끝단	몇 날 며칠째 똑같은 책장인 거 다 알거든요? 까막눈이라구 그것 도 모를까 봐요!
자현	이거 안 놔!

결국 끝단에게 질질 끌려 나가는 자현.

S#56. 안방/마루/마당 (D)

안씨와 마님들, 다과 먹으며 수다 떨고 있고. 안방이 객석, 마루가 무대인 구조.
집안 하인들, 하녀들도 다 같이 마당에 구경 와 있다. 끝단이 자현을 억지로 끌
고 와 앉힌다.

안씨	(짐짓 인자하고 우아하게) 왔어, 우리 딸?
자현	......

쿠아앙~ 징 소리 울리고.

안씨	(금세 호들갑) 어머, 시작하나 부다! 쉿쉿! (일동 조용히 시키고)

마당에서 남자의 호쾌한 소리가 먼저 들리기 시작한다.

(소리)	때는 바야흐로 그 옛날 삼한시대! 고구려의 왕자 홍안이 백제에 숨어드는데! 왕자의 몸으로 적국의 여인 한주와 사랑에 빠지고 만다!

마님1	어머머~ 사랑에 빠졌대!
안씨	(기대되는) 남녀상열지사, 조오치~
마님2	(면피용 위엄을 차리며) 역사적 사실이래잖아요, 유익하네요.

서로 어깨를 때리며 기대감에 부푸는 마님들. 이때 마루에 오르며 모습을 드러내는 전기수, 얼굴에 남자탈을 썼다.

홍안	(연기 시작하는) 내 사랑 한주 낭자여! 그녀는 내가 이 나라 사람이 아닌 것도, 왕자의 몸인 것도 몰라. 떠나기 전에 그녀에게 진실을 말해야 하는데... 같이 가자고 하고 싶지만... 아, 나를 싫어하면 어쩌지? 나한테 등 돌리면 어쩌지?

사람들, 흥미진진하게 보고 있는데 관심 없던 자현, 집중하기 시작한다. 여자탈을 쓴 한주 역의 전기수 등장하고.

한주	(꾸며낸 여성톤으로) 도련님, 무엇을 고민하시나이까.
홍안	낭자, 낭자는 내가 무엇이어도, 어떤 사람이어도 그 마음이 변하지 않는가.
한주	이미 드린 마음, 제 것이 아니라 도련님의 것이옵니다.
홍안	내가 이 나라 사람이 아니어도?
한주	(과장된 놀라움을 표현하며) 도련님이 우리나라 사람이 아니라면, 허면 어느 땅의 사람입니까?
홍안	나는 백제가 아닌 고구려인이오.
한주	! 고구려 사람이 어찌 우리 땅에 왔단 말이오?
홍안	나는 평범한 백성이 아니라 고구려의 왕자, 백제의 비밀을 캐러 왔소.
한주	나를 속이다니! 거짓으로 다가와 사람을 농락하다니!
홍안	아니오, 낭자! 난 두려웠을 뿐이오. 진실을 말하기 전에 낭자를 사랑하게 되어, 두렵고 무서웠을 뿐이오.

자현, 파르르 떨려오고.

흥안을 밀어내는 한주. 다가가는 흥안. 두 사람의 실랑이가 계속되는 동안 자현을 스치고 가는 휘와의 추억들.

인서트) 2부 8씬. 화방에서 자현의 치마를 들추고 혀를 내밀던 휘.
　　　2부 69씬. 격구장 대기실에서 반라로 마주친 휘.
　　　3부 7씬. 휘의 상처를 묶어주던 자현.
　　　5부 2씬. 물에 빠진 자현을 구해준 휘.
　　　5부 10씬. 초막에서 젖은 몸으로 입 맞추던 휘와 자현.

자현, 지난 추억에 흔들리는데. 클라이맥스에서 안방으로 들어가 자현 앞에 털썩! 무릎을 꿇는 흥안 역 전기수. 사람들은 극의 일부분이라 생각하고 환호하며 여전히 빠져 있는데. 자현, 당황하고. 자현 앞에서 탈을 벗어젖히는 흥안. 잘생긴 맨 얼굴이 드러나면, 휘다! 자현, 놀라고.

휘	(간절한) 눈에 보이는 것을 믿지 말고 우리가 함께한 시간을 믿어주오. 처음 마주쳤을 때부터 내 가슴은 뛰었소. 무례한 나에게도 동정을 베푼 따뜻한 마음, 남장을 하고 배우러 나온 열정! 금지된 곳에도 가보고자 하는 호기심! 나를 믿고 죽음을 무릅쓴 용기!
자현	…… (미친 듯이 심장이 뛰고)
휘	그 모든 것이 당신이었고… 나는 밤이나 낮이나 당신 생각만 하는 그런 바보가 되어가오. 어느새 나는 당신 없이 살 수 없는… 그런 사람이 되었소.
자현	… (눈물이 그렁해지는데)
휘	나를, 따라와 주겠소?
자현	……

안씨와 마님들, 눈물 콧물 찍어내고. "따라가!" "간다 그래!" "내가 갈게!" 격한 호응들.

극 진행을 위해 뒤에서 한주가 대답한다.

한주	따라가겠습니다.
휘	(돌아보면)
한주	도련님, 아니 왕자님의 마음이 진심이라면 적국이 아니라 지옥이라도 가지요.
휘	(마루 무대로 돌아가며/시선은 계속 자현에게) 나를 믿어줄 수 있겠소?
한주	왕자님이 아니라 왕자님이 보여주신 사랑을 믿겠습니다. 왕자님의 이름과 신분은 이랬다저랬다... 오로지 그 하나뿐인 마음만 보겠사옵니다.
휘	가족을 버리고, 고향을 버리고... 온 백성의 미움을 받는 한이 있어도 나를 택하겠소?
한주	(허락의 뜻으로 달려가 안기는)

휘, 한주를 안는 연기하며 그 너머로 자현의 얼굴 바라본다. 손님들, 박수 치며 환호하고. 한주, 물러서면.

휘	용기 있는 백제 여인 한주는 사랑하는 님을 따라 고향을 떠나지만 훗날 고구려의 왕비가 되어 행복하게 살았답니다. 백제의 여인을 사랑했던 고구려의 안장왕, 흥안의 이야기였습니다.

휘와 한주, 손님들에게 인사하고. 손님들, 열화와 같은 성원을 보낸다. 끝단도 감동의 도가니인데! 자현, 박수도 못 치고 가만히 쳐다보는.

S#57. 마당 (D)

철수 준비를 하고 있는 휘와 전기수 일행들. 한주 역의 탈을 쓴 사람은 기특이었다. 아직 여장을 갈아입지 못했고.

휘	(초조한) 아직도 별채에서 기별이 없느냐?
기특	분명 감동은 먹은 거 같았는데... 왜 아무 소식이 없죠?
휘	(낭패스럽고) 이제 여기서 나가야 하는데... 오늘도 용서를 받지 못하면 또다시 기회는 없어...
기특	제가 한번 가볼까요?

하는데 우르르 몰려오는 마님들.

마님1   이보게들! 자네들 소속이 어딘가?

휘와 기특, 당황해서 보고.

마님2   다음 달이 우리 시어머니 생신인데 와서 이야기 좀 들려주게.
마님1   이거 왜 이래요? 내가 먼저거든요? (휘에게 돈부터 주려 하며) 얼마면
            돼? 내 선불 걸고 말지. 우리 손주 돌잔치가 있는데 낮에 한 번, 저
            녁에 한 번! 두 번만 해주면 될 거 같네.
마님2   난 조건이 있네. 탈은 안 쓰면 안 되나? 얼굴들이 이리 잘생겼는
            데 흉측한 탈로 가릴 게 뭐야?
마님1   하여간에 정부인은 예술을 몰라. 남자들끼리 여자 역할두 할래니
            깐 그런 거잖아.
마님2   난 여자역 필요 없네. 남자들만 잔뜩 나오는, 그런 얘기 없는가?

난감하게 선 휘와 기특인데...

S#58. 대문 앞 (D)

대문가를 나서는 휘와 기특. 아쉬움과 미련에 쉽사리 발길을 옮기지 못하는 휘.

기특   마마, 너무 실망하지 마시어요. 어느 정도 아씨 마음이 녹은 거 같
           으니까 내일 다시 서찰이라도 써서...

멋어 있는 휘. 기특, 휘의 시선 따라가 보면 저 앞에 서 있는 여인 하나. 쓰고 있
던 쓰개치마를 내리면, 미리 나와 기다리고 있던 자현이다. 휘의 얼굴, 환희로
차오르고.

S#59. 동네 일각 (D)

휘, 자현을 안타까이 본다.

휘	왜 이리 여위었소.
자현	도련님도... 아니 마마도 여위셨습니다.
휘	미안하오.
자현	......
휘	처음에는... 밝힐 이유가 없었고, 나중에는... 낭자가 계속 왕족이 싫다 하니... 차마 말을 꺼내기가 어려웠소. 얘기해야지, 해야지... 차일피일 미루다... 낭자가 먼저 알게 된 것이오.
자현	(놀려보는) 전기수 노릇은 언제부터 하셨습니까?
휘	(화끈)
자현	마마가 한주 역을 하지 그러셨어요~ 여장도 잘 어울렸을 텐데.
휘	나를, 용서해주는 것이오?
자현	용서는 못 합니다.
휘	낭자!
자현	하지만... 이해는 할 수 있을 거 같아요.
휘	용서받지 못해도 좋소. 평생을 곁에서 속죄하게 해주시오.
자현	!
휘	손잡고 입도 맞췄는데, 그럼 아무 일도 없었던 척 다른 사내에게 시집가려 하셨소?
자현	(기겁을 하는) 마마!
휘	낭자는 이미 내 사람이오.
자현	! (수줍고 당황하여 외면하면)
휘	(자현의 고개를 돌려 눈을 맞추며) 사람들은 나를 대군이라 치켜세우지만... 나는 그 무엇도 될 수 없고... 아무것도 아닌 사람이오.
자현	......
휘	나는... 그저 누군가의 지아비로, 정인으로... 그렇게 살아가는 것만 허락된 사람이오.
자현	... (눈물이 차오르고)
휘	그래서... 어른들이 정해주는 혼사 말고, 내가 만드는 인연을 원했소.
자현	(알 것 같다/끄덕이는)
휘	자현...
자현	... 네...
휘	서로의 이름을 부르며... 대등한 반쪽으로... 그리 살아갑시다.

자현	?!
휘	동무 같은 정인으로, 그렇게.
자현	... 네.
휘	내 이름을 불러주시오.
자현	...
휘	내 이름은 알지 않소?
자현	(웃음 터뜨리고) 휘.
휘	(같이 웃는)
자현	휘... 휘...
휘	(벅찬데)
자현	마마의 이름을 부르면... 휘파람 소리가 나요.
휘	......
자현	......
휘	맹세하겠소.
자현	(보면)
휘	평생, 그대를 지키겠다고. 오롯이 당신만을 사랑하겠다고.
자현	......

휘, 자현에게 입 맞춘다. 카메라 점점 멀어지면 풍경 속에 박히는 어린 연인들!

S#60. 자현의 집 전경 (N)

S#61. 동/사랑채/성억의 처소 (N)

책을 읽고 있는 성억, 밖에서 안씨가 기척을 낸다.

안씨(E)	대감! 접니다.
성억	(책에서 눈길 안 떼며) 들어오세요.

뜨거운 물그릇과 면포를 담아 들어오는 안씨. 그제야 고개 들고 보는 성억.

안씨	오늘 밤, 피곤하신 듯하여 찜질을 준비했습니다.
성억	아랫것들 시키면 될 일을 부인이 굳이...

안씨	(성억 뒤로 가서 어깨부터 주무르는) 저두 뭔가 대감을 위해 하는 게 있어야지요. 맨날 받기만 해서야 쓰나요~
성억	(영문을 모르겠고)
안씨	(다시 떠올려도 좋기만 한) 오늘... 참... 좋습니다. 그간 부부 사이가 소원해 서운했는데 이제야 대감의 진심을 알았지 뭡니까?
성억	? (갑자기 왜)
안씨	(남편이 불러준 줄 안다) 아까 낮에 전기수가 들려주는 사랑 이야기에 어찌나 설레던지.
성억	(영문도 모르고) 부인께서 그리 즐거웠다니 종종 불러서 소일거리로 삼으시오.
안씨	노름보다(생각해보니 그건 아닌 거 같고), 아니 노름만큼 짜릿합니다.
성억	(뒤돌아 노려보고)
안씨	(눙치는) 말이 그렇다고.
성억	......
안씨	(슬쩍 성억의 옷고름 풀어내리는데)
성억	(기겁을 하고) 왜 이러는 게요!
안씨	아니, 찜질을 하려면 맨살에 해야 효과가 있는 거예요.
성억	(놀라 말 더듬는) 부... 부인! 체... 체통을 지키시오!
안씨	체통은 낮에 지키고, 지금은 부부간에 운우지정을 즐기십시다~
성억	(거부하는) 부인! (억지로 책에 눈길 주며 진땀 빼는) 오늘 밤 안으로 읽어야 할 게 있소!
안씨	(서책 던져버리고 성억의 손에 자기 옷고름 쥐여주며) 그놈의 책 말고 소첩의 마음이나 좀 읽어주시어요.
성억	(당황하면)

촛불 훅! 불어 끄는 안씨.

S#62. 국경지대 (N)

언덕 뒤에 숨어 있는 여진족들. 경계 중인 조선 병사가 지나가면 우와! 함성을 지르며 올라오는 여진족들! 호전적인 성질을 유감없이 드러내며 민가를 향해 몰려 내려간다. 어, 놀라서 도망가는 조선 병사! 돌격하는 여진족들!

멀리서 이를 지켜본 첨사,[4] 명을 내린다.

첨사   봉화를 올려라! 전군은 대응하고! 도성에 전령을 보내라!

각자의 임무대로 흩어지는 병사들!

S#63. 대군저 앞 (다른 날 D)

어을운이 돌아왔다. 덥수룩한 수염과 남루해진 입성이 그간의 고생을 말해주는. 안으로 드는데.

S#64. 동/강의 처소 (D)

강과 양안대군 앞에 엎드려 절하는 어을운.

강   (수하의 안위부터 챙기는) 다친 곳은 없느냐.
어을운   (있지만) 대수롭지 않습니다.
양안대군   갔던 일은 어찌 되었느냐?
어을운   쉰네가 오는 사이 일은 시작되었을 것입니다. 곧 전장의 소식이 도착하지 싶습니다.
강   (정말로 저질러버렸구나/긴장하며 양안대군 보는데)
양안대군   (걱정 말라 끄덕이고) 그쪽에서 원한 것이 있을 터인데?
어을운   (옷 속에 붙여둔 천을 찢어 비밀 서찰 꺼내는/강에게 바친다)

강, 보고 양안대군에게 넘긴다.

양안대군   욕심이 과하구만.
강   달라는 대로, 넘치게 주십시오.
양안대군   (보면)
강   조금이라도 서운함이 남거나 원한이 생기게 해서는 안 됩니다. 철

---

4) 조선 시대 서반(西班) 종3품 무관 직명. 각 지방 제진(諸鎭)을 지휘하는 거진(巨鎭)의 최고 지휘관이다.

	저히 우리의 편이어야 합니다.
양안대군	곡식과 재물이야 넘겨줄 수 있다고 해도 영토는 쉽게 답할 문제가 아닌데...
강	일단은 주겠다고 하는 겁니다.
양안대군	!
강	신라의 김유신도... 삼국을 통일할 때는 당나라와 연합했지만, 목적을 이루고 난 뒤에는 당을 적으로 돌렸지요.
양안대군	(빙긋 웃으며 감탄하는)
강	오랑캐쯤이야... 나중에 눌러버리면 되는 거 아니겠습니까.
양안대군	조카님 말대로 나중 일은 나중에 생각하세. 뜻을 이루고 나면, 또 새로운 길이 열리겠지.
강	......

S#65. 동 앞 (D)

부들이 편에 다과상을 들려 들어가려던 나겸, 방 안의 대화를 듣고 선.

S#66. 궁 일각 (D)

도승지 심정이 장계를 들고 뛰고 있다.

S#67. 대비전 (D)

대비 심씨 앞에 앉은 휘.

대비 심씨	무슨 좋은 일이 있느냐? 요사이 얼굴이 반쪽이 되어 걱정했더니 오늘은 전에 없이 낯빛이 환하구나.
휘	어마마마께 청이 있사옵니다.
대비 심씨	(보면)
휘	언젠가 소자의 배필은 스스로 정하게 해달라 말씀드린 적이 있사온데... 실은 마음에 둔 규수가 있습니다.
대비 심씨	(놀라는) 뭐라?
휘	교태전에도 새 주인이 생기고 형님도 장가를 들었으니... 이제 소

	자도 짝을 맞아 일가를 이루고 싶사옵니다.
대비 심씨	안 그래도 네 신붓감을 찾고는 있었다. 마음에 두었다는 처자가 누구냐?
휘	홍문관 대제학 성억의 여식입니다.
대비 심씨	그 집에 딸이 있었느냐?
휘	예.
대비 심씨	네가 그 댁 여식을 어찌 알고?
휘	(대강 둘러대는) 대제학의 아들과 같이 격구를 하는 사이지요. 형님과 함께 그 집에 드나들며... 본 적이 있사옵니다.
대비 심씨	한두 번 보고 장가들 마음이 들었단 말이냐?
휘	마음이 따뜻하고 용기 있는, 강단 있는 사람입니다. 그림에 뜻이 있어 함께 시서화를 나누며 살아가면 족할 것 같아...
대비 심씨	불러다 선을 한번 보아야겠구나.
휘	......

S#68. 교태전/복도 (D)

중전 김씨와 함께 아기를 어르고 있는 주상. 얼굴은 파리하나 행복해 보이는.

주상	신기합니다.
중전 김씨	(보면)
주상	너무 작은데... 모든 게 다 있어요. 눈코입, 얼굴, 손발, 팔다리... 어찌 이리 작은지 신기하기만 합니다.
중전 김씨	(웃으며) 큰일 날 소리 마십시오, 전하. 작다고 뭐 하나라도 빠지면 어찌 되겠습니까. 있을 건 다 있어야지요.
주상	(아기에게) 무럭무럭 자라야 한다.
중전 김씨	(흐뭇하게 보고)
주상	어서 빨리 자라서 원자도 되고 세자도 되고... 과인보다 훌륭한 성군이 되어야지.
중전 김씨	전하께서 강건하셔야 합니다.
주상	... 그래야지요. 내가 우리 아들 곁에 오래오래 있어야... 그래야 이 왕실이 평안할 것이오.
중전 김씨	... (우려가 남는)

밖에서 대전지밀이 고한다.

대전지밀(소리) (다급한) 전하, 도승지 심정 들었사옵니다.

주상과 중전 김씨, 시선 마주치는. 내전에 든 왕을 찾았다? 뭔가 불길한데.

주상　　　　무슨 일이냐?
심정(소리)　　전하! 파저강 유역의 여진족들이 국경을 넘었다 하옵니다!
주상　　　　! (아기 넘기고 급히 일어나는)
중전 김씨　　(당황하며 아기를 받아 안고)

문을 열어젖히는 주상! 조아리는 도승지.

주상　　　　(진노한) 오랑캐들이 또 노략질을 한단 말이냐!

S#69. 대비전 （D）

대비 심씨, 휘와 이야기하고 있다.

휘　　　　　간택령을 내리고 백성들을 번거롭게 하는 형식과 절차들은 피하
　　　　　　　고 싶사옵니다.
대비 심씨　　모녀를 궁으로 불러 그 딸의 됨됨이를 보도록 하겠다.
휘　　　　　마음에 드실 것이옵니다.
대비 심씨　　아직 허락한 것은 아니야.
휘　　　　　……

밖에서 장상궁이 고하는.

장상궁(소리)　마마!
대비 심씨　　무슨 일이냐?

문 열리고 장상궁 들어와 엎드리는.

장상궁	아무래도 북방에 변고가 생긴 것 같사옵니다. 도승지가 어전에 장계를 올렸다 하옵니다.
대비 심씨	(놀라는) 변고라니? 오랑캐들이 또 준동을 했더란 말이냐!
휘	(긴장하며) 소자가 가서 알아보고 오겠사옵니다.
대비 심씨	(걱정되고)

나가는 휘.

S#70. 궁 일각 (D)

편전으로 걸음을 옮기고 있는 주상. 따르며 보고 계속하는 도승지 심정.

심정	단순한 노략질 수준이 아니라 하옵니다. 민가를 태우고 백성들을 잡아가며 우리 병사들과 대치 중이옵니다.
주상	! (다급한) 조정 대신들을 불러 모으라! 초패를 돌리고 종친들도 들게 하라!
심정	예! 전하!

심정과 나인들, 따르는데. 맞은편에서 휘가 오고. 가다가 핑 도는 주상. 몇 걸음 가다 푹 쓰러지는. 전하! 경악하며 달려드는 심정! 대전지밀과 나인들!

휘	(놀라서) 전하!

주상에게 달려가는 휘! 의식을 잃고 쓰러져 있는 주상! 전하! 형을 안아 드는 휘의 얼굴에서 엔딩!

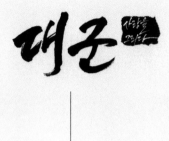

6부

S#1. 궁 일각 (D) - 5부 엔딩에 이어

편전으로 걸음을 옮기고 있는 주상. 따르며 보고 계속하는 도승지 심정.

심정　　　단순한 노략질 수준이 아니라 하옵니다. 민가를 태우고 백성들을
　　　　　잡아가며 우리 병사들과 대치 중이옵니다.
주상　　　! (다급한) 조정 대신들을 불러 모으라! 초패를 돌리고 종친들도 들
　　　　　게 하라!
심정　　　예! 전하!

심정과 나인들, 따르는데. 맞은편에서 휘가 오고. 가다가 핑 도는 주상. 몇 걸음
가다 푹 쓰러지는. 전하! 경악하며 달려드는 심정! 대전지밀과 나인들!

휘　　　　(놀라서) 전하!

주상에게 달려가는 휘! 의식을 잃고 쓰러져 있는 주상! 전하! 소리치며 형을 안
아 드는 휘!

휘　　　　전하! 왜 이러십니까! (나인들에게 악쓰는) 어의를 불러라! 뭣들 하느
　　　　　냐! 어서!

달려가는 내관. 걱정스레 주상을 보는 휘.

S#2. 대비전 (D)

장상궁, 대비 심씨 앞에 엎드려 다급히 고한다.

장상궁　　마마! 어서 강녕전으로 가보셔야겠습니다! 전하께서 쓰러지셨다
　　　　　하옵니다!
대비 심씨　! 무어라? (경악하는/벌떡 일어난다)

장상궁, 일어나 문 열고. 다급히 나가는 대비 심씨.

S#3. 궁 일각 (D)

다급히 가는 대비 심씨. 따르는 장상궁과 나인들, 다들 표정 무겁고.

S#4. 강녕전 (D)

어의가 주상을 진맥하고 있다. 걱정 가득, 옆에서 지켜보는 휘. 밖에서 상선이 고한다.

상선(소리)   대비마마 드셨사옵니다.

휘, 일어나 대비를 맞이하고. 문이 열리고, 대비가 들어온다.

휘   어마마마...
대비 심씨   (주상에게 다가들며) 어찌 된 일이냐!
휘   ... (자리 찾아 앉으면)
어의   (진맥하던 손 놓고) 충격을 받아 평소의 심병이 도지신 것이옵니다! 이 병이 원래 겨울에 안 좋습니다.
대비 심씨   !
휘   의식은 언제쯤 돌아오시겠는가?
대비 심씨   (어의를 보면)
어의   침을 놓아 위기는 넘겼사오니 곧 탕제를 마련하여 기력을 회복하시도록 하겠사옵니다.
대비 심씨   하루빨리 떨치고 일어나야 하네. 북방의 변고로 정세가 다급한데! 주상이 이리 누워 있을 수는 없어!
휘   ... (안타깝고)

S#5. 대군저 앞 (N)

자준이 달려 들어간다.

S#6. 강의 처소 (N)

자준이 양안대군과 강에게 주상이 쓰러진 소식을 전했다.

양안대군	주상이 의식이 없다고?
강	(긴장하는) 위독한 것입니까?
자준	어의들이 모두 매달려 있다 하옵니다.
강	(백부를 쳐다보면)
양안대군	(흥분이 오르고) 하늘이 돕고 있음이야. 천명은, 우리 조카님께 있네.
강	(상황을 되뇌어보는) 위에서는 오랑캐가 난린데 왕이 쓰러졌다...
양안대군	대비가 대신 나선다 해도 사안이 전쟁일세. 아녀자가 이래라저래라 할 수 있는 일이 아니야.
자준	하오면...
양안대군	국난에 대처할 수 있는 강력한 존재가 절실하지.
강	서둘러주십시오! 신료들로 하여금 총공세를 펼치게 하세요!
양안대군	(자신 있는) 걱정 마시게나.
강	......

S#7. 빈청 (다음 날 D)

대신들이 모여 대책회의하고 있다.

박부경	전하께서 쓰러진 이때, 북방에서는 여진족이 기승을 부리고 있소! 중단된 세제 책봉 논의를 다시 시작하여 비상시국을 헤쳐 나갈 국론을 모아야 합니다!
김추	어서 나가 오랑캐나 막을 일이지 세제 책봉이 무슨 망발이오!
정연	지금 우리 백성들이 죽어나가고 있는데! 전하도 없이 대책회의를 하고 있는 판국이오! 이래서야 무슨 일이 되겠소이까! 정벌군은 누가 이끌 것이며! 병사들을 위로 올리면 남으로 왜구의 노략질은 또 누가 지킨단 말이오!
김추	(경험이 나오는) 정벌의 때를 놓치면 백성들이 굶주리며 겨울을 나게 됩니다! 한시바삐 군사를 보내야 합니다!
박부경	허면 좌상이 가시오! 우리 중에 군사 경험은 제일 아니오! 어차피

북방은 좌상께서 십수년을 보내며 넓혀놓은 국경선이니 다시 가서 지켜주시오.

김추   !

성억   험지에서 고생하다 지병과 부상을 얻어 돌아온 노신을 다시 보낼 수는 없습니다. 대규모 정벌전을 일으키는 것도 백성들의 고단함이 따르니 회유조로 식량을 내어주고 우리의 피해를 최소화하는 것이 좋겠소.

김추   그 정도로 만족할 야인들이 아닙니다. 강경책을 써야 해요.

도연수   (걱정 많은) 전하가 저리 누워계신데, 험로를 자원할 신하가 누가 있을지...

신하들, 서로 눈치만 보고.

박부경   이러니 세세가 필요하다는 겁니다! 이런 위급한 때에 대책이 안 나오지 않습니까!

심정   여기서 신하들끼리 이럴 일이 아닙니다! 전하 대신 대비마마를 모시고 논의를 해야.

김추   (탁자를 쾅!) 내가 가리다!

성억   (만류하는) 대감!

김추   (자리를 박차고 나가는) 다들 문약한 책상물림들뿐이니 비록 늙은 몸이나마 끌고 나가 야인들을 소탕하고 오리다!

박부경과 정연, 잘됐다 싶고. 성억과 심정, 참담한데...

S#8. 동 앞 (D)

절뚝 걸음으로 박차고 나오는 김추. 밖에서 기다리며 듣고 있던 아들 관이 만류한다.

김관   안 됩니다, 아버님!

김추   썩어빠진 간신들 같으니라구! 백성들이 위기에 처했으면 당장 구할 생각부터 해야지, 국난을 기회 삼아 잇속을 챙기려 들다니!

김관   통증에 밤잠을 이루지 못하시면서 원정이라니요! 중전마마와 원

자 아기씨를 위해 버티고 계신 것이지 진즉에 사임하셨어야 하는
데... 원정길은 절대 불가합니다!

김추   가다가 죽는 한이 있어도! 이 김추가 물러서지는 않는다.

김관   아버님!

김추   네 말대로 중전마마와 원자 아기씨가 있지 않느냐. 두 분을 위해
        아비가 할 일을 해야지. (절뚝이며 가고)

김관   ...... (따라가며 미치겠는데)

S#9. 성균관 마당 (D)

성균관에 모여든 유생들. 대표가 상소를 읽는다.

유생 대표   북방의 오랑캐들이 준동을 하고 전하의 환후가 깊어지신 이때에
         국본이 정해지지 않아 국론이 통일되지 못하고 나라의 중요한 결
         정들이 제대로 이루어지지 않으니.

다른 목소리로 상소의 내용 이어지는.

S#10. 경복궁 앞 (D)

종친들이 모여 시위 중이다. 상소문을 읽고 있는 초로의 종친.

종친   백성들은 하루하루 불안에 떨며 하늘만 쳐다보고 있사옵니다. 이
        에 종친들은 구경만 하고 있을 수가 없어 뜻을 모아 상소를 올리
        오니...

뒤에서 구경하고 있는 양안대군. 회심의 미소를 띠고.

S#11. 내약방 (D)

내의녀들이 약을 달이고 있다. 어의에게 약재에 관한 설명을 들으며 어전에 올
릴 탕제를 준비하고 있는 휘.

어의	인삼과 맥문동, 오미자, 원지, 복신, 생지황, 석창포를 넣어 성심산을 달이고 있사옵니다.
휘	이거면 전하께서 기력을 찾으실 수 있겠는가?
어의	전하의 심병은 오래된 것이옵니다. 약보다는... 마음이 평안해야 차도가 있을 것이옵니다.
휘	그 자리가 어디 맘이 편할 수 있는 자리던가.
어의	(고개 숙이고)
휘	... (한숨 쉬는데)

S#12. 강녕전 (D)

누워 있는 주상. 병간하는 대비 앞에 엎드려 눈물 흘리며 읍소하는 중전 김씨.

중전 김씨	어마마마! 소첩의 아비는 아니 되옵니다. 옛날의 대장군이 아니십니다! 병들고 지친 몸으로 그 먼 길을 어찌 가며, 이제 눈멀고 귀먹어 화살도 맞히지 못하는데, 전쟁터에서 무슨 공을 세우겠습니까!
대비 심씨	(안타깝지만) 좌상만큼 정벌의 경험이 많은 신하가 없으니...
중전 김씨	신하가 어찌 제 아비 하나뿐이겠습니까! 소첩의 아비를 객사하게 하지 마시고, 부디 지난날의 공을 생각하시어... (말을 잇지 못하는데)

주상, 힘없는 손을 들어 대비를 잡는다.

대비 심씨	주상!
주상	(기력이 없어 말은 못 꺼내고... 그저 대비를 쳐다보는. 중전의 청을 들어달라는)
대비 심씨	(알아듣고/주상의 손을 맞잡는데)
중전 김씨	(보고 있자니 새삼 서럽고) 전하... (터지는)

S#13. 경복궁 앞/동 안 일각 (D)

세제 책봉 시위를 벌이고 있는 유생들과 종친들. 그 수가 불어나 있다.

일각에서 이를 지켜보고 있는 강, 기대에 찬다.

S#14. 대군저/안방 (D)

나겸, 자준을 불러왔다.

나겸	대군마마께서 백부님과 뭔가 큰일을 도모하시는 듯한데... 혹여 오라버니께서 아는 게 있으신지...
자준	... (머뭇거리면)
나겸	부부는 일심동체라 하지 않습니까? 나라가 안팎으로 어지러운 이 때, 전후사정을 모르고 어찌 제대로 된 내조를 할 수 있겠어요.
자준	......
나겸	왕실로 시집오며 이미 각오한 바가 있습니다. 오라버니와 함께 마마를 도와 대업을 이뤄보겠다고... 집 안에 앉아 세상 돌아가는 일은 하나도 모르는 부엌데기가 되지는 않을 것입니다.
자준	원자가 자라기 전에 세제위에 앉으시려는 거야.
나겸	세제요? (말 된다)
자준	원자는 아직 어린데 전하는 병환 중에 계시니... 세제가 되면, 전하의 뒤를 이어 장차 조선의 왕이 되신다!
나겸	(벅차고)
자준	그리만 된다면... 우리 집안에서두 국모가 나는 것이지.
나겸	!

S#15. 대비전 (N)

대비 심씨 앞에 앉은 도승지 심정.

대비 심씨	(이가 갈리는) 저들의 뜻대로 세제를 세웁시다.
심정	(놀라서) 마마!
대비 심씨	대군을 불러오세요.
심정	아니 되옵니다 마마!
대비 심씨	버티면 버틸수록, 백성들의 고초는 심해지고... 왕자의 앞길이 더욱 힘들어집니다.
심정	훗날을 어찌 감당하시려구요!
대비 심씨	감당할 만한 사람을 세워야겠지요.

심정	?!

S#16. 대비전 전경 (다음 날 D)

S#17. 동 안 (D)

휘가 대비 앞에 불려와 있다. 문가에 장상궁 서 있고.

대비 심씨	지금 성균관의 유생들이 권당을 하고 종친들이 모두 편전 앞으로 몰려나온 것을 아느냐.
휘	천부당만부당한 일인 줄 아옵니다. 전하를 걱정하고 나라를 생각한다면 그럴 수는 없음이옵니다.
대비 심씨	이 모든 것이 국본이 정해지지 않아 생긴 일이다.
휘	허나 세월이 필요한 일 아닙니까. 원자가 자라 세자가 되려면...
대비 심씨	그들이 원하는 것은 원자가 아니야. 돌배기도 안 된 갓난아이가 조선의 운명을 짊어지고 갈 수는 없다는 게지.
휘	!
대비 심씨	네가, 세제가 되어주어야겠다. ...각오가 되었느냐?
휘	(믿기지 않는) 어마마마! 이 무슨... 세제라니요! 소자가 왜요!
대비 심씨	너여야 한다.
휘	어마마마!
대비 심씨	늬 형은 아니 된다. 네가 받거라.
휘	(분이 터지는) 태어나 말귀를 알아듣던 순간부터! 걸음마를 시작하자마자! 귀에 못이 박히게 들었던 것이 '보위를 탐내지 말라'였습니다! 보위는 오로지 형님의 것이라며! 그런데 이제 와 세제를 운운하심은! 지난 세월을 모두 부정하시는 처삽니다!
대비 심씨	원자가 자랄 때까지 너에게 잠시 동궁을 맡겨두고자 함이야.
휘	(기가 차고) 허면 그다음에는 어찌 되는 것입니까. 조카의 자리를 탐냈다는 오명 속에 소자의 삶은 어찌 되는 것입니까!
대비 심씨	! (미처 거기까지 생각 못했고)
휘	왕실 정치에 소자를 끌어들이지 마십시오! 소자는! 주어진 운명대로 혼례하고 궁을 나가 조용히 살 것입니다.
대비 심씨	...... (예상치 못한 반발에 당황한)

S#18. 동 앞 (D)

굳은 얼굴로 나오는 휘. 따르는 기특.

기특   대비마마께서 뭐라세요? 전하의 병환으로 마마의 혼례를 미루신
            대요?
휘   무슨 일이 있어도 밀어붙일 것이다.
기특   ?! (걱정되는데)

단호하게 걸어가는 휘.

S#19. 대비전 안 (D)

장상궁, 대비 심씨를 위로한다.

장상궁   은성대군이 받아들일 시간을 주시옵소서. 효심 깊고, 충심 높은
            아드님이니 곧 마마의 뜻을 따를 것이옵니다.
대비 심씨   시간이 없네.
장상궁   ... (그렇긴 한데)
대비 심씨   은성이 원하는 것은 따로 있으니... 그 아이가 원하는 패로 거래를
            할 수밖에.
장상궁   ... (무슨 생각인가 싶어 보고)
대비 심씨   대제학의 여식을 들라 이르게.
장상궁   (만류하는) 마마, 전하께서 환후 중에 계신데 왕실에 새 사람을 들
            이기에는 때가 적당치 않사옵니다.
대비 심씨   은성을 움직일 수 있는 패는 그것뿐일세.
장상궁   ......

S#20. 신당 전경 (D)

S#21. 신당 (D)

제단 위에 제물을 하나씩 놓는 나겸. 천지신명 신주, 향불, 붉은 액체가 담긴 그

릇, 문서.

강이 든다.

강   무슨 일이오, 부인? 여기는 왜... (하다가 제단 보고)
나겸   (강에게 절 올리는) 소첩이 마마께 올리는 충성맹약입니다.
강   (별 감흥 없고) 혼전에 휘두른 은장도로는 성에 안 차시오? 이건 또
        무슨 난리요!
나겸   (문서 바치고)
강   (마지못해 받아 읽는/표정 서서히 변하고)
나겸   (맹세하는) 진양대군의 처 윤나겸은 감히 황천(皇天)의 상제(上帝)와
        종묘(宗廟) 사직(社稷)과 산천(山川)의 여러 신령(神靈)에게 고(告)합
        니다. 소첩은 지아비를 도와 대업을 이루는 데 보탬이 되려 하니...
        충성으로 서로 믿고 은애(恩愛)로 서로 좋아하고, 친애하기를 골
        육(骨肉)같이 하고, 군건하기를 금석(金石)같이 할 것입니다.

나겸, 사발에 든 피를 마신다. 나겸의 입가로 뚝뚝 떨어지는 붉은 피. 어느 정도
마시고 사발 내려놓은 채 입가를 닦는 나겸.

강, 뚫어지게 본다.

나겸   소첩은 오늘부터 마마의 조강지처가 아니라! 신하입니다.
강   !
나겸   춘추전국시대부터 주군에 대한 충성을 맹세하고 동물의 피를 나
        눠 마시면 피를 나눈 형제가 되었다지요?
강   ......
나겸   아무것도 모르고 사랑받는 아내가 되기보다, 마마를 중심으로 모
        시는 신하가 되고자 합니다. 마마의 하시는 일에... 친정의 명운을
        걸고! 소첩의 목숨을 바칠 것이옵니다.

제단으로 걸어가는 강, 남아 있는 피를 단숨에 마신다.

나겸   !

강	오늘이 부인과 나의 진짜 혼례일이군.
나겸	!!

다가와 나겸에게 입 맞추는 강. 피를 나눈 부부의 기묘한 의식이다.

S#22. 자현의 집/자현의 처소 (다른 날 D)

횃대에 죽 걸려 있는 빛깔 고운 한복들. 자현이 궁에 입고 갈 의상을 고르는 중이다. 자현에게 옷 입혀놓고 주변을 돌며 검사 중인 안씨. 끝단이 시중들고 있다.

끝단	이 정도면 괜찮지 않아요, 마님?
안씨	(성에 차지 않는다. 고개를 저으며) 아니야... 좀 더 화려한 게 좋겠어. (횃대에서 가장 화려한 옷으로 골라내며) 이걸루 입어봐.
자현	(지쳐서) 벌써 다섯 번째예요. 입궁하기도 전에 옷 입다 지치겠어요.
안씨	지금 들어갈 자리가 보통 자리야? 대비마마 앞에 선보이는 자리야! 이번에 밉보이면 넌 평생 처녀귀신 되는 거라구!
자현	(옷 벗어버리며) 그러니까 이런 건 안 된다구요! (가장 검소한 옷으로 골라 들면서) 어머니 같으면 며느리가 사치하는 게 좋겠수, 검소한 게 좋겠수!
안씨	나? 난 그냥 나한테 잘하는 며느리.
자현	(어련하시겠어) 어머니두 소박하구 품위 있게 하구 가세요. 금가락지 옥가락지 다 떼구!
안씨	(빈정 상하는) 그래, 니 에미는 잘난 너하구 달라서 생각도 짧고 사치만 한다! 그러는 너 혼자 가! 가서 니 혼자 점수 따봐!
자현	어머니, 그게 아니구요...
안씨	어찌 이리 에미 맘을 몰라! 어려운 자리에서 기죽을까 봐 옷이라도 힘줘볼라 했더니. 어디 니 맘대루 해!

박차고 나가는 시늉하는 안씨. 아무도 안 잡는다, 미련 남아 돌아보면. 자기가 고른 옷으로 입고 있는 자현. 안씨, 열 팍! 받고!

S#23. 대군저/강의 처소 (D)

양안대군과 강 앞에 자준이 불려와 있다.

자준	(놀라서) 내금위 종사관이요?
양안대군	승진의 폭이 갑자기 커지면 오히려 처신하기가 힘든 법이야. 이번에는 이 정도로 하고, 아쉽지만 후일을 기약하세.
자준	(감격한) 아닙니다, 마마! 아버님을 일찍 여읜 터라 음서로도 미관말직밖에 못 얻었는데, 두 분 덕에 오늘 같은 광영을 입었사옵니다.
강	형님이 자리를 잡아야 합니다.
자준	(보면)
강	그래야 저를 크게 도와주실 수가 있어요.
자준	무엇이든, 명만 내리십시오!
강	(돈과 금은이 든 상자를 밀어주며) 지위가 높아지면 쓸 일도 많아지는 법이지요. 용채나 하십시오.
자준	! (눈 커지는)
양안대군	아끼지 마시게. 매월 목돈을 쥐여줄 것이니 시정잡배들, 하급무관들에게 아낌없이 쓰고 인심을 얻어.
자준	! (알아듣고) 염려 마십시오. 말 한마디면 달려올 장정들이 수백은 됩니다.
강	수백으로 아니 됩니다.
자준	(긴장하고)
강	때가 되면 수천도 모자랄 것이에요.
양안대군	(흥분이 오르고)

밖에서 나겸이 외출을 고한다.

나겸(소리)	마마! 소첩, 궁에 다녀올까 합니다.
강	(고개 들고)

S#24. 동 앞 (D)

문 열리고 강이 내다본다. 입궁 준비 마친 나겸이 부들이를 데리고 서 있다.

나겸	더 필요한 게 없으시면, 지금 나가볼까 하구요.
강	궁에는 무슨 일로?
나겸	어마마마께서 은성대군의 신붓감을 봐달라고 하셔서요.
강	! 신부 후보가 누구요?
나겸	제 동무인 대제학 성대감 댁 여식입니다.
강	(태연한 척 묻는) 어마마마께서 대제학의 집안을 낙점한 것이오?
나겸	은성대군께서 먼저 청하셨다 하더이다.
강	...... (갑자기 나서는) 데려다주겠소. 마침 나도 궁에 볼일이 있으니.
나겸	! (기쁘고)

S#25. 경복궁 전경 (D)

S#26. 궁 일각 (D)

장상궁의 안내에 대비전으로 향하는 안씨와 자현 모녀. 휘가 사는 전각은 어디쯤일까 둘러보는 자현. 그런 자현의 고개를 한 손으로 바로잡아 주는 안씨. 집에서와 달리 더없이 품위가 넘치는 고고한 자태다.

일각에서 보고 선 휘, 자현의 입궁에 안도하는데. 맞은편 일각에서 노려보고 있는 강의 모습! 두 남자, 각기 다른 눈길로 자현의 뒤를 쫓는데...

S#27. 대비전 안 (D)

대비 심씨 옆에 곡좌한 중전 김씨와 나겸. 그 앞에 안씨와 자현이 앉아 있다. 자현, 나겸 보고 반가워 미소 짓는데. 나겸, 별 아는 척하지 않고. 자현, 무안해진다.

대비 심씨	그래, 우리 군부인과 둘도 없는 동무라고?
자현	(얘기 나와서 기쁜) 네, 마마. 나겸...(실수다) 군부인은 매사에 바르고 모범이 되어 배울 게 많은, 언니 같은 벗입니다.

나겸	... 신부수업을 같이 했사옵니다, 마마.
대비 심씨	같이 배우던 동무가 왕실의 식구가 되니 부러웠더냐.
자현	군부인의 지체가 부럽지는 않았사옵니다.
나겸	!
중전 김씨	(흥미로운) 허면, 무엇이 부럽든가요?
자현	온 마음을 다 바칠 수 있는 지아비를 만난 것이 부러웠습니다. 군부인은 부군을 진심으로 섬기고 존경하니까요.

끄덕이는 대비와 중전. 안씨는 혹여 실수라도 할까 자현의 대답이 아슬아슬하고. 나겸, 자기를 빗대어 점수를 얻어 가는 자현에게 시기심이 생기는.

대비 심씨	(나겸에게) 어리석은 질문을 하나 하겠다.
나겸	(긴장해서 보면)
대비 심씨	부모와 지아비가 물에 빠지면 누굴 먼저 구하겠느냐?
나겸	(망설일 것도 없이) 당연히 늙으신 부모님을 먼저 구해야지요.
대비 심씨	... (자현에게) 너라면 어찌하겠느냐.
자현	지아비를 먼저 구하겠습니다.

다들 놀라서 보고.

안씨	(당황해서 꼬집는) 송구하옵니다, 대비마마. 가르침이 부족하여 물색없는 답이 나왔습니다. 부디 용서하시고.
대비 심씨	(OL) 이유가 무엇이냐?
자현	부모의 사랑은... 자식을 희생시키고 살아남기를 원하지 않을 것이라 여겨지옵니다. 부모가 원하는 것을 행하는 삶, 그것이 효라 생각하옵니다.
중전 김씨	(감탄하고)
나겸	... (심사가 꼬이는)
대비 심씨	(의미심장한) 무슨 일이 있어도, 지아비를 지키겠느냐?
자현	서로를 지키며 살아갈 것이옵니다.
대비 심씨	......

S#28. 대비전 앞 (D)

나겸이 나와 안씨와 자현 모녀를 배웅하고 있다.

나겸	(자현 앞에서는 부드럽게) 잘했어. 큰 실수 안 하고 무난하게 넘긴 거 같아.
자현	긴장하긴 했는데 네가 옆에 있어서 든든했어. 힘이 되더라.
나겸	(미소)
안씨	우리 덜렁이 시집가두 나겸이 네가 잘 좀 챙겨줘.
나겸	(잠시 멋었다가/환하게) 제가 군부인이 되어 어머님보다 품계가 높아지니 어렵게 대하시면 어쩌나 걱정이었는데... 다행입니다. 예나 지금이나 이리 편하게 대해주시니. 제 걱정이 기우에 지나지 않았네요.
안씨	?
나겸	(자현에게) 조심해서 가. 어마마마한테 네 얘기 잘 말씀드릴게.
자현	(뭉클하고) 고마워, 나겸아.
나겸	(안씨에게 인사하는) 그럼 살펴 가십시오.

돌아서 멀어져가는 나겸인데...

안씨	(묘하게 기분 나쁜) 쟤 지금 나 멕이는 거지?
자현	무슨! (아니라는) 군부인 됐어두 전처럼 편하게 대해달라는 거잖아요.

걸어가면서 투덕거리는 모녀.

안씨	아니야, 뭔가 아닌 듯하면서 뼈가 있어. 내가 쫌 예민하잖니?
자현	아버지 앞에서나 좀 예민해보세요. 맨날 노름하다 들키지나 말구.
안씨	(흘기고) 근데, 너 정말 나 물에 빠지면 안 구하구 니 신랑 구할 거야?
자현	대군마마 헤엄 잘 쳐요. 안 구해줘도 돼.
안씨	지금 그 말이 아니잖아!

멀어져가는 모녀.

S#29. 대비전 (D)

대비와 중전 앞에서 바로 자현이 씹는 나겸.

나겸	(단호하게) 아니 됩니다.
대비 심씨	... (그저 보는)
나겸	신부수업 때도 날마다 도망을 치고, 외출금지를 시키면 변복을 하고 나가 말썽을 피우던 아입니다. 동무로서는 타일러가며 지냈지만, 군부인으로서는 아닙니다. 도련님의 신부가 되기에는 지나치게 천방지축, 왕실의 위엄을 떨어뜨릴 소저입니다.
중전 김씨	(놀라고 우려되는) 그리 엉망으로는 안 보였는데...
대비 심씨	적어도 욕심은 없는 아이로구나.
나겸/중전 김씨	?
대비 심씨	좋은 데 시집갈 욕심은 포기했던 행보가 아니냐.
나겸	허니 왕실의 여인으로서는 적합하지 않다는 것이지요.
중전 김씨	성소저가 동서로 들어오는 게 싫은 것입니까?
나겸	솔직하게 말씀드리면... 왕실을 위해서가 아니라 동무를 위해섭니다.
대비 심씨	?
나겸	자현이는 왕실 법도에 맞지가 않습니다. 대군의 아내가 되어 사는 것을 갑갑하다 여기며 우울해할 아이지요. 그 아이의 행복을 위해서라도, 이 혼사는 막아야 한다고 생각하옵니다.
대비 심씨	...... (나겸의 심사를 가늠해보는)

S#30. 궁 일각 (D)

궁을 나서는 자현 모녀 앞으로 다가오는 궁녀. 모녀, 의아해서 보면.

궁녀	대군께서 잠시 뵙자고 하십니다.
자현	! (당황하고)
안씨	(흐뭇하고) 선 잘 보구 나왔나 궁금하신가 부다. 가서 보고하구 와.

난 예서 기다리구 있으마.

자현   (맘에두 없는 망설임) 그래두...

안씨   뭐 그럼, 어미가 따라가 주리?

자현   (궁녀한테 찰싹 붙으며) 어디로 오라시는데요?

안씨 외면하고 궁녀 따라가는 자현.

안씨   (웃으며) 괜히 빼기는... (그러다 표정 가라앉고) 이게 잘하는 혼산지 모르겠네. 저 철딱서니를 왕실에 보내놓구 걱정에 피가 마를 텐데...

S#31. 경회루 (D)

궁녀, 자현을 경회루 앞까지 인도해주고 돌아선다. 인사하고 멀어지면. 자현, 설레는 마음으로 경회루에 오르는데. 연못을 보고 선 대군의 뒷모습.

자현   마마... (부르며 다가가는데)

돌아서는 대군. 강이다. 자현, 멎고. 한강 배 위의 악몽이 다시 떠오르는데! 바로 돌아서 도망치려 하면.

강   혼인은 아니 되오!

자현   ! (멎고/돌아보며) 참으로 비열하십니다! 제가 은성대군의 사람임을 알면서! 대체 때마다 왜 이러시는 겁니까!

강   형으로서, 이 혼사는 허락할 수 없소.

자현   이미 대비전에 인사를 마쳤습니다!

강   마음 두었던 처자가 제수가 된다? 가당키나 한 일이오?

자현   ! 어찌하여 사사로운 욕심으로 형제의 앞길을 망치려 하십니까!

강   선의의 경고를 하는 게요. 이 혼사는, 이루어질 수 없다고.

자현   하늘의 일을 사람이 막을 수는 없습니다. 은성대군과 저는 운명이니! 마마께서 아무리 싫다 해도 이 연을 파할 수는 없을 것입니다!

강   보게 될 것이오. 천명을 이기는, 사람의 힘을.

자현   ... (서늘하고)

강	낭자가 먼저 포기하시오. 허면, 휘가 다치는 일은 없을 것이오.
자현	(노려보며) 대비전에서 나겸이를 보았습니다.
강	......
자현	잊지 마십시오. 대군께서는 이제! 한 여인의 지아비라는 걸! (차갑게 돌아서는)

보고 선 강. 다급하게 멀어지는 자현!

S#32. 강녕전 (N)

대비 심씨, 주상을 돌보고 있다. 그 앞에 앉은 휘.

대비 심씨	대제학의 여식과 혼인을 하고 싶으면, 세제위를 받아들이거라.
휘	! 몇 번을 말씀드려야 합니까? 세제위도, 보위도! 소자는 원하지 않습니다!
대비 심씨	진짜로 보위에 오르는 게 아니라니까! 주상의 환후가 좋아질 때까지! 원자가 자라 보위를 이을 수 있을 때까지! 신하들의 주청을 막아달란 말이다!
휘	명분이 없습니다! 한 나라의 대통을 그런 편법으로 이어가시렵니까!
대비 심씨	너는 대군이야! 왕실을 위해 죽을 수도 있어야 해!
휘	차라리 목숨을 내놓겠습니다!
대비 심씨	!
휘	(굳건한데)
대비 심씨	(냉정한) 의무를 받아들이지 않는 한, 조선의 대군에게 뜻대로 혼인할 자유는 없다.
휘	(절망해서) 어마마마!

눈을 뜨는 주상. 다 듣고 있었다.

S#33. 동 앞 (N)

안의 상황을 엿들은 대전지밀, 표정 묘하고.

S#34. 궁 일각 (N)

대전지밀, 초조하게 누군가를 기다리고 있다. 일각에서 나타나는 강. 대전지밀, 가까이 다가가 뭐라고 보고하는데. 강, 얼굴 굳어지고.

S#35. 양안대군저/대문 안 (N)

대문이 쾅! 열리고. 무서운 기세로 들어오는 강.

S#36. 양안대군저/사랑 (N)

강의 전언에 놀라서 굳은 양안대군.

강	(분한) 알고 계셨냐구요! 어마마마께서 세제위에 제가 아닌 은성을 올릴 생각이라는 걸!
양안대군	대비가... 왕실을 분열로 몰고 가는구나.
강	백부님!
양안대군	걱정하지 마시게. 휘가 없으면, 그런 꼼수는 생각도 못할 테니.
강	대책이 있으십니까?
양안대군	조카님은 나서지 마시게. 지금 섣불리 나섰다가는 형제싸움에 여론만 나빠질 게야.
강	그럼 앉아서 당하고만 있으란 말입니까!
양안대군	피는 내 손에 묻혀야지.
강	?!
양안대군	이제 알겠는가? 대비는... 조카님의 어미가 아닐세.
강	! (뼈아픈데)
양안대군	그 여자는... 맏아들과 손자를 지키고자 다른 자식들을 버리는, 비정한 정치꾼일 뿐이야.
강	(서러운) 한 번은 물어야겠습니다. 어마마마의 진의가 무엇인지! 진정... 이 둘째는 자식 취급도 안 하시는 것인지.
양안대군	(위로하는) 조카님께는 이 큰애비뿐이지. 우리 대군을 위해 목숨도 걸 수 있는.
강	... (상처가 깊고)

S#37. 경복궁 전경 (다음 날 D)

S#38. 편전 (다음 날 D)

대비 심씨, 대신들을 불러 모았다. 수렴 뒤에서 주상 대신 어전회의를 주관하는 대비.

대비 심씨   주상의 옥체 미령한 이때에, 북방의 변고에 온 나라 안이 국본을 정하기를 원하니... 내 경들의 뜻대로 세제를 세우기로 하였소.

대신들, 다들 놀라고!

김추   아니 되옵니다, 마마! 엄연히 원자 아기씨가 계시온데 세제라니요!

성억   전하의 환후 쾌차하기를 기다려 논의를 해보심이...

대비 심씨   주상이 이미 윤허한 바요.

김추/성억   !

박부경과 정연 등 세제파 대신들의 얼굴에 화색이 돌고.

박부경   허면 관상감에 일러 책봉식 날짜를 받도록 하겠습니다. 진양대군으로 하여금 대리청정부터 하게 하여 위급한 국사를 해결케 하시면...

대비 심씨   진양대군을 뭐하려요?

박부경   ! 세제 책봉을 받아들인다 하지 않으셨사옵니까?

대비 심씨   주상과 내가 정한 세제는! 진양이 아니라 은성대군이오.

대신들, 경악하고! 심정, 김추와 성억, 도연수 측에 가만히 있으라고 눈짓하는.

정연   고금을 통틀어 이런 일은 없사옵니다. 엄연히 진양대군의 서열이 앞서는데 3남인 은성대군을 올리다니요!

박부경   불가합니다! 조정 대신들은 물론이요, 온 백성이 받들지 못할 명이옵니다. 거두어주소서!

심정	태조께서 조선을 창업하신 이후로 장자가 아닌 왕자가 보위에 오른 것이 처음이 아니거늘 전례가 없다니요. 어차피 장자상속의 원칙이 깨어진 마당에 계승서열을 따져 무엇하리오!
대비 심씨	수나라의 양제도 형 대신 보위에 올랐고 당나라의 현종도 셋째 아들이었소. 명나라의 고명을 받아내려면 학문이 깊고 시서화 삼절로 대국에 이름 높은 은성대군이 보다 유리하오. 이미 주상이 윤허한 것이니 왈가왈부하지 마시오!
정연	아니 되옵니다 마마! 국본을 정하는 일에 원칙이 흔들려서는 아니 되옵니다! 계승서열을 유념해주시옵소서!
김추	경들은 지금 스스로 말도 안 되는 소리를 하고 있다는 것을 모르시오? 원칙을 깨자고 난리를 칠 때는 언제고! 이제 와서 원칙대로 하자면, 세제 책봉 자체를 원점으로 돌리는 게 맞소이다!
박부경	윤허를 거두어주소서 마마! 나라의 근본이 흔들리는 일이옵니다.

거두어주소서! 입을 모아 청하는 진양대군 지지자들. 입을 굳게 다문 대비 쪽 신하들.

S#39. 동 앞 (D)

양안대군이 당도해 있다. 대기 중이던 대전지밀과 시선 주고받는. 장상궁, 두 사람 기색 살피는데...

양안대군	(내관에게) 고하시게.
내관	마마! 양안대군 드셨사옵니다.

S#40. 동 안 (D)

들어오는 양안대군.

대비 심씨	(긴장한) 대군께서 편전에는 어인 일이십니까.
양안대군	국가의 중대사에 종친을 대표하여 말씀을 올리지 않을 수 없어...
대비 심씨	(말문을 막아버리는) 세제 책봉 문제라면 주상의 윤허가 이미 떨어졌습니다.

양안대군	신은 정벌군의 일을 의논드리러 온 것입니다.

신하들, 뜻밖이라 주목하고.

양안대군	노장인 좌상께서 지병으로 출정이 어려우니 신이 자원할까 합니다.
대비 심씨	! 험로를 자원하신다구요?
양안대군	지킬 것이 많은 사람은 죽음이 두렵겠지요. 허나 신은 다릅니다. 종사를 위해 헌신할 길이 없어 평생을 방황해온 저에게는 도리어 기쁨이자 영예가 될 것입니다.
심정	(경계하는) 지친을 사지로 보내놓고 전하께서 마음 편히 정무를 보실 수 있겠습니까. 전장의 일은 신하들에게 맡겨주시고.
양안대군	(말문 막으며) 종친이 모범을 보이지 않으면! 어느 신하가 왕실을 공경하겠으며 어느 백성이 따르리까.
성억	주변 3개 도의 군사들을 지원하였으나 연전연패 중이라 합니다. 도성에서 지원군이 가지 않으면 백성들의 피해가 막심할 것입니다. (그러니 누군가 가긴 가야 한다는)
대비 심씨	(받아들이고) 마땅한 적임자가 나타나지 않는다면... 종친들이 나서는 수밖에 없겠지요.
양안대군	좌상의 아들이 아비를 따라다니며 전장이 익숙하니 김관을 부관으로 주시옵고... 새로이 책봉되는 세제가 그 능력을 보여주어, 대통을 이어갈 만한 자질이 있음을 증명해 보여야 할 것입니다.
대비 심씨	!
심정	무예는 진양대군이 더 뛰어나지 않습니까.
양안대군	해서 원래는 진양을 데려갈 생각이었지요. 허나 왕실의 책임과 의무를 다할 사람은 은성이 아닙니까?

할 말을 잃은 대비와 세자파 신하들. 양안대군, 여유 있게 보고.

S#41. 궁 일각 (D)

대비전으로 돌아가는 대비 심씨. 수행하는 도승지 심정과 장상궁.

대비 심씨	(원통한) 양안대군을 어찌해야 좋을지... 그 사악한 이가 내 자식을 사지로 몰고 있지 않습니까!
심정	... 도리어 시간을 벌어줄 계책이 되어줄 수도 있사옵니다.
대비 심씨	? (보면)
심정	세제가 되기 전에 공을 세우라는 명분인데, 어찌 되었든 그동안은 후계 논의가 수면 아래로 내려갈 것 아닙니까. 그사이 전란이 진압되고 주상전하의 환후가 회복되시면 세제니 뭐니 세울 필요도 없어집니다. 원자는 무럭무럭 자랄 것이고... 마마의 원대로 장자승계의 원칙이 정해지게 될 것이니 저들이 던진 도발이 우리의 묘수가 될 수도 있음이옵니다.
대비 심씨	은성이... 휘가 위험할 수도 있습니다!
심정	김관이 누굽니까. 대호라 불리우는 명장 김추의 아들이며 중전의 오래비입니다. 원래 왕족을 최전방에 세우지는 않습니다.
대비 심씨	김관으로 하여금 최대한 휘를 보호하게 한다?
심정	목숨 걸고 지키라 하겠나이다.
대비 심씨	... (망설여지는데)

S#42. 휘의 처소 (D)

기특, 휘에게 편전 상황 보고하는.

기특	대비마마께서는 마마를 세제로 올리신다 하고! 신하들은 반대하며 난리를 치는데 양안대군께서 갑자기 등장해서 그럼 마마를 데리고 북방에 가겠다 하고 아주 난리도 아니었답니다!
휘	(기가 막히는데)

S#43. 동 앞 (D)

기특의 보고에 뛰쳐나온 휘, 당황한 채 걸음 재촉하는. 기특, 급히 따라간다.

S#44. 대비전 (D)

대비 앞에 앉은 강.

대비 심씨	(차분하게) 무슨 일이냐.
강	소자, 어마마마의 아들이 맞습니까?
대비 심씨	... (강이 왜 이러는지 안다)
강	저한테... 왜 이러시는 겁니까.
대비 심씨	대체 무엇을 욕심내는 게냐?
강	욕심이라니요! 당연히 제가 가져야 할 것입니다!
대비 심씨	(그저 보고)
강	자식은, 부모 품에서 자라야 하는 거 아닙니까? 형님 앞길에 방해 된다 하여 액받이 취급을 하며 핏덩이를 궁 밖으로 내몰더니! 이 제 정당한 계승서열까지 무시하며 막내한테 세제위를 넘기다니 요! 대체 소자는 어마마마의 아들이 아니란 말입니까!
대비 심씨	나도 세제를 책봉하는 것이 옳다고 여기지 않는다.
강	!
대비 심씨	원자가 있는데, 기다리는 것이 맞지. 우리 아들 생각이 나와 같다 면, 네가 이 어미를 도와주겠느냐?
강	!! (말문이 막히고)
대비 심씨	벌 떼 같은 신하들의 상소를 물리치고 유생들의 권당을 풀게 하 여 국정이 제대로 돌아가게끔 말이다!
강	(서러운) 제가, 무엇이 그리 부족합니까! 전하보다 강건하고 휘보 다 형입니다! 북방의 오랑캐도! 남쪽의 왜구도! 모두 발아래 무릎 꿇릴 자신이 있습니다! 학문이 모자랍니까! 언변이 딸립니까! 저 는 왜 안 되는 것입니까!
대비 심씨	(보다가) 욕심 때문에.
강	!
대비 심씨	나랏일보다, 왕실보다, 형제보다! 네 자신이 더 앞서는 그 욕심 때 문에 안 되는 것이다. 왕 노릇이 영광인 줄 아느냐? 끝없이 헌신 하고 희생하며 인내하는! 만인의 종노릇하는 자리니라!
강	!!! (억울하고 분한데)

S#45. 동 앞 (D)

굳은 채로 안에서 나오는 강. 들어서던 휘, 강을 발견하고 선다. 휘에게 다가가 는 강.

강	잊고 있었다.
휘	……
강	세상 욕심 없는 척, 착한 척은 다 하지만… 결국 마지막에 뒤통수 치는 건 너라는 거.
휘	!
강	결국 모든 건 자기가 갖고 마는 욕심 사나운 녀석이라는 거.
휘	형이 세제 책봉 논의만 일으키지 않았어도 이 사단은 안 났어.
강	!
휘	괜한 욕심에 왕실에 분란만 만들어놓고! 지금 다른 사람 탓하고 싶어?
강	덕분에 네가 보위를 갖게 됐는데, 나한테 고마워할 일 아닌가?
휘	난 형하구 달라! 내가 원한 게 아니야!
강	그럼 버려!
휘	!
강	넌 빠져. 네가 낄 판이 아니야.
휘	(안타까운) 형이 욕심을 부리면, 나까지 휘말리게 돼. 형이야말로 욕심을 버려! 우리가 욕심 한번 잘못 가지면! 자칫하다 역심이 되는 거 몰라? 왕족에서 역적 되는 거 한순간이야. 제발 정신 좀 차려!

안으로 드는 휘. 강, 돌아보며 휘의 뒷모습을 노려본다.

S#46. 대비전 (D)

대비 앞에 읍소하는 휘.

휘	어마마마, 명을 거두어주옵소서! 이러시면 형님과도 사이가 멀어지고 맙니다. 왕실이기 전에 가족입니다. 식구들이 서로를 미워하며 반목하는 꼴을 보고 싶으신 것입니까.
대비 심씨	한나라의 여후는 자기 아들을 가두었고 당나라의 측천무후는 자식들을 차례로 죽였다.
휘	!
대비 심씨	왕가에서는 자식을 원수처럼 키우라는 말이 있지. 권력 앞에서는 부모자식도, 형제간도… 생사가 갈리기 때문이다.

휘	(충격받고)
대비 심씨	어미로서만 살 수 없는 나는... 밤마다 피눈물을 흘린다. 그러나 해가 뜨면 베갯잇을 적시던 눈물을 닦고 내 속으로 낳은 자식도 내쳐야 하는 운명, 그것이 왕가로 들어온 나의 업보니라.
휘	......
대비 심씨	얼마나 후회한 줄 아느냐? 얼마나 아팠는지... 아느냐.
휘	......
대비 심씨	한가한 사랑 타령 그만하고 이제 그만 너의 운명을 받아들이거라. 네가 대군으로 태어난 것이 너의 선택이 아니었듯이 왕실의 명 또한 네가 선택할 수 있는 것이 아니야.
휘	세자가 아닌 대군으로 태어났기에! 조용히 사랑하며 살고자 하였습니다. 헌데 지금은 대군으로 태어났으니 분란 속으로 들어가라는 말씀입니까!
대비 심씨	네 운명은 나라의 것이다. 네 목숨조차... 네 것이 아니야.
휘	!

S#47. 대군저/강의 처소 (N)

양안대군과 강이 대책회의 중이다. 두 사람에게 차를 우려 내는 나겸.

강	어마마마께서는 제가 아니라 그 누구에게도! 후계자의 자리를 넘겨줄 생각이 없으십니다. 하여 만만한 휘에게 임시로 그 자리를 맡기려는 것입니다.
양안대군	은성은 전장으로 데려갈 것입니다.
나겸	(멎어서 보고)
강	......
양안대군	우리 조카님의 앞길에 해가 되는 존재라면... 치워야지요. 그것이 설사... 친동생이라도 말입니다.
나겸	(동의하는) 부자지간에도 나누지 못하는 것이 권력인데 하물며 형제간이라고 다르겠습니까.
강	(백부가 걱정되는) 백부님도 위험해지시는 겁니다! 저 때문에 그 고생을 자처하시다니요!
양안대군	(진짜 아버지처럼) 널 위해서가 아니다.

강	(보는데)
양안대군	내 꿈을 위해서야.
나겸	!
양안대군	우리 조카님께서 붉은 용상 위에 앉아 조선 천지를 호령하는 꿈!
강	(울컥 오르는데)
양안대군	내 너에게 일찍이 보위를 약속했고, 목숨을 버리는 한이 있더라도... 그 꿈을 이루게 할 것이다.
강	...... (뭉클하고)

S#48. 대군저 외경 (다음 날 D)

S#49. 동/안채 (D)

나겸이 자현과 설화에게 집구경을 시켜주고 있다. 나겸 따라 이곳저곳 둘러보는 설화. 강과 부딪쳤던 자현은 이 집이 불편해 보는 둥 마는 둥인데...

나겸	여기가 안채. 식구도 없는데 집이 커서 적적해.
설화	대궐이네 대궐이야. 이거 완전 궁 못잖은데?
나겸	네가 궁에 안 가봐서 그래. 우리 집은 댈 것도 아니야.
설화	너 지금 유세하니? 나두 시집가면 이제 궁도 맘대로 드나들구 그럴 거그든!
자현	! (설화의 고백 생각나는)
나겸	(자현의 기색 살피는) 자현이 너... 설화한테 아직 얘기 안 했어?
설화	뭔데? 무슨 얘기?
자현	... (곤란한데)

S#50. 동/안방 (D)

나겸, 자현과 설화에게 다과 낸. 그사이 자현이 은성대군과의 혼담을 털어놓았다.

설화	(먹던 유과 뚝 떨구고) 누구랑 혼인을 한다고? 은성대군? 주상전하 막냇동생? 내가 좋아하는 그분?

자현	... (미안한/설화가 떨어뜨린 유과 집어서 상 한쪽에 올리고)
나겸	맞다니까.
설화	(자현에게) 너 내 친구 맞니? 내가 그분 좋아한다구, 시집간다구 했잖아!
자현	(눈치 보며) 내가 먼저 좋아했어...
설화	언제! 너 그동안 입도 뻥끗 안 했잖아!
자현	아니 나는 그분이 그 은성대군인 줄을 모르고... (어떻게 설명해야 될지를 모르겠는데)
나겸	... (조용히 차 마시고)
설화	(박차고 일어나는) 믿을 수 없어! 이럴 순 없어! 어떻게 네가 감히 내 남자를 뺏어가?
자현	! (감히? 내 남자? 좀 기가 차고)
설화	너 그 혼인 하지 마! 아니 못해! 내가 못하게 할 거야!
자현	(어이가 없는데)

나가버리는 설화. 자현, 미치겠다. 따라가고. 와삭! 혼자서 유과 베어 먹는 나겸.
강 건너 불구경이다.

S#51. 동 앞 (D)

자현, 가는 설화를 붙잡는다.

자현	설화야! 이러구 가면 어떡해!

붙잡히는 설화. 울고 있다.

자현	(당황하고) 울지 마, 설화야. 미안해... 미리 얘기 못한 건 미안한데... 나두 사정이 있었어.
설화	그동안 재밌었겠다?
자현	?!
설화	아무것도 모르는 내가 그분 얘기하면서 혼자 들떠 있을 때 넌 속으로 비웃었을 거 아냐.
자현	그런 거 아냐!

설화	선택해. 나야, 남자야?
자현	(미치겠고) 지금 그럴 일이 아니잖아.
설화	이게 왜 그럴 일이 아니야? 내가 좋아하는 거 뻔히 알면서 너 그 분한테 시집가면, 우리 우정은 끝이야!
자현	(슬슬 열 받기 시작하면서) 야!
설화	(움찔)
자현	너 대군마마 얼굴이라도 한번 봤어?
설화	…
자현	말이라도 섞어봤어? 약조라도 했어? 근데 어디서 니 남자 취급이 야!
설화	그러는 넌 대군마마랑 뭐 연애라도 했어! 둘 다 서로 모르기는 마 찬가지 아냐! 솔직히 너하구 나하구 나란히 서서 마마더러 택하 라 그러면! 그분이 누굴 택하겠니?
자현	우리, 서로 은애하는 사이야.
설화	!
자현	그분이 대군인 것도 모르고 우연히 만나서 연심이 깊어졌어. 네가 끼어들 계제가 아니야.
설화	(분하고 약 올라 자현 밀어버린다)

넘어지는 자현.

설화	얌전한 고양이 부뚜막에 먼저 올라간다더니. 아니지, 얌전하지도 않았지. 대놓고 올라간 거네.
자현	(일어나며) 마음 풀어. 그리고 동무답게 축하해줘.
설화	축하 좋아하네. 너하구 나는! 이제 끝이야!
자현	!

가버리는 설화. 자현, 속상한데…

S#52. 강녕전 (D)

자리에 누운 주상. 휘가 간호 중이다. 물수건을 짜서 주상의 이마에 올려놓는데…

주상	......
휘	어찌하여 신에게 그런 위험한 제안을 하십니까.
주상	너를 믿는다.
휘	제가 욕심을 내면 어찌하시려구요. 전하의 당부를 저버리고 조카의 자리를 탐내면 어찌하시려구요.
주상	나는 안다. 너의 욕심은 권력에 있지 않고 행복에 있음을.
휘	!
주상	지는 꽃 한 송이, 무심코 밟히는 벌레 한 마리의 아픔도 지나치지 못하는 여린 속이 아니냐. 절대로 피붙이를 상하게 할 사람이 못 된다는 걸 잘 알고 있다.
휘	저는 그릇이 못 됩니다. 아무리 왕실을 지키자는 명분이라 해도 세제위는 받들 수 없사옵니다.
주상	휘야...
휘	허나 전장에는 나가겠습니다.
주상	!
휘	권력은 사양하나 의무는 받겠습니다. 고통받는 백성을 외면하지 않는 것이... 왕족으로서, 대군으로서. 당연히 할 일이니까요.
주상	... (가만히 눈을 감는. 흐르는 눈물)
휘	(읍하며) 부디 신이 돌아왔을 때 강녕한 모습으로 맞아주시기 바라옵니다.
주상	......

S#53. 대군저/안방 (D)

다시 나겸 앞에 와 앉는 자현. 속상하다.

자현	설화 갔어. 오해를 어떻게 풀지?
나겸	그냥 둬. 나중에 생과부 면하게 해줬다구 오히려 고맙다구 할지도 모르니까.
자현	?
나겸	너도 혼담 더 이상 진행하지 말고 여기서 멈춰. 죽을지 살지 모르는 사람하구 혼사는 무슨 혼사니?
자현	(불길한) 그게... 무슨 소리야?

나겸	은성대군 말이야, 오랑캐하구 싸우러 북방에 간다든데? 그럼 생사를 기약 못하는 거 아니니?
자현	! (충격받고)
나겸	네 생각해서 해주는 말이야. 아무리 왕실 혼사라지만 섣불리 추진했다가 처녀귀신 될 수도 있으니까. 나라면 다시 생각해보겠어.
자현	그게... 진짜야? 은성대군 마마가 전쟁터에 나간다고?
나겸	너한테 아무 말도 안 해주든?
자현	!!! (눈앞이 캄캄한)

S#54. 마당/대문가 (D)

자현의 가마가 기다리고 있다. 끝단이와 나오는 자현. 얼굴이 파랗게 질려 있는데... 기다리고 있던 강과 마주친다.

강	(자현의 표정에 휘의 소식을 들었구나 싶지만/모른 척하고) 벌써 가시는 게요?
자현	(확인하고 싶은) 사실입니까?
강	......
자현	은성대군의 출정이! 정해진 것이냐구요?!
강	저런. 여태 모르고 있었구려.
자현	! (절망하고)
강	본인이 자원을 하였지.
자현	!! (멎는)
강	곧 혼인할 사내의 행보치고는 참으로 남다르지 않소? (지나치다/자현 앞에 멈추는)
자현	...
강	낭자는 아무것도 아니었던 게지.
자현	!
강	운명의 정인이라...
자현	... (무참한데)
강	(스쳐 가며) 참으로 하잘 것 없는 운명이구려.

괴로운 자현에서.

S#55. 자현의 집 앞 (D)

가마가 와 선다. 끝단이가 가마문 열면, 내리는 자현. 충격에 제정신이 아니다.
대문 앞에서 휘청! 하는데. 끝단이 얼른 잡아주고. 맞은편에서 오던 휘와 기특.

휘	(걱정되어 달려오는) 낭자!
자현	(돌아보면/휘다. 굳고)
휘	(다가가는) 괜찮소? 어디 아프기라도 한 거요?
자현	(분노하는) 마마께서는...
휘	(보면)
자현	저를 또 속이셨습니다!
휘	!
자현	전쟁터에 가신다면서요!
휘	(말문 막히고)
자현	저들이 조선땅으로 내려올 때마다 앞장서는 우디캐족은! 농사도 안 짓고 가축도 안 기르고! 오로지 빼앗고 죽이는 전쟁만 한다지요?
휘	(잡아보는) 낭자.
자현	(뿌리치고) 머리 가죽을 벗기고 코를 베어 간다 들었습니다! 하루 종일 그놈들이 얼마나 잔인하고 무서운지, 그 얘기만 들었어요!
휘	누구요? 누가 대체 그대를 이렇게 두려움에 떨게 만든 것이오!
자현	바로 대군이요!
휘	!
자현	처음에는 누군지 말을 안 해주더니... 이제 앞에서는 신부가 되어 달라 청하고 뒤에서는 전장으로 떠날 차비를 하십니까?
휘	그게 아니오.
자현	그럼 안 가시는 겁니까?
휘	...
자현	전쟁에 안 나가시는 거냐구요!
휘	......
자현	잘 알았습니다. 대군께 제가 얼마나 하찮은 존재인지 뼈저리게 알았어요!
휘	낭자!

안으로 들어가 버리는 자현. 안타까워하며 자현 따라 들어가는 끝단!

기특   어디서 먼저 듣고 오셔가지구... 마마한테 얘길 들었어야 되는데...
휘   ...... (난감한데)

S#56. 동 안 (D)

분노와 슬픔이 뒤엉켜 마구 걸어가다가 문득 서는. 끝단도 서고. 휘를 저 밖에 두고 더 이상 멀어지질 못하겠다. 다시 달려 나가는 자현! 아씨! 부르며 따라가다 멈추는 끝단. 두 사람만의 시간을 주려는.

S#57. 동 앞 (D)

오도 가도 못하고 기다리고 선 휘인데. 다시 뛰쳐나오는 자현.

자현   제가 그렇게! 아무것도 아닙니까!
휘   그런 게 아니오!
자현   가지 말라면, 안 가시는 겁니까?
휘   ...... (그럴 수 없고)
자현   허면, 혼례를 올리고 가십시오. 마마의 지어미가 되어 기다리고 있겠습니다.
휘   (달래는) 혼례는 다녀와서 합시다. 승전 소식을 선물로 갖고 오리다.
자현   (글썽이는) 돌아오지 못할까 봐 그러는 거잖아요. 그럴 거면 가질 말든가!
휘   반드시 살아서 돌아오겠소.
자현   ...
휘   내 목숨은 그대의 것이오. 그대가 기다리고 있음을, 한시도 잊지 않겠소.
자현   가지 말라는 것도 안 된다! 혼례를 올리고 가라는 것도 안 된다! 제가 원하는 것은 왜 하나도 안 들어주시는 겁니까!
휘   나는...
자현   (보면)
휘   오롯이 당신의 사내로만 살려 했소.

자현	!
휘	헌데 나는 당신의 남자 이휘이기 전에… 이 나라의 대군 은성이었소.
자현	…… (무너지고)
휘	의무를 저버리고… 당신에게 간다고 해서 떳떳하게 살아갈 수 없는 몸, 할 일을 마치고 무사히 돌아올 때까지 기다려주오.

자현, 원망에 휘를 때리는. 툭. 툭. 툭. 휘, 맞아준다. 하나도 아프지 않지만 가슴이 찢어지고.

S#58. 교태전 (D)

중전 김씨를 찾아온 김추와 김관 부자. 중전 앞에서 아들에게 당부하는 김추.

김추	너의 할 일은 여진족과 싸워 이기기에 앞서 은성대군을 지키는 일이다.
김관	……
김추	은성대군만이 진양대군의 독주를 막을 수 있어.
중전 김씨	부탁합니다, 오라버니… 은성대군이 살아 있어야 우리 원자가 살 수 있어요.
김관	심려 마십시오, 중전마마. 제가 누굽니까? 오랑캐들을 수십 년간 벌벌 떨게 만든 아버님의 아들입니다.
김추	(뿌듯하고도 아프게 보는)
김관	북방은 제 놀이터나 다름없습니다. 은성대군이 무사하도록 매사에 만전을 기할 것입니다.
중전 김씨	누이를 용서하십시오. 제 자식 지키는 게 먼저라… 형제를 사지로 보내며 이런 부탁이나 하는 못난 누이를…
김관	… (걱정 말라는)

S#59. 자현의 집/사랑 (D)

성억과 안씨 부부 앞에 불려온 득식. 부친의 폭탄선언에 기겁한. 안씨도 놀란 상태.

득식	소자더러 전장에 따라가라고요? 제가 왜요? 소자는 무관도 아닌데! 아직 벼슬도 없는 성균관 유생이라고요!
성억	그럼 이 애비가 가리?
안씨	! (허걱! 그건 더 싫다)
득식	에이, 아버지도 가시면 안 되죠.
성억	(앞에 놓인 장죽으로 득식의 머리통 냅다 갈기는)
득식	으악! (너무 아프다! 머리 감싸 쥐는) 왜 이러세요, 진짜?
안씨	(득식 감싸며) 내 아들을 왜 때려요?
성억	(당신 아들이기만?/노려봐 주고) 종친들도 다 같이 솔선수범하는 마당에! 집안에 남자가 둘인데 하나라도 나가야 위신이 서지!
득식	(답답한) 아버님! 위신이 중합니까, 목숨이 중합니까?
성억	사대부의 명예는 목숨보다 중한 것이다. 전하의 환후만 아니었어도 애비가 갔다! 조정을 비웠다가 그사이 무슨 일이 날지 몰라 가고 싶어도 못 가는 것이야!
득식	... (외면하고)
안씨	(버럭) 아무도 못 가!

부자가 찔끔하고.

안씨	나한테는 그깟 가문의 명예보다 내 식구 목숨이 더 중해요. 내 허락 없이는 우리 식구 아무도 못 가요!
득식	(안씨 뒤로 쏙)
성억	(한심하고)

S#60. 자현의 처소 (N)

자현, 남자의 겨울용 누빔옷을 만들고 있다. 졸린 눈 비벼가며 바느질에 열심인.

S#61. 겨울산 풍경 (다른 날 D)

S#62. 산사 앞 (D)

각자 다른 방향에서 와 마주 서는 휘와 자현. 출정 전날, 오늘이 마지막 만남이다.

휘	나하구 같이 와보고 싶은 데가 여기였소?
자현	(끄덕이는) 마마하구 여기서 할 일이 있어서요.
휘	... 하고 싶은 거, 갖고 싶은 거... 다 말해보시오.
자현	말을 타고 싶습니다. 전처럼... 마마하구 같이...
휘	(웃으며) 그리고 다른 건? 또 없소?
자현	......

S#63. 법당 (D)

휘와 자현이 마주 보고 서 있다.

자현	(맹세하는) 나 성자현은 이 나라의 대군이신...
휘	(고개를 저으면)
자현	(다시) 나 성자현은 운명의 정인... 이휘를 지아비로 맞이하여 이 생이 다할 때까지.
휘	이 생이 다한 후에 저 생을 받은 뒤에도 나 이휘는 성자현을 아내로 맞이하여 온 마음을 다하여 아끼고 사랑할 것을 맹세합니다.
자현	부처님 앞에 맹세... 합니다.

서로 손바닥 마주 대는 두 사람. 언제까지나 그렇게 서 있는데...

자현	세상은 알지 못하나... 우리는 이제, 부부가 된 것입니다.
휘	(달래기 위해 수긍하는/끄덕인다) 지금은 그대를 두고 가지만... 돌아온 뒤에는 단 한순간도 헤어져 있지 않을 것이오.
자현	......
휘	해가 뜰 때나 질 때나, 달이 떠오를 때나 구름 뒤에 숨을 때나... 비가 오거나 바람이 불 때도... 언제나 당신 곁에는 내가 있을 것이오.
자현	하루 세끼를 함께 먹으며 좋은 차를 나누고 술을 배우고...
휘	(술 소리에 웃고)
자현	꽃이 피면 구경 가고 얼음이 얼면 지치러 가고... 기쁜 일에도 슬픈 일에도 늘 함께할 것입니다.
휘	... (가슴 찢어지는데)

자현	(댕기를 풀어주는) 잊지 마셔요. 제가 기다리고 있다는 거.
휘	(동곳 빼 주는)
자현	(받는데)

휘, 못 참고 자현 안아버린다. 눈물이 차오르는 자현.

S#64. 동 앞 (D)

휘, 자현의 꽃신을 놓아준다. 자현이 신 속에 발을 넣으면 잘 신겨주는 휘.

자현	(당황해서) 괜찮습니다. 더러워요.
휘	(아랑곳없이 끝까지 잘 신겨주고)
자현	(뭉클한데...)

S#65. 초원 (D)

말을 타고 달리는 휘와 자현. 휘의 품속에서, 기쁘면서 슬픈 자현.

S#66. 자현의 집/자현의 처소 앞 (N)

자리끼 준비한 끝단, 들고 가는데 그 앞을 막아서는 득식.

끝단	에구 깜짝이야!
득식	(비장한) 끝단아!
끝단	왜요? 시장하세요? 야식 필요하세요? (자리끼 다반 들어 보이며) 아니면 물?
득식	(다 필요 없다) 내일 내가 떠나는 것을 아느냐?
끝단	그럼요. 원정 가신다면서요.
득식	이렇게 떠났다가 두 번 다시 널 못 볼 수도 있다는 생각에... 내 마지막 용기를 내어...
끝단	(건성으로 들으며) 못 보기는 왜 못 봐요~
득식	원정이야. 전쟁터라고. 여진족이 얼마나 잔인무도한지 알아? 나가서 죽을 수도 있어!

끝단	에이, 도련님은 안 죽어요.
득식	물론 내가 용맹하고 힘도 세니까 쉽사리 죽지야 않겠지, 하지만 전쟁이라는 게 누구도 장담할 수 없는 거그든.
끝단	(그게 아니라) 도련님 은근 겁보에 쫄보잖아요. 가서 전방에는 얼씬도 하지 말구 후방에 잘 숨어계시면 무사하실 거예요.
득식	너 나에 대해 심각하게 잘못 알고 있구나? 나 디게 용감해!
끝단	아서요! 함부로 나서다 뭣 되는 수가 있어요. 그냥 묻혀서 조용히 숨어 있다 오세요.
득식	(이게 아닌데) 암튼 그래서 내가 오늘이 집에서 마지막 밤이다 보니까 너한테 할 말도 좀 있구.
끝단	새벽같이 나가셔야 할 텐데 얼른 가서 주무세요. 먼 길 가시는데 푹 주무셔야죠. (해놓고 쏙 들어가 버리는)
득식	(쫓아가며) 야야! 나 아직 말 안 끝났어!

소용없는 메아리다. 아랑곳없는 끝단.

S#67. 휘의 처소 앞 (N)

휘가 당도한다. 댓돌 위에 다른 이의 신발 놓였는데... 방문 쳐다보는 휘.

S#68. 동 안 (N)

강이 와 있다. 휘, 그 앞에 앉고. 서안 위에는 긴 칼 놓였다.

휘	출병식에서나 보나 했는데.
강	(칼 밀어주며) 할바마마의 칼이다.
휘	!
강	나에게 물려주신 보검이나... 전장으로 가는 너에게 주고 싶구나.
휘	......
강	(이 순간은 진심이다) 이 칼이, 너를 지켜줄 것이다.
휘	전하와 어마마마를 부탁해.
강	......
휘	그리고 어린 조카도.

강	......
휘	형 민구, 무사히 다녀올게.
강	원래는 내가 가려 했던 길이다.
휘	알어.
강	원망은 없느냐?
휘	형을 보내구 노심초사하는 고통이나 그게 그거지 뭐. 식구라는 게... 그런 거잖아.
강	... 우리가 왕실에 태어나지 않았더라면... 너하구 나도 제법 사이 좋은 형제였을 것이다.
휘	지금두 의좋게 지낼 수 있어. 쓸데없는 욕심만 안 부리면.

강, 돌아오지 못할지도 모르는 동생을 하염없이 보는데... 그 시선 받아내는 휘.

S#69. 자현의 처소 (N)

자리끼 내려놓는 끝단. 자현은 열심히 옷 만들고 있다.

끝단	이리 줘보세요. 저두 거들게요.
자현	(막으며) 아니야. 다 내 손으로 해야 돼.
끝단	... 그럼 오늘 안에 못 끝내요! 내일이 출병인데! 반쪽짜리 입구 가라 하시게요?
자현	한땀 한땀... 대군의 무사귀환을 바라는 염원을 담아야 해.
끝단	저두 담을 수 있어요!
자현	나만큼 간절하진 않잖아!

끝단, 사실은 두려움에 떨고 있는 주인을 가엾게 보는.

S#70. 자현의 집/별채 마당 (다음 날 D)

안씨가 딸에게 가고 있다.

S#71. 자현의 처소 (D)

방문 열리고. 안씨, 자현을 찾는다.

안씨   자현아! 오래비 배웅 가야지! (하는데 아무도 없는) 앤 또 어딜 갔어?
                지 혼자 배웅 간 거야?

그 위로 취고수악대의 행진 음악 울리고.

S#72. 길 (D)

북으로, 북으로 가는 정벌군. 선두에 양안대군과 휘, 그 옆에 부관 김관. 중간에
불만 가득 찬 득식의 모습과 표정 없는 어을운 보이고.

길가에서 절을 하며, 배웅하는 백성들.

휘, 인파 속에 혹시 자현이 있지 않을까 눈여겨보는데... 손목에 감은 댕기를 보
며 위안을 삼는다.

CUT TO

맨 끄트머리에 무관들의 집에서 식량 메고 따라온 하인 부대가 보인다. 그 속에
유난히 몸집 작은 하인 하나. 양안대군의 구종 석구가 몸집 작은 이를 툭툭 치며
말을 건다.

석구   어느 댁 사람이우? 난 정벌군 대장 양안대군 마마 댁에서 왔수다.
(소리)   대제학 댁이요.
석구   (목소리가 이상해서 보면)

패랭이 밑으로 보이는 고운 턱선. 고개 들면, 하인으로 변복한 말갛고 고운 얼굴
의 자현에서 엔딩!

대군 사랑을 그리다

7부

S#1. 길 (D) - 6부 엔딩에서 연결

북으로, 북으로 가는 정벌군. 선두에 양안대군과 휘, 그 옆에 부관 김관. 중간에 불만 가득 찬 득식의 모습과 표정 없는 어을운 보이고.

길가에서 절을 하며, 배웅하는 백성들.

휘, 인파 속에 혹시 자현이 있지 않을까 눈여겨보는데... 손목에 감은 댕기를 보며 위안을 삼는다.

CUT TO

맨 끄트머리에 무관들의 집에서 식량 메고 따라온 하인 부대가 보인다. 그 속에 유난히 몸집 작은 하인 하나. 양안대군의 구종 석구가 툭툭 치며 말을 건다.

석구	어느 댁 사람이우? 난 정벌군 대장 양안대군 마마 댁에서 왔수다.
(소리)	대제학 댁이요.
석구	(목소리가 이상해서 보면)

패랭이 밑으로 보이는 고운 턱선. 고개 들면, 하인으로 변복한 말갛고 고운 얼굴의 자현이다.

석구   (가여워하며) 대가댁에 사람두 많을 텐데/ 험한 길에 어찌 이리 어린것을 보냈누...

얼굴 감추느라 외면하며 휘의 모습을 찾는 자현. 어느 순간, 시선 멈추고 미소가 떠오른다. 마상에서 위풍당당한 휘의 모습 멀리 보이고.

S#2. 궁/빈청 앞 (D)

퇴청하는 성억. 기다리고 있던 강이 다가온다.

성억   (멎고)

강	퇴청하시는 길입니까?
성억	아직 안 가셨습니까? 출병식만 보고 가신 줄 알았는데...
강	뜻있는 사람들은 모두 토벌을 떠났는데... 뒤에 남아 있자니 민망하여 자탄 중이었습니다.
성억	도성을 지키는 일도 못지않게 중요합니다. 너무 괴로워하지 마시지요.
강	아드님을 출전시킨 대감께서도 심정이 말이 아니실 터인데...
성억	...
강	댁에서 차 한잔 얻어 마시며 동병상련을 나누고자 합니다. 초대해 주시겠는지요.
성억	... (보는데)

S#3. 자현의 집 전경 (D)

S#4. 동/자현의 처소 (D)

자현 없는 빈 방. 돌아서 가려던 안씨, 서안 위에 놓인 봉투 발견하고.

안씨	이게 뭐야... (불길한 예감에 집어 들어 펼쳐보면)
자현(소리)	어머니, 저 오라버니와 대군마마 배웅하고 돌아올게요. 좀 늦더라도, 너무 걱정하지 마셔요.
안씨	배웅을 갈려면 같이 갈 것이지 이게 지금 무슨 꿍꿍이로 혼자서 집을 나가? (서찰 들고 뛰쳐나가려는데)

물대야에 걸레 들고 들어오던 끝단과 부딪히는. 고스란히 물 뒤집어쓰는 안씨.

끝단	(사색이 되고) 마... 마님... (당황해서 걸레로 물기 닦아주는) 이걸 어째...
안씨	(보면 걸레다) 우퉤퉤! 야! 어디 걸레를!
끝단	(화들짝 버리고/소맷단 끌어다 안씨 얼굴 찍어내는데)
안씨	(뿌리치고) 다 필요 없구! 가서 자현이나 잡아 와! 애 언제 나갔어? 넌 알구 있었지?!
끝단	(몰랐다! 당황해서) 집 안에 안 계세요?
안씨	은성대군 배웅 나갔대!

끝단	(허걱!) 혼자서요?
안씨	그러니까 수상하다는 거야! 아주 짐 싸서 따라간 거 아냐? 뭐 없어진 거 없나 좀 살펴봐.
끝단	(옆일까 봐) 마님! 전 몰라요! 이번에는 암것도 협조 안 했어요! 아씨가 나가신 줄도 몰랐다구요!
안씨	알면서 말 안 했음 죽일 년이구 까맣게 몰랐어두 쫓겨날 일이야! 어떻게 몸종이 돼가지구 그런 눈치두 없어!
끝단	(억울한) 아씨가 엔간해야 말이죠...
안씨	(미치겠는) 토벌군 간 길을 우리가 어찌 알구 잡아 오누...
끝단	(안씨의 옷고름 짜내며) 대감마님께... 고해야겠죠?

안씨의 옷고름에서 물기가 주륵! 흐른다.

S#5. 벌판/정벌군 숙영지 (D)

정벌군의 숙영지. 지휘관들의 막사가 보이고 병졸들은 허허벌판에 모닥불을 피워놓고 옹기종기 모여 앉아 휴식 중이다. 다들 불 쬐기에 여념 없는데 한쪽에 웅크리고 앉아 바느질에 몰두하고 있는 자현. 언 손을 호호 불어가며 열심이다. 거의 다 되어간다.

S#6. 지휘부 막사 앞 (D)

어을운과 기특이 지키고 있다.

S#7. 동 안 (D)

탁자 위에 군사 지도 놓였고. 김관이 진군 행로를 설명하는 중이다.

김관	(손으로 포인트 짚어가며) 빨리 도착하려면 내륙을 뚫고 이 길로, 바닷길로 돌아가면 며칠이 더 걸립니다.
양안대군	엄동설한에 산을 넘으려면 병사들이 고될 걸세. 노숙 대신 관아에서 쉴 수 있게 우회로로 가지.
휘	그사이 북방의 백성들이 고초를 겪지 않겠는지요? 고생이 되더라

도 진격 속도를 높이는 것이...

양안대군   하루에 30리 이상을 행군하면 낙오병이 생기게 마련이야. 지친
          병사들을 데리고 사나운 여진족과 싸워 이길 순 없는 법!

휘   ... (걱정되는데)

막사 열리고.

어을운   식사를 들이겠습니다.

김관, 지도 치우고 상 받을 준비하면.

석구와 기특이 음식을 들고 들어온다. 지휘부를 위한 한 상이 차려지는데... 야전
이라 생각할 수 없을 만큼 잘 나오는 음식들. 휘, 마음이 불편하다.

양안대군   어서들 들게나. 잘 먹어야 힘도 나지.
휘   ...... (이건 아닌 거 같은데)

S#8. 벌판/지휘부 막사 앞 (D)

막사에서 나오는 휘. 김관이 따라 나온다.

김관   좀 더 드시지 않구요?
휘   병사들을 돌아보려구요. 해가 지면 기온이 더 떨어질 텐데... 오늘
          밤을 어찌 보낼지...
김관   ... (맘에 든다) 모시겠습니다. (앞장서는)

휘, 따르고.

S#9. 벌판/정벌군 숙영지 (D)

모닥불 주위에 기특과 득식, 어을운 등이 모여 주먹밥을 먹고 있다. 모닥불에서
떨어진 곳에는 석구를 비롯한 가노들과 하급 병사들이 모여 끼니 때우는 중. 병
사들 물통이 얼어 물이 나오지 않는다. 석구, 물을 마셔보려고 통을 툭툭 치는

데. 바느질 마무리한 자현, 석구에게 자기 물통 내어준다.

석구	어째 자네 물은 안 얼었대?
자현	소금을 좀 탔거든요. 바닷물은 얼지 않잖아요.
석구	고놈 참 똑똑하네~ (주먹밥 건네주며) 어여 먹어. 늦으면 얼음밥두 없어.

주먹밥 부숴 먹는 득식의 모습 보이고. 이크! 들키지 않으려 등 돌린 자현, 주먹밥을 먹어보려 한다. 얼어붙어 이조차 들어가지 않지만 어떻게 해서든 먹어보려고 애쓰는데...

다가오는 휘와 김관.

휘, 병사들의 입성과 먹거리를 살핀다. 추위를 막기 어려운 허름한 입성과 차가운 주먹밥. 가슴이 저린데... 읍하는 병사들. 몇몇은 제대로 일어서지도 못하며 끙끙 앓는다. 자현은 혹시 들킬까 우왕좌왕, 전전긍긍이고.

휘	(김관에게) 벌써 부상병이 생긴 것입니까?
득식	(냉큼 나서는) 짐을 부리다 허리를 삐끗한 놈도 있고 고뿔에 걸려 골골대는 놈들도 있습니다.
휘	(놀라서) 그런 병사들도 야숙을 시키는 겁니까?
김관	(설명하는) 일반 병사들까지 돌아갈 막사가 없습니다.
득식	(불만이 가득한) 사대부의 자제들도 막사를 배정받지 못해서 이 엄동설한에 풍찬노숙을 해야 할 판입니다.
휘	몸이 안 좋은 병사들은 제 막사를 쓰게 하십시오.
득식	!
자현	... (돌아선 채/역시...)
김관	(말리는) 마마, 그러실 필요까지는...
휘	부상과 질병 때문에 행군이 지체될 수도 있습니다. 그리하십시오. 명령입니다.

김관, 명이란 말에 고개를 숙인다.

김관	(득식에게) 아픈 정도가 심한 자들을 추려 대군의 막사에 수용하도록 하게.
득식	(마지못해) 예.

병사들은 자리를 뜨는 휘와 김관에게 연신 '고맙습니다!', '감사합니다!' 고개를 조아리고. 자현은 그제서야 휘의 뒷모습을 보며 자랑스런 얼굴인데.

득식	병사들 챙기는 거 반만이라도 날 좀 챙겨주면 어디 덧나나? 아니 내가 누구냐고. 남도 아니고 곧 있음 지 처남 될 몸 아니냐고! (신경질적으로 병사들 돌아보며) 아 뭐해!? 아픈 놈, 병든 놈 튀어나오지 않고!

몇몇 병사들이 끙끙거리며 나선다. 자현은 득식의 눈을 피해 다른 곳으로 가는데. 돌아보던 휘의 눈에 띈다. 병사의 유달리 작은 몸집이 의아한 휘.

S#10. 자현의 집 전경 (D)

S#11. 사랑채 마당 (D)

성억의 퇴청 소식에 다급히 나오는 안씨.

S#12. 성억의 처소 (D)

성억, 직접 차 우려서 강에게 내고 있다.

강	(차를 음미하며) 근래 마신 차 가운데 으뜸입니다.
성억	하실 말씀이 있는 게 아니었습니까? (할 얘기나 하라는)
강	... 아우가 이 댁 따님에게 청혼을 했다던데...
성억	모녀가 대비전에 인사는 올렸습니다만...
강	대감께서 국구가 되고픈 야심이 있는 줄은 몰랐습니다.
성억	! 왕실의 일원이 되는 것이 광영이기는 하나, 즈이 집에서 바란 일은 아닙니다.
강	어마마마께서 그 아이를 세제위에 올리고자 하는 것은... 보위를

물려주겠다는 뜻이 아닙니다.

성억   (알고 있다) 원자가 자라기를 기다려야 하는데... 북방의 정세가 다급하다 보니 미봉책을 택하신 것이라 짐작은 하고 있습니다.

강   후일 은성대군이 세제위에서 내려오면, 안위가 보장된다 믿으십니까?

성억   !

강   명나라 건문제는 보위에 오르자마자 숙부들부터 숙청했지요. 집권하면, 위험요소부터 없애는 게 순리 아닙니까?

성억   ......

강   하나뿐인 귀한 따님을... 한 치 앞날을 알 수 없는 격랑 속으로 밀어 넣지 마십시오. 대감께서 동생의 뒷배가 되시면 은성의 세는 커질 것이고... 다 자란 원자는 그런 숙부를 더욱더 경계하겠지요.

성억   겁박이십니까.

강   ... 그럴 리가요. 선왕의 뜻을 함께 새기고자 하는 것입니다. 현명한 아바마마께서는 저에게 한미한 처가를 주셨지요. 이유가 무엇이겠습니까.

성억   ......

강   멸문지화가... 꼭 남의 일만은 아닐 것이에요... 어마마마가 때로 얼마나 차가운 분인지... 대감은 아시지 않습니까.

성억   (흔들리는데)

문 밖이 소란해지면서 발칵 열리는. 안씨가 앞뒤 없이 내지른다.

안씨   대감! 우리 자현이 좀 잡아 와야겠어요! 이게 겁도 없이 군대를 따라... (하다가 멎는/그제야 발견한 강/입을 틀어막으며) 흡!

성억   (이해가 안 가는) 그게 무슨 소리요? 자현이가 뭘 어쨌다는 것이오?

안씨   (눈치 보며 잦아드는) 아니... 지 오래비 배웅 간다고...

성억   거기가 어디라고!

안씨   ... (쩔쩔매는데)

강   (나서는) 제가 데려오지요.

성억 부부, 동시에 쳐다보면.

강	(차 마저 마시고 일어서는) 안 그래도 전달할 보급품이 있어 후발대를 꾸리는 중입니다. 가는 김에 따님을 모셔다 드리지요.
성억	즈이가 알아서 하겠습니다. 심려하지 않으셔도...
강	(OL) 자칫 불똥이 엉뚱한 데 튈 수도 있지 않겠습니까?
안씨	(좋은 생각 같은데) 대군께서 나서주시면 우리야 마음은 놓이죠.
성억	... (난감하고)
강	... (지켜보는)

S#13. 숙영지 일각 (D)

주변을 살피던 휘, 일각으로 사라지는 자현의 뒷모습 발견한다. 표정 굳어 뒤를 쫓는 휘.

S#14. 숲 일각 (D)

숲으로 숨어든 자현, 들키지 않았다 여겨 안도의 한숨을 몰아쉬는데... 스윽... 뒤에서 목으로 칼날이 들어온다. 흠칫! 놀라는 자현.

휘(소리)	정체가 무엇이냐.
자현	! (휘의 음성이다)
휘(소리)	허락도 없이 진지를 이탈하다니! 오랑캐의 간자더냐, 아니면 나라와 동료를 배신한 탈영병이냐?
자현	... (말을 못하고)
휘(소리)	(자현을 돌려세우며) 말을 하라는데두!

돌려세워지는 자현! 자현의 앞으로 칼날을 들이미는 휘! 서로의 얼굴을 확인한 두 사람, 기겁을 하고!

휘	(칼을 내리며) 낭자?
자현	... (고개를 못 들고)
휘	(자현의 얼굴을 잡고 눈 맞추는) 낭자가 여긴 어떻게? (내려다보며) 이 꼴은 또 뭐고...
자현	(부끄럽고 창피한) 아니 저 그게...

휘	(믿을 수가 없는) 언제 여길 온 것이오? 몸은 괜찮소?
자현	......
휘	대체 아녀자의 몸으로 여긴 왜 따라온 거요? (했다가 걱정에) 요기는 한 게요? (다시 짜증 버럭!) 무슨 생각을 하면 이럴 수가 있는 게요!

봇짐 속에서 누비옷 꺼내는 자현. 휘, 어이가 없고.

자현	(내밀며) 북쪽은 더 춥다면서요...
휘	(무섭게 화내는) 겨우 이거 때문에?! 이거 주자고 행군길을 따라왔단 말이오? 제정신이오?
자현	... 한 번만... 한 번만 더 보고 싶었어요. 제 손으로 지은 겨울옷을 입혀드리고... 춥고 먼 길... 조금이라도 따뜻하게 가시라고...

휘, 울화통이 터진다. 미치겠고!

| 자현 | ... (눈치 보며) 어젯밤에 완성해가지구 출병하실 때 드릴라 했는데... 바느질이 미처 안 끝나서... |

더 이상은 화를 낼 수 없어진 휘, 자현을 와락 안아버리고!

자현	... (용서하는 건가? 심장이 뛰고...)
휘	낭자를 어찌하면 좋단 말이오!
자현	(떨어지며) 이제 드렸으니까 됐어요. 저는 이만 가볼게요.
휘	겨울해는 짧은 거 모르시오? 해는 금방 떨어질 겁니다!
자현	... 밤새 걸으면 돼요...
휘	내가... 낭자를 그리 보낼 수 있다 믿으시오?
자현	......
휘	오늘 밤은 막사에서 묵으시오. 날이 밝으면, 호위병을 붙여드리겠소.(했다가 아차 싶은) 이럴 줄 알았으면 막사를 비워두는 건데!
자현	사내옷을 입구 왔습니다. 야숙도 할 수 있어요.
휘	... (어림도 없다/보는데)

머쓱한 자현.

S#15. 대군저/강의 처소 안 (N)

강, 무복으로 갈아입는 중이다. 나겸이 이를 거드는데...

나겸　　(강이 왜 가야 하는지 이해가 안 가는) 이 밤에 꼭 가셔야겠습니까? 마마
　　　　가 굳이 안 가셔도... (되지 않냐는)

강　　　백부는 나를 위해 목숨을 걸었고, 하여 나 대신 동생이 출전을 했
　　　　습니다. 후방에서 지원조차 안 하면 내 꼴이 뭐가 되겠소!

나겸　　......

강　　　내일 궁에나 들어가 보세요. 전하의 병세를 알아야 합니다.

나겸　　예, 대감.

강　　　시름에 빠진 어마마마를 위로하고 중궁전도 살피시구요.

나겸　　...... (마저 입혀주는데)

S#16. 길 (N)

쉬지 않고 달려가는 강 일행.

S#17. 휘의 막사 (N)

병사들이 잠들어 있다. 막사의 문이 조심스레 들춰지고, 휘가 자현을 데리고 들
어온다. 누구 하나 깰세라, 자현이 들킬세라 조심조심 병사들의 다리 사이를 지
나가는 두 사람. 벽 쪽에 빈 공간 발견하고 자현의 자리를 잡아주는 휘, 다른 사
람들과 자현 사이를 가로막듯 자신이 경계선이 되어준다.

자현　　(속삭이듯) 정말 밖에서 자도 되는데...

휘　　　(아랑곳없이 자현을 눕히며/낮게 소리 죽여) 얼어 죽을 일 있소?

자현을 눕히고, 자현을 지키듯 돌아누워 다른 이들 경계하는 휘. 휘의 등을 보고
눕게 된 자현. 떨린다. 이렇게 나란히 누운 적은 처음인데...

휘도 침을 꼴깍 삼키는. 등 뒤의 자현, 그녀의 호흡이 의식되고.

자현, 가만히 휘의 등에 손을 댄다. 휘, 쿵 내려앉고! 이어서 제 이마를 휘의 등에 기대는 자현. 미친 듯이 심장이 뛰는 휘! 조심스레 손을 등 뒤로 내미는. 자현, 휘의 손을 잡는다. 잠이 오지 않는 밤. 그렇게 서로 조금씩 닿아 있는 채... 잠들지 못하는 연인들.

CUT TO

자현, 잠들어 있다. 휘, 몸을 돌려 옆으로 누운 채 자현을 보고 있는데... 만지고 싶다... 가만히 손을 들어... 감히 살갗에 대지는 못하고... 손가락으로 이마부터 위에서 죽 내려오는. 천천히 콧날을 훑고... 입술 위에 머물렀다... 손을 내린다.

CUT TO

휘가 잠들어 있다. 이번에는 자현이 눈을 뜨고 있다. 허공에서 망설이고 망설이다... 휘의 뺨에 가만히 손을 올려보는데... 눈을 뜨는 휘. 두 사람의 시선이 마주친다. 한동안 서로를 보다가... 자현의 머리를 당겨 안으며 입 맞추는 휘!

병사들 다 자고 있는데... 두 사람만 깨어 입을 맞추는! 숨 막히는 긴장감과 열기가 전해져 오고!

S#18. 휘의 막사 외경 (새벽)

해가 뜨고 있다. 막사가 천천히 밝아오고.

S#19. 진지 일각 (D)

병사들이 깨어나 분주한 아침. 행군 재개를 위해 진지를 정리 중인데... 밤새 말을 달려온 강 일행이 도착한다. 말에서 내리는 강. 어을운이 발견하고 반가워 달려온다.

어을운	마마! 어쩐 일로 예까지...
강	(어을운의 어깨 한번 짚어주고) 백부님은 어디 계시느냐?
어을운	(안내하는) 이쪽으로 오시지요.

강, 따라가고. 가면서 병사들 유심히 보는. 자현을 찾고 있다.

S#20. 지휘부 막사 안 (D)

양안대군, 강을 보고 반가운데... 어을운, 출입구를 지키고 섰고.

양안대군	조카님께서 여기까지 웬일로? 도성에 무슨 일이라도 있습니까?
강	(부풀리는) 은성이 여자를 숨겨 온 듯합니다.
양안대군	?! (뜻밖이고) 원정길에 계집을?
강	사단이 나기 전에 수습을 해야겠기에 밤새 말을 달려 따라온 것입니다.
양안대군	전장에 여자라... 군율을 우습게 아는 자는 그 자리에서 참수를 당해도 할 말이 없는 법이지요. 아무리 대군의 지체라 하더라도 말입니다.
강	!
양안대군	(어을운에게) 은성대군을 찾아오너라.

어을운, 읍하고 나가면 강도 따라 나간다.

S#21. 진지 일각 (D)

어을운과 강의 수하들이 막사를 뒤지며 휘와 자현을 찾고 있다. 강도 유심히 진지 안을 살피는데...

S#22. 휘의 막사 (D)

자현, 구석에 옆으로 웅크려 누워 있고, 휘가 자현의 등을 보며 누워 있다. 둘 다 깨어 있는데... 다른 병사들, 부스스 일어나 밖으로 나가고.

휘	(낮게) 움직이지 마요. 다들 나가면... 그때 일어나요.
자현	... (조용히 기다리고)

휘, 마지막 병사가 나간 것 확인하고.

| 휘 | (자현 일으키며) 지금이오! 나갑시다! |

자현, 발딱 일어나는.

S#23. 동 앞 (D)

막사에서 나오던 휘와 자현. 강과 마주친다. 소스라치는 두 사람. 차가운 눈빛의 강. 당황해서 자현부터 뒤로 숨기는 휘.

S#24. 경복궁 전경 (D)

S#25. 대비전 (D)

나겸, 작은 항아리를 들고 대비전에 들었다. 중전 김씨도 와 있고.

나겸	심병에 좋다는 염교¹⁾입니다. 친정에 담가둔 것이 있어 챙겨 왔습니다. 전하께 올리시지요.
대비 심씨	마음 써주니 고맙구나.
나겸	... 전하의 환후는 어떠하신지요.
중전 김씨	토벌대가 떠난 뒤로 좀 안심이 되시는지 기력을 찾고 계세요.
나겸	후방에 남은 것이 맘이 편치 않았는지... 대군도 어젯밤 서둘러 길을 떠났습니다.
대비 심씨	진양이?
나겸	백부님과 은성대군에게 보급품을 챙겨주고 싶다며...
중전 김씨	... (당황해서 대비 보는)
대비 심씨	사사로이 군에 보급을 갔단 말이냐!
나겸	배웅이 짧아 아쉬웠던 게지요. 그게 바로 혈육의 마음 아니겠습니까.
대비 심씨	......

---

1) 외떡잎식물 백합목 백합과의 여러해살이풀. 주로 장아찌나 절임 등을 해 먹고, 약재로도 쓴다.

S#26. 지휘부 막사 안 (D)

양안대군과 강 앞에 휘와 자현이 끌려 들어왔다. 득식도 불려 와 있고. 어을운이 문가를 지킨다.

양안대군	오랑캐를 토벌하러 가는 원정길에 아녀자를 대동하다니! 이는 왕실의 수치이며 지엄한 군율을 무너뜨리는 일입니다!
자현	그냥 저 혼자 따라온 거라구요! 겨울옷만 좀 전해드리려고 한 거예요!
득식	(화가 난) 닥치지 못해! 뭘 잘했다구 나서 나서길!
자현	오라버니! 그게 아니라니까! (도와달라는/간절한)
휘	... 모든 게 제 잘못입니다. 어떠한 처벌이든 달게 받겠습니다. 자현 낭자만 무사히 돌려보내 주십시오.
강	전쟁이 소풍인 줄 아느냐?
휘	......
강	어린 조카를 대신하여! 이 형을 제치고! 나라의 명운을 걸고 나선 길이다. 겨우 계집과 노닥거리느라 본분을 잊어? 네가 그러고도 이 나라의 대군이냐!
자현	(억울한) 몇 번을 말해요? 대군은 제가 온 줄도 몰랐다구요!
양안대군	(재미있고) 이걸 어쩐다? 참전하여 모범을 보여야 할 종친이 원정길에 여색을 탐하였다는 소문이 나면.
휘	! (모욕적이고) 말씀이 지나치십니다!
양안대군	(보면서) 병사들의 사기가 크게 떨어질 것인데...
자현	도리어 사기가 오를 것입니다.
강	!
휘	(자현을 보는)
자현	(눈물이 그렁해지는) 누군들 두고 온 가족이 없겠습니까? 젊은 병사들한테는 눈물로 이별하고 떠나온 정인도 있었겠지요. 애틋한 마음으로 한 번 더 얼굴을 보고자... 엄동설한에 조금이라도 따뜻하라고 밤새 바느질을 하여 들고 왔습니다. 그게... 그렇게 죽을죄입니까?

일동, 조용해지고.

휘	제 생각도 같습니다. 자현 낭자의 충심과 절개는 오히려 병사들을 위로하고도 남을 것입니다.
강	...... (빈정 상하고)
득식	(나서며/이게 기회 같다) 철없는 동생은 부디 용서해주시지요. 제가 얼른 집에 데려다주는 게 모두를 위해 좋을 거 같은데...
양안대군	... 은성이 아직 군율에 익숙지 않은 것 같으니 대제학의 여식을 돌려보내는 선에서 덮도록 하겠다.
득식	(안도하며) 감사합니다!
자현	...... (눈물 닦아내는)
양안대군	허나 용서는 한 번뿐이야.
휘	......
양안대군	앞으로는 조선의 대군답게, 매사에 모범을 보이도록 하시게.
휘	명심하겠습니다.
강	보급품 인계가 끝나는 대로, 제가 데리고 가지요. 그 편이 안전할 것입니다.
자현	?
휘	(당황해서 강을 보고)
양안대군	그리하는 게 좋겠구나.

서로를 노려보는 강과 휘! 자현, 원망 어린 눈길로 강을 본다.

S#27. 휘의 막사 (D)

휘, 자현과 작별인사 나누고 있다.

자현	죄송합니다. 소녀의 짧은 생각이 마마를 힘들게 하였습니다.
휘	(목도리 같은 거 둘러주고/귀마개도 씌워준다) 하나도 힘들지 않았소. 와주어 기뻤고... 함께하여... 떨렸소.

자현, 어젯밤 생각에 얼굴 붉어지는. 휘, 미소로 보고 있는데...

자현	(목도리와 귀마개 풀어서 다시 휘에게 해주려 하며) 이건 마마가 하셔요. 전 금방 집에 가는데요 뭐.

휘	난 또 있소. 하고 가시오.
자현	...... (휘의 손목에 매어진 댕기 보고/뭉클해지는)
휘	... (들킨 게 쑥스럽고) 여기 두르면 손목도 덜 춥고 그래서...
자현	... (괜히 기쁘고)
휘	(자현의 불안감 덜어주려는) 호위병이 생겨서 다행이오. 돌아가는 길이 걱정이었는데...
자현	... (강이 누구보다 위험한데)
휘	(알지만 괜찮은 척) 형님께서 무사히 데려다주실 것이오.
자현	...... (이러지도 저러지도 못하는)

S#28. 지휘부 막사 안 (D)

양안대군과 강이 독대 중이다.

강	(약병 하나 건네며) 자운곱니다. 동상에 바르십시오.
양안대군	(받으며) 갖고 싶은 것이 초요경이 아니라 저 계집이었더냐?
강	......
양안대군	영웅은 호색이라지만 동생의 여자다. 장차 이루어갈 대업에 흠결을 남기지 마라.
강	왕은 무치라 하지 않습니까.
양안대군	아직은 왕이 아니기에 하는 말이야.
강	......
양안대군	기다리시게. 기다리면 천하가 조카님의 것인데.
강	...... 휘가 가는 길은 도성에 소문이 날 것입니다. 문약한 은성, 여자에 연연하는 대군... 그가 왕재가 아니라는 것이 백성들 사이에 각인되겠지요.
양안대군	(씨익)
강	......

S#29. 진지 일각 (D)

말 위에 타고 있는 강과 수하들. 휘, 마지막으로 자현을 말 위에 올려주려 하는데.

자현	아, 참. (뒤져서 소금병 꺼내 주며) 소금이에요.
휘	? (의아하게 보면)
자현	물통에 조금 타세요. 그럼 물이 얼지 않거든요.
휘	짠물은 갈증이 더 난다던데?
자현	조금은 괜찮습니다. 여름철 무더위에는 병사들에게 일부러 먹이기도 하는걸요. 기력 쇠하지 말라구.
휘	아...
자현	병사들 수통이 얼어붙어 물을 마시지 못하는 걸 봤습니다. 소금이 있으면 나눠주시고 없으면 국경 넘기 전에 민가에서라도 보급을 해 오는 것이 좋을 듯합니다.
휘	기억해두리다.
자현	......

휘, 자현을 말에 올리고.

배웅 나온 양안대군과 득식, 어울운 보인다. 득식은 자기가 못 가는 게 통탄스럽다. 강에게 다가가는 휘.

휘	(자현을) 부탁해.
강	걱정하지 마라. 귀하게 모실 것이니.
휘	... 안 그래도 기다림에 힘들 사람이야.
강	(보는)
휘	형이 더 힘들게는 하지 마.
강	... 후방은 잊어.
휘	......
강	미련이 질기면 앞으로 나아갈 수 없다.

물러나는 휘. 휘에게 시선 박혀 있는 자현. 강, 양안대군에게 고개 숙이고 말머리 돌리는 득식, 자현의 말을 보낸다.

자현	오라버니, 미안해...
득식	(어서 가라고 손짓하고)

자현, 휘를 돌아보는. 휘, 자현을 향해 달려갈 듯 발을 내밀었다가 멈추는. 멀어져가는 자현. 서 있는 휘.

S#30. 대비전 (D)

대비 심씨 앞에 심정 와 있다. 두 사람 사이의 서안 위에 나겸이 가져온 염교 항아리 올라가 있고.

대비 심씨   (장상궁에게) 갖다 버리시게.
심정   마마! 설마 군부인이...

장상궁, 와서 항아리 받아 간다.

대비 심씨   주상의 정궁과 후궁들이 당한 게 있지 않습니까. 사가에서 올린 것은 그 누가 바친 것이라도 경계해야 합니다.
심정   (끄덕이고)

장상궁, 항아리 들고 나가면.

대비 심씨   백부가 없으니 진양이 조정에 관여를 하려 들 것입니다. 철저히 막으세요.
심정   진양의 처남인 종사관 자준이 돈을 물 쓰듯 쓰고 다닌다 하옵니다. 한미한 집안에서 왕실 사돈을 맞고 보니 물색을 모르는 건지...
대비 심씨   (한심한) 그 돈이 어디서 나왔겠습니까.
심정   (보는)
대비 심씨   모두가 세를 모으려는 작태가 아닙니까.
심정   ! (깨닫고)
대비 심씨   대군저를 드나드는 자, 자준 측근에 모여드는 자들은 모두 좌천시키세요.
심정   ...
대비 심씨   사심을 품고 진양에게 접근하면 되려 앞길만 막힌다는 걸, 그들이 알아야지요.
심정   예, 마마.

S#31. 동 앞 (D)

근엄한 표정으로 염교 항아리 들고 나온 장상궁. 살짝 뚜껑을 열어본다. 초향이 확 끼치는. 잠깐 고민했다가 기미하듯 손가락으로 하나 집어 맛을 보는데... 아삭 씹는 순간, 목을 부여잡는. 표정 일그러지며 곧 죽을 것처럼... 독을 삼킨 듯 신음이 괴로운데... 터지는 한마디.

장상궁   셔!

간신히 삼키고 다시 엄근진 모드로 돌아가 뚜껑 닫는다. 손가락만 한번 쪽 빨고, 치맛자락에 닦아내고 간다.

S#32. 관아 전경 (D)

S#33. 관아 마당 (D)

말에서 내린 강, 자현을 내려주러 온다. 스스로 말에서 내려오는 자현. 수하들이 강과 자현의 말을 거둬 가고.

자현   도성으로 바로 돌아가는 거 아닌가요?
강   ... 난 누구 덕분에 어제도 밤새 말을 달렸소. 수하들을 먹이고 쉬게 해줘야 하오.
자현   허면 쉬었다 오시지요. 말 한 필만 내어주시면 저는 혼자 갈 수 있습니다.
강   말도 지쳤소.
자현   (멎는/그건 미처 생각 못했고)
강   (뒤에 남은 수하에게) 관비를 불러 아씨를 씻겨드리고, 옷도 좀 구해오너라.
자현   (당황하는) 아닙니다! 전 이대로도 괜찮습니다!
강   그 꼴로 돌아가면, 어른들의 심려가 더 크지 싶은데...
자현   ... (내려다보는)
강   대제학께 낭자를 무사히 데려다 달라는 부탁을 받았소. 난, 약속을 지킬 생각이오.

자현   ... (부친 언급에 좀 수그러들고)

S#34. 관아/객사 (N)

남장 풀고 제대로 된 의복을 갖춘 자현, 강 앞에 앉아 있다. 막 씻고 난 뒤라 깨끗하고 청순한데... 강, 자현은 보지도 않고 술만 따르는. 두 사람 앞에는 저녁으로 각상이 놓였다. 강의 상 옆에는 주안상 딸려 있고.

자현   저녁은 편하게 혼자 드시지요. 저도 나가서 먹겠습니다. (상 들고 나가려는데)
강   (좋아서 같이 있는 거 아니라는) 둘이서 입을 맞춰야 하지 않겠소?
자현   ?!
강   어떻게 가게 되었는지, 어디까지 갔는지, 어디서 자고 무엇을 했는지.
자현   ... (곤란하고)
강   왕실에서 알게 되었을 수도 있는데...
자현   !
강   내가 뭘 알아야 소명을 할 거 아니오?
자현   ......
강   낭자가 아니라, 내 동생을 말이오.
자현   아... (그제서야 협조 모드 되고)
강   (보면)
자현   저는 그냥... 저희 오라버니 하인으로 따라왔다구...
강   (술 한잔 따라 마시며) 어디서 잤소?
자현   ... 병사들 막사요.
강   (기가 차서) 겁이 없는 건지, 생각이 없는 건지...
자현   은성대군이 지켜주셨습니다.
강   ! (질투가 끓어오르고) 전쟁터까지 따라가기라도 할 작정이었소?
자현   아닙니다!
강   허면?
자현   ... 한 가지밖에 생각 못했어요.
강   (보면)
자현   대군을... 조금만 더 보고 싶다고...

강	... 배웅을 하고 관아에 머물렀던 것으로 합시다. 그래야 뒷말이 없을 것이오.
자현	... 네. (하는데 배 속에서 꼬르륵)
강	? (쳐다보면)
자현	(창피한데) 어제부터 먹은 게 별로 없어가지구...
강	좀 드시오.

자현, 강 앞에서 식사하기가 싫지만... 배고픔이 체면을 이긴다. 씩씩하게 밥 먹기 시작하고. 강, 그런 자현 보면서 술 마시는.

S#35. 자현의 객사 안 (N)

이부자리 펴져 있는 방 안. 자현, 버선을 벗고, 댕기 풀며 잘 준비한다.

S#36. 동 앞 (N)

자현의 움직임이 그림자로 보이고. 강이 그 앞에 서 있다. 문이라도 부숴버리고 싶지만... 차마 어쩌지를 못하고 문밖에 서 있는데...

S#37. 길 (N)

야간 행군 중인 휘. 자꾸만 뒤를 돌아본다. 가버린 자현이 또 따라올 것 같은데...

S#38. 자현의 객사 (N)

이부자리에 누운 자현. 어젯밤의 휘가 자꾸만 생각난다.

인서트) 17씬. 휘의 등에 기대는 자현.
　　　　　등 뒤로 자현의 손을 잡아주던 휘.
　　　　　몰래 하던 막사의 입맞춤...

자현, 이불을 확 뒤집어쓰고.

S#39. 자현의 집 전경 (다음 날 D)

S#40. 안채/안방 (D)

머리를 싸맨 채 죽상 받아먹고 있는 안씨. 끝단, 옆에서 안씨의 시중을 들고 있다.

안씨   (마지못해 수저질하다가 더 못 먹겠다며 쟁반을 내민다) 입맛이 없구나. 아
         들 걱정, 딸 걱정에 잠도 못 자고... 내가 이러다 제 명에 못 살지
         싶어...
끝단   마님, 그러지 말고 더 드세요. 마님이 기운을 차리셔야 집안의 중
         심이 흔들리지 않고... (하다가 보는데 말끔히 비워진 죽그릇/어이가 없는데)

안씨, 자리에 도로 누우려는데 밖에서 찬모가 고하는 소리 들린다.

찬모(소리)   (호들갑 떠는) 마님! 나와보셔요! 아씨가 오셨습니다! 우리 자현 아
           씨요!

후다닥 뛰쳐나가는 안씨와 끝단.

S#41. 안마당 (D)

안씨와 끝단 뛰쳐나오는데. 멀쩡하게 돌아온 자현.

자현   (인사하며) 다녀왔습니다, 어머니.
끝단   (반가워서) 아씨!

안도감 들면서 동시에 열이 확 올라오는 안씨! 마당으로 달려 나가 자현을 팬다!

안씨   나가! 도로 나가! 아예 나가 살어!
자현   어머니!
안씨   이 집이 나가구 싶을 때 나가구 아무 때나 들어오고 싶을 때 들
         어오는 객주집인 줄 알아? 네가 사내야? 어딜 함부로 나다니면서
         외박을 하구!

자현	(끝단 뒤로 숨으며) 잘못했어요, 어머니! 다시는, 다시는 안 그럴게요!
안씨	이리 안 와! 오늘 아주 그냥 모녀지간에 끝장을 내자! 네가 죽든지! 내가 죽든지!
자현	털끝 하나 안 다쳤어요! 무사히 잘 왔다구요! 오라버니 잘 계신 것도 보고...
안씨	누가 그거 궁금하대? 내 아들 안부 묻자고 딸자식이 집을 나가야겠어!
끝단	(말리며) 정식으로 하시죠.
안씨/자현	(끝단 보면)
끝단	여기서 이러면 아랫것들 보기도 그렇고 모양새도 별로니까 들어가서 정식으로 회초리를 때리세요. 몇 대 가져올까요? 두 대? 세 대?
자현	(배신감에) 끝단아!
안씨	오냐 그래. 아주 그냥 다발로 가져와 봐. 너네 둘이 오늘 다리몽댕이를 분질러놓을 테니까!
끝단	저요? 저는 왜요?
안씨	아씨를 못 모신 죄! 상전이 한밤중에 집을 나가도 모른 죄!
끝단	마님, 그거는 계산이 안 맞죠~
자현	(끝단 붙잡으며) 살아도 같이 살고! 죽어도 같이 죽자! 우리는! 운명이잖아?
끝단	(어이가 없고)

S#42. 사랑채 마당 (D)

자현을 데려온 강, 성억과 인사 나누고 있다.

성억	(몸 둘 바를 모르겠다) 본진에도 대군께도... 큰 폐를 끼쳤습니다.
강	궁에는 알리지 않았습니다. 대감과 저만 아는 일로 할 것이니 심려치 마십시오.
성억	... 면목이 없습니다.
강	따님의 앞날에 대해... 고민을 좀 해보셨습니까?
성억	... 딸자식입니다. 애비로서 바라는 것은, 그 아이의 평범한 행복입니다.

강	(보는데)
성억	허나, 이미 대비전에 인사를 간 마당에... 왕실과의 혼담을 즈이가 되돌릴 길은 없지 싶습니다.
강	길이야 찾으면 되는 것이고... 보이지 않으면 새로 낼 수도 있는 것이지요.
성억	!
강	앞으로 종종 들르겠습니다. 어지러운 시국에 도움 말씀도 좀 듣고, 전장의 소식도 나누고자 합니다.
성억	... (엮이는 기분인데)

S#43. 대군저 앞 (D)

강의 수하들이 도착했다. 나겸, 자준과 나와서 맞이하는데... 강은 보이지 않고...

나겸	마마는? 마마는 같이 안 오신 것이냐?
수하	... 그게 저...
나겸	?
수하	(자준에게 보고하는) 기방으로 가셨습니다.
나겸	!
자준	(둘러대 주는) 만날 사람이 있는 모양이로구나.

나겸, 무시당했다는 느낌에 분한데...

나겸	초요경이라지요?
자준	(멎으면)
나겸	마마께서 발길하시는 천기 말입니다.
자준	... 신경 쓸 거 없다. 사내들의 일이라는 게... 안방에서 다 알 수는 없는 법이야. 기녀라두 이래저래 필요한 사람이다. 장정들만 모아서 되는 일이 아니란 말이다.
나겸	......

S#44. 기루 전경 (N)

홍등이 밝혀진 기루.

S#45. 초요경의 방 (N)

초요경과 마주 앉은 강.

초요경	(술잔 올리며) 먼 길 다녀오셨는데... 집에서 쉬시지 않구요...
강	발길이 이리 향하더구나.
초요경	저야 기쁘지만...
강	... (불쑥) 계집이 사내에게 마음을 빼앗길 때가 언제더냐.
초요경	?
강	생각해보니 살면서 단 한 번도 여인의 마음을 사고자 노력해본 적이 없다.
초요경	누구의 마음을 갖고 싶으십니까?
강	태어나 보니 왕의 아들이어서... 궁녀들이 굽신거리고... 아부꾼들과 기루에 몰려가면 기녀들이 아양을 떨고... 여염의 여인들 또한 왕실의 일원이 되고자 하는 야망에 청하기도 전에 다가오고...
초요경	... (보는데)
강	당연한 일이었다. 여인들이 날 원하는 것이, 그들이 먼저 다가오는 것이. (술 마시면)
초요경	(안주 집어주는데)
강	(물리고/술 다시 따르는)
초요경	(젓가락 내려놓고) 천기들이야 돈 있고 권세 있으면 따르는 것이고... 잘생기고 잘난 사내들에게 마음 주는 여인들도 있을 것이고...
강	(본다)
초요경	드물게도 어떤 여인들은... 사내의 뜻에 반합니다.
강	사내의 뜻?
초요경	사내가 품은 뜻에 반하면 평생을 바치게 되지요.
강	너는 나의 무엇을 보고 있느냐?
초요경	마마의 내일을 보고 있습니다.
강	(보면)

초요경	마마의 내일에 걸면, 쇤네에게도 내일이 있지 않겠습니까?
강	... (위로가 되지 않는 대답이다. 술잔을 비우고)

S#46. 파저강변 전경 (다른 날 D)

살얼음이 낀, 스산한 겨울강의 주변 풍경. 오가는 정찰병들의 모습에서 전운이 감돈다.

S#47. 동 일각 (D)

다 쓰러져가는 초막에서 추위를 피해 웅크리고 있는 백성들. 거지꼴을 한 어린 아이들의 처량한 모습도 보이고. 기특을 대동, 근심 가득한 얼굴로 순찰을 돌며 그런 모습을 안타깝게 보는 휘.

S#48. 지휘부 막사 (D)

양안대군과 휘, 김관을 비롯한 지휘부들이 모여 작전 회의를 하고 있다.

양안대군	삭승필망(數勝必亡). 여러 번 이기면 필히 망한다 했습니다. 백전을 겪으면 병졸은 피폐해지고 백승을 거두면 장수는 교만해지게 마련!

무장들, 보면.

양안대군	기다려야 합니다. 기다렸다가 단 한 번에 쓸어버려야 해요!
휘	기약 없이 기다리기엔 백성들이 치러야 할 희생이 너무 큽니다. 오랑캐들은 수시로 내려와 민가의 곡식을 노략질하고 있지 않습니까!
양안대군	대를 위한 소의 희생은 어쩔 수 없다.
휘	! (누르고) 병법에 싸우지 않고 이기는 것이 상책이라 하였습니다. 전투에 앞서 협상을 시도해보는 건 어떨지요?
양안대군	오랑캐와 협상이라...
휘	병사들의 희생을 미연에 방지할 수만 있다면, 충분히 의미 있는

	시도라 여겨집니다.
양안대군	허면 네가 가겠느냐?
김관	!
양안대군	전권을 줄 테니 적진으로 들어가 적장과 담판을 지어보라 이 말이다.
휘	......
김관	(반대하는) 대군은 아직 전투 경험조차 없습니다. 담판이라니요. 산전수전 다 겪은 노장들에게도 어려운 일입니다.
양안대군	난 싸우는 것이 계책이라 하고 대군은 싸우지 않는 상책을 원하니... 말을 뱉은 자가 책임을 져야지.
김관	안 됩니다! 대군에게 그런 위험을 무릅쓰게 할 수는 없습니다.
휘	(김관을 제지하며) 다녀오겠습니다.
양안대군	(미소하는)
김관	(안 된다는) 마마!
휘	(김관에게) 백부님의 말씀이 옳습니다. 말을 뱉은 자가, 책임을 져야지요.
김관	!

S#49. 휘의 막사 안 (D)

김관이 휘를 만류한다.

김관	안 됩니다. 적들이 어떻게 나올 줄 알고 단신으로 들어가신다는 겁니까!

기특이 휘에게 갑옷을 입히려 하는데.

휘	(거부하며) 사신으로 가는 것이니 갑옷은 입지 않겠다.
김관	(걱정되는) 마마!
휘	한 나라의 왕자가 예를 갖춰 찾아가는 것이오. 아무리 오랑캐라 하나 사신에게 칼을 들이밀지는 못하겠지.
김관	보장할 수 없는 일입니다!
휘	저들이 우리 백성을 많이 끌고 갔다 하오. 전투가 시작되더라도

조선 사람을 화살받이로 선두에 내세우니... 우리 손으로 조선의
백성을 죽이면서 시작해야 하는 싸움이오.

김관   ......
휘   포로로 끌려간 백성들을 구해 와야 합니다. 단 한 사람이라도... 버
          려서는 안 됩니다.
김관   제가 모시겠습니다.
휘   ... 그럼 나야 든든하고. (웃는데)

기특, 예복 가져와 휘에게 갈아입힌다. 자현이 만들어 온 덧옷도 입히고...

기특   나으리께서 동행하시면 한결 든든하죠. 통역도 필요 없고.
휘   (놀라) 저들의 말을 할 줄 아오?
김관   어려서 아버님 따라 여기서 살았지요. 오면서 써먹어 보니 아직
          잊지 않았더군요.
휘   (덥석 손을 잡으며) 이렇게 든든할 데가!
김관   ... (멋쩍은데)
휘   천군만마를 얻은 듯하오!

기특, 샘이 좀 나는.

S#50. 조선군 진지 앞 (D)

말을 타고 진지를 나서는 휘와 김관, 기특.
언덕 위에서 그런 휘 일행의 모습을 바라보고 서 있는 양안대군의 얼굴에 묘한
미소가 걸린다. 뒤에 선 어을운.

양안대군   족장을 만나고 오너라. 진짜 협상은 은성이 아니라 우리가 해야지.

어을운, 읍한다.

S#51. 대군저 전경 (D)

S#52. 대군저/뒷마당 (D)

자준이 장정들을 훈련시키고 있다. 나무봉을 들고 훈련하는 장정들을 둘러보는 강.

강	저 손에 무기 하나씩은 쥐여줘야 할 터인데.
자준	병장기를 빼돌리고 있습니다. 대장간에 일러 새로이 만들기도 하구요.
강	하세월이겠군.
자준	은밀해야 하니까요.
강	군기시의 관리자들을 만나보십시오. 군기시 별창을 열 수만 있다면 그게 곧 우리의 무기고가 아니겠습니까.
자준	헌데 대비전에서 우리 측근들을 차례로 좌천시키고 있습니다.
강	직접 나서지 말고 초요경을 시키세요. 알아서 접대하고 챙길 것입니다.
자준	! (감탄하고)
강	돈이면 친해지지 않는 사람이 없고 안 열리는 문이 없는 법이지요. 안주인들은 군부인이 관리하면 될 것입니다.
자준	일러두겠습니다.
강	(지켜보는데)

중문이 열리고 나겸이 부들이와 하녀들 시켜 음료를 내온다.

나겸	목 좀 축이고들 하시지요.
자준	(장정들 불러 모으는) 자, 이리들 오게.

하녀들, 장정들에게 음료 나눠주는데...

나겸, 강에게 음료 한잔 올리고. 강, 마시면.

나겸	앞으로 모임은 집에서 하시면 어떨까 합니다.
강	(보는)
나겸	소첩이 성심껏 뫼시겠습니다. 기루의 접대가 어디 반가의 격식 있

	는 접대만 하겠습니까.
강	(음료 마저 마시고 빈 그릇 내어주며) 외간남자와 말 섞어가며 진의를 파악해주겠소?
나겸	! (굳는)
강	흔들리는 사내에게 아양 떨어가며 우리 편으로 끌어올 수 있으시오?
나겸	......
강	부인이 기생 노릇까지 할 건 없소.
나겸	! (모욕감 느끼고)
강	지아비의 기방 출입이 신경 쓰이는 건 알겠으나 부인의 심정까지 헤아려가며 큰일 할 순 없소이다.
나겸	(무안한) 소첩은 다만 내조에 좀 더 힘쓰고자.
강	불어나는 장정들이나 잘 챙기시오. 딸린 식솔들도 챙겨주시고.
나겸	성심을... 다하겠습니다. (서운한데)

S#53. 국경 (D)

국경에 도착한 휘 일행. 훌리가이족 병사들이 창을 들이대며 경계한다.

병사	(만주어) 누구냐!
김관	(나서는/만주어로) 조선에서 온 왕자 은성대군이시다! 너희들의 족장을 만나러 왔다!

병사 하나, 전달을 위해 마을로 달려 들어가고. 저희들끼리 수군대던 병사들, 휘 일행에게 소리친다.

병사	(만주어) 말에서 내려라. 여기서부터는 걸어가야 한다.

휘와 김관, 시선 한번 주고받고 말에서 내린다. 순식간에 휘 일행을 둘러싸는 병사들. 긴장하지만 의연한 태도의 휘.

S#54. 홀리가이족 부락 입구 (D)

휘 일행이 도착하자 구경하러 몰려드는 홀리가이족들. 적대적인 눈빛, 호전적 눈빛, 호기심 어린 눈빛 등 다양한 반응이 섞여 있다.

사냥꾼 복색을 한 홀리가이족 소녀 루시개가 뭔가 먹으며 걸어오고 있다. 입가와 손이 검댕투성이인데, 꼬마 하나가 주린 듯 손을 내밀면... 줄 것처럼 보고 있다 갑자기 으르렁! 짐승처럼 위협한다. 놀란 아이가 달아나버리면. 또 누구한테 뺏길세라 와구와구 먹어버리는 루시개! 급하게 먹다가 목이 막혀 켁켁거리는데... 얼굴 앞에 다가온 수통. 휘다.

루시개가 보고만 있자 수통을 열어주는 휘. 루시개, 물 마시고 돌려주면, 받아서 가던 길 가는 휘 일행. 루시개, 이국의 귀공자들에게 시선 주고.

기특	아니 뭐하러 오랑캐한테 인심을 쓴대요?
휘	적을 적으로만 대하면 우리두 그 대접밖에 못 받는 거야.
김관	(휘를 보는/그릇이 다르게 느껴지고)

루시개의 시야에서 저만치 멀어지는 휘 일행.

S#55. 족장의 처소 앞 (D)

막사 앞에 도착하자 멈추는 병사.

병사	(만주어) 무기는 내려놓으라.

휘, 눈치껏 칼을 기특에게 준다.

병사	굴다라(들어가라).

휘, 병사의 말에 김관을 보면.

김관	들어가셔도 된답니다.

휘, 안으로 들어가고. 기특과 김관이 따라 들어가려 하는데 병사들이 창으로 막
는다.

김관   (만주어) 통역할 사람이다.

병사들, 서로를 마주 보는데. 김관, 창을 걷고 안으로. 기특도 들어가려는데 다시
내려지는 창! 우씨! 열 받는 기특!

S#56. 훌리가이 족장의 처소 안 (D)

족장과 마주 앉아 있는 휘. 족장 옆에 통역병, 휘 옆에는 김관이 있다.

휘   그대들이 남하한 이유를 알고 있소. 모두 식량 때문 아니오? 대치
            를 풀고 물러간다면 곡식 300섬을 무상으로 지원해주겠소. 또 원
            한다면 앞으로 양모와 곡식을 교환하는 장을 마련해 수시로 거래
            를 할 수 있게 하고...
통역병   (족장에게 동시 전달하고)
족장   (만주어) 그 정도는 굳이 협정을 맺지 않아도! 우리들의 힘으로 충
            분히 얻을 수 있소.
김관   (통역해주는) 자기들이 노략질해도 그 정도는 가져갈 수 있답니다.
휘   당신의 백성들도 다치는 일입니다.
통역병   (전하면)
족장   (만주어) 여진의 용맹한 전사들은 죽음 따위 두렵지 않소.

서로 노려보며 진의를 가늠해보는 휘와 족장.

휘   원하는 바를 말해보시오.
족장   (통역 듣고) 내년 추수 전까지 우리가 필요한 곡식을 전량 지원해준
            다면 퇴각하겠소.
김관   ! (기가 차고)
휘   내가 누군지 아시오?
족장   (만주어) 조선의 왕자라 하지 않았나?
휘   도성의 군대가 도착했다는 뜻이오. 우리 역시, 죽음을 두려워하지

않는 용맹한 군사들이지. 허나 이리 먼저 손을 내민 것은! 군대가 싸우는 동안 착한 백성들이 다치는 것을 원하지 않는 까닭이오!

족장   (통역병의 말을 들으며 노려보는데)

휘   이 땅의 수장은, 백성들의 고초는 안중에 없는 것이오?

족장   (통역 듣고/가소롭다는 표정으로) 우리에게는 백성이 없다. 오로지! 피를 원하는 전사들뿐이다.

김관   ... 자기들은 모두 전사랍니다. 평범한 백성은 없다고.

휘   !

S#57. 홀리가이족 부락 일각 (D)

병사의 안내를 받아 사신단 숙소로 가고 있는 휘 일행.

김관   족장의 욕심이 과합니다.

휘   협상은 이제 시작인 겁니다. 우리를 내보내지 않고 숙소를 내어주는 걸 보세요. 족장도 더 이상의 싸움은 원하지 않는 겁니다.

김관   허나 오랑캐의 요구를 조정에서 받아줄 리가 없습니다. 양안대군은 전면전을 선포할 것이고 협상을 주장했던 대군께서는 책임을 면하기 어려워집니다. 어떻게 해서든 요구 조건을 낮춰야 합니다.

휘   일단은 적진에 머물게 되었으니 내부 사정을 살펴가며 방도를 찾아봅시다.

기특   갔다가 다시 오면 안 될까요? 호랑이굴에서 어찌 잠을 자요? 밤에 놈들이 와서 쥐도 새도 모르게 죽여버리면?

김관   너와 내가 대군을 지켜드려야지. 목숨 걸고.

기특   !

휘, 고민스런 얼굴로 걸음을 옮기고.

S#58. 산사 전경 (D)

S#59. 법당 (D)

자현이 108배를 올리고 있다. 끝단, 뒤에서 꼬박꼬박 졸고 있고.

자현, 얼굴에 땀이 송송. 다리가 후들거리지만 멈추지 않는 절.

S#60. 산사 마당 (D)

법당에서 자현이 나온다. 걷기도 힘들어 끝단의 부축 받아 나오는데... 안으로 들어서는 강.

자현, 보고 굳는다.

강	불공을 드리러 온 모양이구려.
자현	......
끝단	(눈치 보다 대신 대답하는) 나라의 승전과 원정 가신 대군마마의 무사 귀환을 빌고 계셨사옵니다.
강	나 역시 시주라도 할까 하오.
자현	먼저 내려가 보겠습니다.
강	그림을 좋아한다지?
자현	(멎고)
강	우리 집에 송나라 그림이 몇 점 있소. 구경을 오시겠소?
자현	제가 보고 싶은 그림은... 은성대군의 그림뿐입니다.
강	이제 눈을 좀 떠야지. 세상은 넓고, 걸작은 많다오.
자현	정인의 그림이, 제게는 걸작입니다.
강	...... 곧 해가 질 것이오. 집까지 모셔다 드리리다.
자현	올 때도 알아서 왔습니다. 끝단이가 있으니 갈 때도 알아서 갈 것입니다. (가려는데)
끝단	(나야 나! 존재 어필하는)
강	불공은 매일 드리는 것이오?
자현	(돌아보며) 이곳은 저한테 특별한 의미가 있는 절입니다. 마마께서 불순한 의도로 자꾸 찾으시면 제가 다른 곳으로 가야 합니다. (그러기 싫으니) 오지 마십시오.
강	어쩌나? 여기는 나한테도 특별한 곳인데.
자현	!
강	잘못을 저지를 때마다 참회의 뜻으로 요사채를 지었지. 지금은 도성의 사찰 가운데 요사채가 가장 많은 절이 되었다오.

자현	더 이상 참회할 일을 안 만들면 되겠네요.
강	사는 것이 뜻대로만 되는 일이 아니라서.
자현	사람은 제 의지대로 살아가는 거 아닌가요?
강	의지대로 살아간다... 좋은 말이오.
자현	(돌아서는데)
강	대군저에 들르시오.
자현	......
강	내자가 많이 적적해하니 종종 놀러 와서 동무가 되어주구려.
자현	군부인을 위해서라면, 그리하지요.

총총 멀어져가는 자현. 따라가는 끝단. 보고 선 강에서.

S#61. 훌리가이족 부락/사신단 숙소 안 (N)

어둑어둑한 숙소 안에서 휘가 뭔가를 그리고 있다. 낮에 본 부락을 지도로 그리고 있는데... 막사가 들춰지며 더러운 한복을 어설프게 차려입은 훌리가이족 여인이 저녁거리를 들고 들어온다. 루시개다. 아무런 표정 없이 저녁상을 내려놓는 루시개. 안 보이게 종이를 치우는 휘, 그녀의 한복에 호기심이 생겨 묻는다.

휘	조선의 옷이 어디서 났느냐? 훔쳐 온 것이냐?
루시개	엄마 꺼.
휘	어머니가 조선 사람이냐?
루시개	(끄덕이는)
휘	여진의 부락에 조선의 딸이라... 너도 사연이 많겠구나.
루시개	...... (표정 없고)
휘	이름이 있느냐.
루시개	......
휘	너를 무어라 부르느냐? 네 이름 말이다.
루시개	루시개.
휘	루시개라...
루시개	나 루시개. 너는?
휘	!
루시개	너 뭐? (이름 뭐냐는)

휘	(피식 웃으며) 휘. 내 이름은 휘다.
루시개	(듣고 되뇌어보는) 휘... 휘... 휘... (하다가 풋! 웃음을 터트리는)
휘	뭐가 그리 재미있느냐. 내 이름이 우스운 것이냐?

휘~익~ 휘파람을 부는 루시개.

루시개	네 이름. 휘~ (휘파람 부는)

휘, 휘의 이름을 부르면 휘파람 소리가 난다던 자현의 말을 떠올린다.

인서트) 5부 59씬
자현	마마의 이름을 부르면... 휘파람 소리가 나요.

휘, 자현 생각에 미소가 가라앉는데. 루시개의 옷고름이 잘못 매어진 게 보인다. 아무렇게나 질끈 묶여 있는 루시개의 옷고름.

휘	조선의 옷은 고름을 그리 매는 것이 아니다.
루시개	(못 알아듣고)
휘	(손으로 모션 취해가며) 여기, 여기가 잘못됐다고.
루시개	(어리둥절한데)

휘, 다가가 고름에 손을 댄다.

휘	다시 매줄 테니까 잘 기억했다가... 담부터 입을 때. (잘 입으라는)

루시개, 기겁을 하고. 휘를 쳐내며 어느새 단도를 꺼내어 휘의 목을 겨누는데!

휘	... 오해를 한 것 같구나. 다른 뜻은 없다. 그저 어미가 물려준 옷을 잘 입게 해주고 싶었을 뿐이야.

루시개, 노리고 있다가 천천히 물러나고.

휘, 손목에 묶여 있던 댕기를 풀어 목에다 걸고 옷고름 매는 시범을 보인다.

| 휘 | 자, 잘 봐. (고름 모양으로 만들어 보이고) |

루시개, 그제서야 휘의 의도 파악한다. 자기가 풀어서 매보려고 하지만 잘 되지 않고. 휘에게 다시 다가와 가슴을 내민다.

| 루시개 | (선심 쓰듯) 해봐. |

휘, 마지못해 루시개의 옷고름에 손을 대는데.

| 기특(소리) | 마마, 아무래도... 돌아가는 게 낫겠어요. 얘들은 영 믿을 수가... |

안으로 불쑥 들어오던 기특과 김관. 휘가 루시개의 옷고름을 풀고 있는 모습을 발견하곤 얼어버린다. 휘와 루시개도 당황하고. 모두가 어색한!

S#62. 경복궁 외경 (다른 날 D)

S#63. 빈청 (D)

대신들이 모여 북방의 소식을 나누고 있다.

정연	주상전하는 차도가 좀 있으십니까?
심정	아직 정무를 보실 만큼은 아니지만 회복 중이십니다.
박부경	... (반갑지 않고)
김추	북방의 변고에 놀라 쓰러지셨으니 승전 소식이 들려오면 떨치고 일어나시지 않겠습니까? 신하 된 도리는 하루빨리 오랑캐를 평정하여 어심을 평안케 해드리는 것이오.
박부경	전투는 어찌 되어가고 있답니까?
김추	때를 보아 총공세를 펼치고 단번에 제압하려 한다 하옵니다. 양안 대군이 곧 승전보를 전하겠다 호언하고 있습니다.
성억	(당황해서) 화친을 먼저 논의하는 것이 방책 아닙니까?
박부경	전장에서 알아서 판단할 일이오. 싸울 만하면 싸울 것이고, 화친할 만하면 화친을 하겠지요.
도연수	날이 점점 추워집니다. 싸움이 길어지면 아군의 피해도 늘어날 터

인데...

성억   ... (걱정스럽고)

S#64. 훌리가이족 부락/사신단 숙소 안 (D)

휘와 기특이 훌리가이족 음식으로 식사를 하고 있다. 기특이 휘를 쳐다보고.

휘   왜? 음식이 입에 맞지 않느냐?
기특   어찌나 가는 곳마다 운명처럼 여인들과 엮이시는지 감탄하고 있
        던 중입니다.
휘   (당황하며) 운명은 무슨! 아무 일도 없었다 하지 않았느냐.
기특   즈이가 결정적인 순간에 딱 들이닥치지만 않았어도.
휘   어허! 정인이 있는 사람한테 어찌 그런 오해를!
기특   그러니까요, 저는 마마께서 일편단심 순정남인 줄만 알았거든요.
휘   쓸데없는 소리 말고 밥이나 먹어. 오후에 족장 만나서 다시 담판
        을 지을 거니까.
기특   족장은 왜 이렇게 뜸을 들인대요? 우리를 지금 볼모로 잡고 있는
        거 아니에요?
휘   ......

밖에서 갑자기 소음이 들린다. 북이 울리고! 병사들의 함성! 날카로운 호각 소리!

기특   뭐야? 난리 났나?
휘   (표정 변하는데)

막사가 거칠게 들춰지며 김관이 들어온다!

김관   큰일 났습니다! 아군의 공격이 시작됐어요!

벌떡 일어나는 휘!

기특   그게 무슨 소립니까? 마마께서 들어와 수장담판 중이신데, 공격
        이라니요! 우린 어떡하라구!

휘, 옷 찾아 입고 무기 찾아 드는데.

김관   함정입니다! 양안대군이 마마를 함정에 몰아넣은 거예요!
휘   (서둘러 착장하고 만들어둔 지도 챙기며) 그럴 리 없다! 뭔가 착오가 있었
             던 게야.

동의하지 않지만 입씨름할 시간이 없다. 김관, 기특과 함께 휘를 호위하며 모시
고 나가는데! 미처 챙기지 못한 자현의 누비옷이 벽에 걸려 남겨져 있고.

S#65. 동 앞 (D)

나오다 멎는 휘 일행. 막사를 둘러싼 병사들! 휘 일행에게 창칼을 겨누고 있다.

훌리가이 무장 (만주어) 앞에서는 화친을 논하고 뒤에서는 기습을 해?
기특   뭐라는 거예요?
김관   우리가 배신자라고...
훌리가이 무장 (만주어) 대군은 우리가 데려간다.

병사들 휘에게 달려드는데!

기특   마마!
김관   ! (만주어) 안 된다!
휘   (당황하는) 뭐하는 게냐! 이거 놓지 못할까!

병사들, 달려들어 휘를 끌고 가는 데서 엔딩!

대군 사랑을 그리다

8부

S#1. 훌리가이족 부락/사신단 숙소 안 (D)

휘와 기특이 식사 중인데 밖에서 갑자기 소음이 들린다. 북이 울리고! 병사들의 함성! 날카로운 호각 소리!

기특   뭐야? 난리 났나?
휘   (표정 변하는데)

막사가 거칠게 들춰지며 김관이 다급히 들어온다!

김관   큰일 났습니다! 아군의 공격이 시작됐어요!

벌떡 일어나는 휘!

기특   그게 무슨 소립니까? 마마께서 들어와 수장담판 중이신데, 공격
             이라니요! 우린 어떡하라구!
김관   함정입니다! 양안대군이 마마를 함정에 몰아넣은 거예요!
휘   (서둘러 착장하고 만들어둔 지도 챙기며) 그럴 리 없다! 뭔가 착오가 있었
             던 게야.

동의하지 않지만 입씨름할 시간이 없다. 김관, 기특과 함께 휘를 호위하며 모시고 나가는데! 미처 챙기지 못한 자현의 누비옷이 벽에 걸려 남겨져 있고.

S#2. 동 앞 (D)

나오다 멎는 휘 일행. 막사를 둘러싼 병사들! 휘 일행에게 창칼을 겨누고 있다.

훌리가이 무장   (만주어) 앞에서는 화친을 논하고 뒤에서는 기습을 해?
기특   뭐라는 거예요?
김관   우리가 배신자라고...
훌리가이 무장   (만주어) 대군은 우리가 데려간다.

병사들 휘에게 달려드는데!

기특	마마!
김관	! (만주어) 안 된다!
휘	(당황하는) 뭐하는 게냐! 이거 놓지 못할까!

병사들, 달려들어 휘를 끌고 가면! 김관과 기특, 동시에 칼을 뽑고! 이야! 소리 지르며 달려드는 병사들! 김관이 병사들을 베어버리고! 기특, 적의 공격에 넘어진다!

휘, 기특이 위기에 처하자 눈이 뒤집힌다! 기특을 구하기 위해 자신도 공격에 가담하고!

어느 정도 병사들을 물리쳤는가 싶은데... 저 너머에 또 다른 병사들이 몰려온다. 그 수가 너무 많고... 서로 쳐다보는 세 남자. 싸워서 이기기엔... 너무 많다. 누가 먼저랄 것도 없이 냅다 도망간다!

무섭게 뒤를 쫓아오는 병사들!

S#3. 일각 (D)

휘 일행이 달리고 있다. 멀리서 쫓아오는 병사들! 휘를 보호하기 위해 기특이 앞장서고 김관이 뒤를 지키며 달려가는데!

모퉁이 돌아가는 세 남자! 선두에 선 기특의 발을 거는 누군가. 기특, 앞으로 고꾸라지고! 태연히 보고 선 루시개, 오늘은 전투복 차림이다. 김관, 어느새 루시개의 목에 칼을 겨누면!

휘	(알아보고 놀라) 루시개?

제 목에 칼이 들어와도 눈 하나 깜짝 않는 루시개, 고개를 까딱. 이쪽으로 오라는. 급한 김에 따라가는 세 남자!

어느 집으로 휘 일행을 숨기는 루시개.

S#4. 루시개의 집 (D)

안으로 숨어든 세 남자. 기특이 바깥의 기척을 살피는데... 루시개가 여진의 남자 옷들을 던져준다. 처다보는 세 남자.

루시개	입어.
휘	!
김관	그게 낫겠습니다. 적진의 한가운데서 무사히 빠져나가긴 어렵습니다.

세 남자, 서둘러 위에다 여진의 옷을 덧입는다. 모자도 뒤집어씌우는 루시개. 문득 멎는 휘. 사람들 처다보면.

휘	옷을 두고 왔어...
기특	자현 아씨가 준 거요?
휘	(끄덕이면)
김관	(단호하게) 돌아갈 시간은 없습니다.

휘, 다급히 나가고. 일행, 서둘러 쫓아 나가면.

S#5. 동 앞 (D)

숙소로 돌아가려는 휘, 붙잡는 기특. 따라 나오는 김관과 루시개.

기특	안 된다니까요 마마!

휘, 무시하고 돌아가려는데 일단의 훌리가이 병사들과 마주친다. 긴장하는 휘 일행. 루시개, 같은 부족인 척 일행을 데리고 빠르게 지나치려 하는데. 긴장 속에 가급적 얼굴 안 보이게 외면하며 앞으로 가는 휘 일행. 병사들, 가다가 걸음을 멈춘다.

훌리가이 병사	(돌아보며/만주어) 거기 서!

멈춰 서는 휘 일행.

병사	(다가와/만주어) 어디로 가는 게냐.
김관	(만주어) 집합 명령을 받았다.
휘	... (긴장하고)
병사	집합지는 이쪽이 아니라 (하다가 옷차림이 뭔가 어설프게 느껴지는/얼굴도 지나치게 희다/기특의 모자 확 벗겨보는데! 여진의 두발이 아니고!) 적군이다!

순식간에 뒤엉키는 휘 일행과 병사들! 휘 일행은 싸워가며 도망치는데...

S#6. 갈림길 (D)

도망쳐 온 휘 일행. 갈림길 앞에 선다. 루시개, 방향 잡는데. 김관, 멈춘다. 휘, 무언가 예감하고! 김관의 팔을 잡는데.

김관	여기서 찢어집니다. 조선군 진지에서 다시 만나는 겁니다.
휘	안 됩니다! (잡으며) 같이 갑니다!
김관	(기특에게) 모시고 가!

김관, 모자를 벗어던지고 추격해 오는 여진족 무리를 향해 달려간다.

휘	부관!

루시개와 함께 휘를 붙잡는 기특. 반대편으로 여진족을 유인하며 사라지는 김관!

휘	(악쓰는) 이거 안 놔!
기특	(단호하다) 가셔야 합니다!
휘	우리만 갈 순 없다구!
기특	(죽기 살기로 잡아끌며) 부관한테는 우리가 짐이에요! 혼자면 펄펄 날아다니는 사람이라구요! 믿으세요!
휘	(망설이는데)

기특과 루시개, 휘를 끌고 도망간다.

CUT TO

여진족과 싸우는 김관의 모습! 당할 자가 없다!

S#7. 몽타주 (D)

- 길 없는 산속을 내달리는 휘와 기특, 루시개. 거친 숨소리가 화면을 메운다.
- 눈길에 미끄러져 비탈을 구르는 기특. 그런 기특을 부축해 일으키는 휘. 빨리 빨리! 재촉하는 루시개.

S#8. 산사/법당 (D)

안씨와 함께 108배 올리고 있는 자현. 뒤에서 끝단이도 함께 절하고.

안씨	(절하다 문득/엎드린 채 고개만 돌려서) 넌 대군만 빌고 있지? 늬 오래비 는 생각두 안 하고?
자현	(계속 절하며) 오라버니를 위해서는 어머니가 열심히 비시잖아요.
안씨	매정한 것!

자현, 아랑곳 않고 집중해서 절을 올리는데... 한 손에는 휘에게서 받은 동곳이 쥐어져 있다.

S#9. 훌리가이 족장의 처소 앞 (D)

훌리가이 병사들과 일단의 조선군이 대치 중이다.

S#10. 동 안 (D)

훌리가이 족장 앞에 독대한 어을운.

| 족장 | (만주어) 우린 조선의 요구를 들어주었다. 마을을 소개시켜 대승을 거두게 해주었으니 너희도 약속을 지켜라. |
| 어을운 | (품속에서 문서 꺼내 건네는) |

봉투를 열어보는 족장. 강의 도장이 찍힌 비밀문서[1]다.

족장   (만주어) 잊지 말거라. 네 주군이 가져갈 용상은, 우리의 선물이라
            는 것을.
어을운   ... 은성대군은 어찌 되었는가?

S#11. 사신단 숙소 안 (D)

어을운이 수하들과 둘러보고 있다. 엎어진 밥상, 두고 간 짐들이 그대로. 벽에
걸린 휘의 옷이 눈에 띄고. 어을운, 다가가 걷어드는 데서.

S#12. 경복궁 외경 (D)

S#13. 강녕전 (D)

강, 문병을 왔다. 억지로 일어나 있는 주상, 조마조마하게 살피고 있는 중전 김씨.

강   좀 어떠십니까.
중전 김씨 (아니지만 일부러 강하게) 염려해주신 덕에 날마다 기력을 회복하고
            계십니다.
주상   ...... (버티고)
강   ... 참으로 다행입니다. 팔도의 명약을 모두 구해 올리고 있으니 내
            약방에서 올리는 탕제를 거르지 말고 드십시오.
중전 김씨 (경계하고)
주상   고맙구나. 과인보다... 우리 막내가 걱정이야. 그 여린 성정에 생사
            가 갈리는 전쟁터를 어떻게 버틸지...
강   저를 보내지 그러셨습니까.
중전 김씨 ! (강을 보는)
주상   ... 백부님 뜻이 아니었더냐.
강   전하께서 휘를 세제 삼고자 하셨으니까요.

---

1) 전장에서 물러가 주고 조선의 2왕자 진양대군 강이 보위에 오를 수 있도록 돕는다면 최윤덕으
   로 인해 설치된 4군 중 '여연' 땅을 여진의 홀리가이 족장 이만주에게 넘겨주겠다.

주상	......
강	그것은 어마마마의 뜻이라 하시겠나이까?
중전 김씨	(내보내려는) 전하는 쉬셔야 합니다. 정무에 관한 논의는 다음에 하시지요.
강	저도! 전하의 동생입니다. 남이 아닙니다, 피붙이라구요!
주상	하여, 나를 사랑하느냐.
강	!
주상	네가 나의 동생이라 이 형을 사랑하고 조카를 아끼느냐, 그 말이다.
강	신의 충심을 원하십니까! 어디까지 보여드려야 합니까? 뭘 해야 믿어주시겠는지요!
주상	충심이 아니라... 우애를 원한다. 우리는... 가족이 아니냐.
강	어마마마와 전하는... 그리고 은성은... 가족인 것 같습니다. (나는 아니라는)
주상	(안타까운) 강아...
강	...
주상	너 또한 우리 가족이다. 그걸 잊지 말거라.
강	... (치미는데)

중전 김씨, 두 형제를 불안하게 보고.

S#14. 조선군 주둔지 전경 (D)

승전의 축제 분위기. 여기저기 모닥불 피워져 있고. 병사들이 먹고 마시는 중이다. 득식, 가노들 상대로 허풍 떨고 있는.

득식	전쟁 뭐 별거 아냐, 그치? 승전이 이렇게 쉬운 거면 열 번도 더 나오겠어~

석구를 비롯한 가노들, 보고 있고.

득식	우리가 선발대로 딱 도착을 하니까! 오랑캐들이 벌 떼처럼 달려드는데! 내가 으아악! 사자후를 빡! 지르니까 오금이 저린지 슬금

	슬금 뒷걸음질을 치더라? 칼 들고 쫓아가니까 몽땅 도망을 치는 거야!
일동	오오...!
득식	그게 바로 기선제압이거든. 자기보다 센 상대를 본능적으로 알아채고 기가 확 꺾인 거지! 그 뒤로는 뭐 파죽지세로 막!
석구	희한하네. 우리 군이 들어갔을 때 마을이 텅 비어서 쥐새끼 한 마리 안 보였다 카든데.
득식	(버벅대며) 누... 누가 그래?
석구	다들 그라든데요?
득식	그거는 늦게 도착한 애들이 우리가 싸우는 걸 못 봐서.
석구	(됐고) 난 은성대군이 담판을 지어서 다 해결해부렀나 싶었지.
득식	(머쓱한데)
석구	적진에 가 있던 은성대군은 무사히 귀환하셨겠지요?
득식	(갑자기 걱정되는/본 적이 없는 것 같고) ... 근데 어째 안 보이신다? 그러고 보니 귀환 소식두 못 들었는데...

S#15. 조선군 지휘부 막사 안 (D)

어을운이 적진의 사신단 막사에서 가져온 휘의 옷을 양안대군에게 바친다.

어을운	급하게 몸을 피한 것 같습니다. 짐을 그대로 두고 갔더군요.
양안대군	조정에 장계부터 올리거라. 여진을 몰아냈다고.
어을운	은성대군의 일은...
양안대군	당분간 알리지 마시게.
어을운	얼어 죽었거나/ 다른 오랑캐들 손에 당했을 확률이 큽니다. (알려야 하지 않느냐는)
양안대군	그 아이가 살아서 돌아온다 해도... 진양의 승계가 끝난 다음이어야 할 것이야.
어을운	... (승복하고)
양안대군	사냥감을 가져오너라.
어을운	?
양안대군	붉은 피가, 짐승의 피가 필요하다.
어을운	!

S#16. 숲 일각 (D)

길을 잃은 휘 일행. 지쳐서 가다 멈추는.

기특   (루시개에게 짜증) 대체 여기가 어디야!
루시개   나도 몰라.
기특   ! (기가 막히고)
휘   잠시 쉬자.

기댈 곳 찾아 적당히 기대고 앉는 세 사람.

기특   저 계집을 믿어도 되는 것입니까?
휘   어미가 조선 사람이라 한다.
기특   ...... (진짤까? 의심을 거두지 않고) 부관은 벌써 우리 군으로 돌아갔을
          것입니다. 괜히 저 오랑캐 계집한테 속아가지구...
루시개   (알아듣지는 못했지만 느낌상 자기 욕 같다. 으르렁거리며 노려보는)

휘, 루시개의 팔을 잡고 진정시키면. 루시개, 말 잘 듣는 개처럼 금방 가라앉고.

기특   춥고 배고프고... 길은 잃고... 총체적 난국이네.

바스락! 인기척 나고. 세 사람, 긴장해서 일어서는데... 곧 눈앞에 모습을 드러낸
이는... 김관이다.

기특   나으리!
휘   부관!

달려가 김관을 맞이하는 휘와 기특.

기특   어떻게 찾았어요? 우리는 우리가 가는 길도 몰랐는데?
김관   발자국에, 꺾인 가지에... 가는 길에 티는 다 냈던데...
휘   (살피며) 다친 데는 없소?
김관   괜찮습니다.

휘	(다행이고)
김관	홀리가이족이 마을을 다 비웠습니다. 개들답지가 않아요. 왜 싸워 보지도 않고 떠나는 건지...
기특	조선군이 무서운 게죠.
휘	... (이상한데)

CUT TO

휘 일행이 가고 있다. 루시개가 길을 잡고.

기특	곧 해가 떨어질 텐데... 머물 곳을 찾는 게 낫지 않을까요?
휘	불을 피울 수도 없고... 얼어 죽느니 계속 가야 해.
기특	... (힘들어 죽겠고)

가다 서는 루시개. 발 앞에 가는 끈이 가로 매여져 있고. 불길하게 보는데... 기특, 앞서 나오는.

기특	왜 안 가?
루시개	(다급해서 만주어부터 튀어나오는) 안 돼! 오지 마!
기특	(못 알아듣고 가다가 걸려 넘어지는) 어어!

후다닥! 뒤로 물러서는 루시개.

루시개	(질러서) 우디캐야.
휘	우디캐?
김관	(긴장하며) 여진족 가운데 가장 사납고 호전적인 부족입니다. 약탈과 사냥으로 먹고 살지요...

넘어진 기특, 일어서려는데... 기특의 귀를 스치고 지나가는 화살! 뒤쪽 나무에 박히고!

모두가 긴장하는데! 곳곳에 숨어 있던 우디캐족들이 하나둘씩 일어난다. 모두가 일제히 살을 겨눈 채 휘들을 향해 압박해 들어오고! 루시개, 사색이 되는데.

우디채 대장	(만주어) 조선의 왕자가 누구냐!

김관과 루시개만 알아들었다. 휘, 긴장해 있고. 김관이 나선다.

김관	나다! (루시개에게 눈짓하는)
루시개	(알아듣고/만주어) 이 사람! 이 사람이 조선의 왕자다!
우디채 대장	(만주어/루시개 알아보고) 훌리가이 공주님이 길잡이를 하셨다?
루시개	(만주어) 공주는 얼어 죽을! 전쟁통 사생아가 한둘인가? (둘러대는) 난 이 사람들한테 억지로 끌려왔다.
김관	(루시개 보는/네가 공주였어?)
기독	?
우디채 대장	(일행을 살펴보는데)

알아듣지 못해 긴장한 휘에서.

S#17. 대군저 외경 (다른 날 D)

S#18. 안채/나겸의 처소 (D)

나겸 앞에 불려와 있는 초요경. 서안 위에 상자 하나 놓였고.

초요경	... 마님이 부르신 줄은 몰랐습니다. (강이 부른 줄 알고 왔다는)
나겸	우리 대군을 음으로 양으로 돕고 있다지?
초요경	......
나겸	(상자 밀어주며) 천기를 가까이할 지체는 아니나 지아비의 일에 수고하는 사람을 모른 척할 수 없어서...
초요경	! (천기 운운에 빠치는)
나겸	대군을 지성으로 모시라고 주는 것이네. 좋은 술과 최고의 음식으로만 드시게 할 것이며 큰일 하시는 데 보탬이 될 수 있게 여러 손님들을 두루두루 잘 살피시게.
초요경	(나겸 앞으로 상자 도로 밀어놓는)
나겸	! 욕심이 많구나. 확인도 해보지 않고 더 달라는 것이냐?
초요경	마님께서 저까지 챙기실 필요는 없습니다.

나겸	(섭섭지 않을 거라는) 은자가 들었으니 갖고 가거라.
초요경	제 주군은 대군이지 마님이 아니십니다.
나겸	! (괘씸해지기 시작하는) 안주인도 주군으로 모셔야 하는 이치를 모르느냐?
초요경	(비웃는) 허면, 마님께도 잠자리를 바치리까?
나겸	! (열이 확!) 네 이년! 어느 안전이라고 입을 함부로 놀리느냐?
초요경	(일어나며) 차라리 강샘을 부리세요!
나겸	!!
초요경	솔직하면 적어도 동정은 받을 수 있을 것입니다.
나겸	네가 지금... 천기 주제에 누굴 가르치려 드는...
초요경	(OL) 우아하게 제 분수를 알려주고 싶으셨던 모양인데... 이년은 제 미천한 분수를 착각하지 않습니다. 허나 마님께서는 착각하고 계시네요.
나겸	!
초요경	대군의 마음은 제게 있지 않습니다. 엉뚱한 곳에 재물 낭비하지 마시고 이럴 시간에 진짜 연적이나 찾아보시지요.
나겸	(약 올라 미치겠는데)
초요경	술 드시고 대금을 청하실 게 아니라면, 이만 물러가겠습니다.

일어서는 초요경. 나겸, 분이 머리끝까지 치솟고!

S#19. 동 앞 (D)

기다리고 선 부들이. 초요경 나오자 신발 챙겨주려다 멎는. 기생까지 수발들고 싶지는 않다.

초요경, 그런 부들이 비웃듯 보고 우아하게 내려서는데.

문이 벌컥! 열리고 열 받은 나겸이 거칠게 나온다. 초요경, 돌아보는데. 나겸, 그런 초요경을 그대로 밀어버린다! 비명을 지르며 마당으로 나뒹구는 초요경!

나겸	(부들이에게) 행랑 애들을 불러라! 몽둥이도 가져오고.
부들이	(놀라서) 마님!

나겸	저년을 묶어야겠다.
초요경	... (멎어 있는데)

달려가는 부들이. 마당으로 내려서는 나겸.

초요경	(경고하는) 실수하시는 겁니다. 대군께서 아시면 어쩌려구 이러십니까!
나겸	내 남편은 내가 알아. 한낱 천기 버릇 고치는 일로 뭐라 하실 분이 아니다. 하다못해 너는 대군의 정인도 뭣도 아니라면서?
초요경	!
나겸	고관대작들과 몸을 섞는다 하여 아무한테나 까불어도 되는 줄 알았더냐?
초요경	(노려보는데)
나겸	(다가와 초요경의 얼굴을 쓰다듬으며) 얼굴만 믿구 사는 것이 면상에 금이라도 가게 되면 웃음은 어찌 팔려나?
초요경	(뿌리치는데)
나겸	! (열 받아서 후려치는) 어딜 감히 양반의 몸에 손을 대! (마구 패고 발로 짓이긴다)
초요경	(머릴 감싸 안으며 웅크리는) 왜 이러십니까! 마님! 지체를 생각하십시오!
나겸	내 지체를 아는 년이 그 따위로 날 능멸해! 내가 누군지 아느냐! 진양대군의 부인이요 대비마마의 며느리인! 정1품 군부인[2]이니라!

나겸, 성질대로 패악을 부리는.

CUT TO

쓰러져 있는 초요경의 위로 물이 촥! 뿌려진다. 부들이가 양동이로 퍼부은 참이

---

[2] 조선 초기에는 대군 부인과 군의 부인을 통칭하여 군부인이라 하였고, 경국대전(세조) 이후에 대군의 부인을 부부인이라 하고 군의 부인을 군부인이라 부르게 되었다. 본 드라마에서는 경국대전 이전의 상황을 근거로 삼았다.

고. 정신이 드는 초요경, 일어날 기력은 없다. 주변으로 늘어선 하인들 보인다.
이들에게 흠씬 맞고 난 다음인데...

나겸	(초요경의 코앞으로 다가가) 정신이 들었으면, 이제 말을 해보아라. 네 가 말한 진짜 연적이 누구인지를.
초요경	......
나겸	너 말고 다른 기생이냐?
초요경	(눈앞이 가물가물하고)
나겸	어떤 년인지 말을 하라니까!

그대로 다시 정신을 잃고 마는 초요경. 나겸, 싸늘하게 일어서는데... 나겸의 발
아래 구겨진 초요경의 처참한 몰골.

S#20. 궁 일각 (D)

기다리고 선 강, 자준이 다가온다.

자준	승전보가 올라왔습니다.
강	!
자준	장계에 올라와 있지는 않지만 양안대군께서 따로 보낸 전언으로 는 은성대군이 실종되었다 합니다.
강	실종?
자준	적진에서 사라져 아직까지 행방이 묘연하다 합니다.
강	... 산 것도 아니요, 죽은 것도 아니라...

착잡한 가운데 결연해지는 강.

S#21. 우디캐족 부락 전경 (D)

S#22. 감옥(혹은 포로 수용 막사) (D)

휘 일행, 한 곳에 갇혀 있다. 루시개 욕하는 기특.

기특	못 믿을 오랑캐 계집 같으니! 급하니까 지 혼자 쏙 빠져나가서! 내가 첨부터 그럴 줄 알았다니까!
휘	여기까지 우릴 도와준 것만 해도 어딘데. 고맙게 여겨.
기특	그 계집이 우릴 우디캐 소굴로 끌고 들어온 건지 어떻게 알아요! 애초부터 우디캐하구 짰을지도 모른다구요!
김관	(고통스런 신음 누르며) 갇혀 있는 것보다는 루시개라도 밖에 있는 게 나아. 여기서 우리의 유일한 끈이야.
휘	...... 아비가 홀리가이 족장이라지만 어미가 조선 포로였으니... 제대로 서녀 대우나 받았겠느냐? 천덕꾸러기 취급에 여기 치이고 저기 치이면서 잡초처럼, 들개처럼 자란 게야.
기특	(궁시렁거리는데)

창문/혹은 문창살 사이로 툭 던져지는 먹거리. 바르는 약. 루시개다. 기특, 달려들어 가져오고. 루시개, 재빨리 사라지려는데! 옷깃을 잡아채는 김관!

루시개	(돌아보면)
김관	족장을 만나게 해줘!
루시개	... (대답도 없이 가버리는)
휘	... (가는 루시개 보는데)

먹을 것부터 껍질 후후 불고 털어서 휘에게 바치는 기특.

기특	마마, 이거라도 요기를 하시고.

약병부터 집어 든 휘, 김관에게 다가가 여기저기 난 상처를 살핀다. 기특, 무안해지고.

S#23. 우디캐족 마을/강제노역장 (D)

도망가지 못하게 양손과 양발이 짧게 묶인 채 노역 중인 휘와 기특. 채찍 든 우디캐들이 감시 중이고, 다른 조선인 포로들도 함께 노역 중이다.

기특	이럴 줄 알았으면 그냥 마마가 왕자라고 밝힐 걸 그랬어요. 부관

은 그래도 대군 신분이라고 노역은 안 시키는데...

주변 포로들, 듣고 의식하는. 휘, 묵묵히 노역만 한다.

기록	대체 언제까지 이렇게 잡혀 있어야 할까요? 조선군도 철수했다는 거 같던데...
휘	... 부관이 족장과 협상을 할 것이다.

다가오는 포로1, 휘가 돌아보면.

포로1	(아껴둔 칡뿌리 바치며) 대군마마...?
휘	!
포로1	참으로 고생이 많으십니다. 드릴 게 이거밖에 없어서...
휘	(차마 받지 못하고) 난 괜찮소. 배고플 텐데 드시오.
포로2	(나무란다) 거봐 내가 뭐래! 그런 건 안 드신다니까!

어린아이가 와서 새알을 바친다. 휘, 울컥 오르고. 어느새 휘 주변으로 모여든 포로들.

휘	(기가 막혀서) 모두가... 모두가 조선의 백성들이었더냐.

추위와 굶주림 가운데 그래도 희망으로 휘를 보는 사람들. 휘, 억장이 무너지고.

S#24. 우디캐 족장의 거처 (D)

우디캐 족장, 좌우로 수하들 늘어서 있다. 통역관 동석에 루시개도 와 있고 김관이 마주 앉은.

김관	조선에 사자를 보내주시오. 인질은 나만 있으면 되는 게 아니오? 함께 온 부관들을 조선에 보내 나의 생존을 알리면 당신들에게 합당한 대우가 있을 것이오.
우디캐 족장	(통역 듣고/만주어) 네 형은 홀리가이족에게 영토를 약속했다. 넌 우리에게 무엇을 줄 수 있나?

김관	! (놀라고) 진양대군은 그런 권한이 없소.
우디채 족장	(듣고/씨익 웃으며/만주어) 어린 조카와 왕권을 두고 싸운다던데...
김관	(설득하는) 우릴 잡고 있으면 얻는 게 없지만/ 협상에 나서면 반드시 얻는 게 있을 것이오.
우디채 족장	(뚫어지게 보고)

긴장한 채 족장과 김관 사이를 번갈아 살피는 루시개.

S#25. 길 (D) - 한 달 후

양안대군이 이끄는 정벌군이 돌아오고 있다. 어을운과 지쳐 있는 득식의 모습 보이고.

S#26. 경복궁 외경 (D)

S#27. 강녕전 (D)

주상이 기력을 내어 보고를 듣고자 앉아 있다. 대비 심씨와 중전 김씨, 심정과 강이 동석해 있고. 양안대군이 알현하러 와 있는. 옆에는 상자 하나 놓였고.

주상	장계는 받아 보았습니다. 장하게도 대승을 거두었다지요?
양안대군	여진의 잔당들은 기세를 잃고 북으로 물러갔으며 다시는 조선의 영토를 넘보지 못하도록 진을 보수하고 체제를 정비하였사옵니다.
대비 심씨	(기쁘다) 참으로 다행입니다.
중전 김씨	주상전하의 은덕이 하늘에 닿았음이옵니다.
주상	... 우리 군의 피해는 얼마나 됩니까? 장수들은 무사하구요?
대비 심씨	은성은 어디 있습니까? 왜 함께 들지 않은 것인지...
양안대군	저... 그게...
심정	(재촉하는) 어서 아뢰도록 하세요. 다들 궁금해하시지 않습니까?
양안대군	전투 중에 은성대군이 전사하였으나 시신을 찾지 못하여...
주상	! (굳고)
대비 심씨	뭐라! 은성이!?

중전 김씨도 사색이 되고.

주상   그게... 사실입니까?

양안대군, 상자를 밀어준다. 강, 나서서 열어보는. 피 묻은 휘의 누비옷이 나오는데.

강   이게 무엇입니까?
양안대군   은성대군의 유품입니다.
대비 심씨   은성의 옷이 맞습니까?
양안대군   ... (침통하게) 대제학의 여식이 은성을 위해 바친 옷입니다. 전장에
            서 늘 이것만 입고 다녔지요.
대비 심씨/주상 ! (충격받고)
양안대군   지금도 북방에서는 관원들이 파저강변을 샅샅이 뒤지며 시신을
            찾고 있습니다. 허나 날이 풀리기 시작해서... 찾더라도 은성임을
            알아내기가 쉽지 않을 것입니다.

대비 심씨, 무너지는데... 어마마마! 대비마마! 몰려들며 걱정 어린 외침들! 싸늘히 지켜보던 강, 상자를 덮어버린다.

S#28. 빈청 (D)

대신들이 모여 있다.

성억   (놀란) 은성대군의 일은 어찌된 것입니까!
정연   화친의 사자로 적진에 들어갔다가 빠져나오지 못하고 소식이 끊
            겼다 합니다.
도연수   (떨리는 목소리로) 시신조차 찾을 수 없었던 것입니까.
김추   (침통한) 내 자식의 불찰이 크오. 대군을 지키지 못했어요.
박부경   (휘를 깎아내리는) 진군하는 길에 여자를 만나지 않나, 수장의 작전
            에 반대하구 고집을 피우다 혼자 적진에 들어가질 않나... 은성대
            군의 방약무인한 행동은 죽음을 자초한 것이나 다름없었습니다.
도연수   말씀을 삼가십시오! 나라를 위해 목숨을 바친 대군입니다!

성억	지금은 대군의 공과를 논할 자리가 아니라... 승리하고 돌아온 정벌군을 위로하고 전사한 이들의 장례를 의논해야 할 자립니다.
정연	시신이 없는데 장례를 치르는 것이 옳습니까?
도연수	(김추 위로하는) 대감... 아드님을 잃은 슬픔을 어찌 위로해야 할지...
김추	(의연하게) 주군을 지키지 못한 무장입니다. 저 혼자 살아 돌아왔다면 그것이 더 부끄러웠을 것입니다.

일동, 숙연해지고.

S#29. 궁 일각 (D)

김추, 절룩거리며 돌아가는데... 중전 김씨가 다가온다. 가까이 온 딸의 얼굴을 처연하게 보는. 눈물범벅인 중전 김씨.

중전 김씨	아버님...
김추	(그저 끄덕거리며/다 안다는)
중전 김씨	제가 중전이 되지만 않았어도... 원자를 낳지만 않았어도...
김추	... (아니라는)
중전 김씨	(무너지며) 제 탓입니다! 제가 오라버니를...
김추	(정신 차리라는) 오래비의 희생을 헛되이 할 생각입니까!
중전 김씨	(보면)
김추	전하를 생각하세요! 원자를 지키세요!
중전 김씨	... (미치겠고)
김추	정국을 끌어갈 새로운 해법을 찾아야 합니다.
중전 김씨	......
김추	북방의 소요는 가라앉았지만 은성대군이 없으니 진양대군을 견제할 길이 없지 않습니까!
중전 김씨	어찌하면... 좋겠습니까.
김추	원로들이 뭉쳐 진양대군과 맞서야지요. 원상제로 전하와 원자 아기씨를 지킬 것입니다.
중전 김씨	...... (지금 그런 얘기할 속이 아닐 텐데) 아버님...

애써 의연한 김추의 모습에서.

S#30. 산사 입구 (D)

강이 기다리고 있다. 불공을 마친 자현이 끝단과 함께 나오다 강을 보고 멎는.
강, 다가간다. 자현, 인사하고 그대로 지나치려는데.

강	정벌군이 돌아왔소.
자현	! (멎고)
강	(다가가) 승전의 소식이 온 나라를 기쁘게 하였으나...
자현	... (다행이고)
강	한 가지 비보가 있소이다.
자현	...... (불길한데)
강	...... (조용히 보고)
자현	대군이... 혹 몸을 다치셨습니까? 어딜요? 얼마나요?
강	......
자현	(떨리는) 아님 병이라도 나신 것입니까?
강	죽었소.
자현	!

끝단도 기함을 하고.

강	적진에 협상하러 들어갔다가... 미처 빠져나오지 못하고 비극을 당했다 하오.
자현	... (안 믿는/아무런 반응 없이 그냥 가버리는)
강	(따라가서 잡으며) 듣지 못하였소? 휘가! 은성이 죽었다고!
자현	아닙니다!
강	(보는데)
자현	대군의 거짓말입니다.
강	낭자!
자현	(뿌리치는) 제가 어찌 나오나 보려는 것이지요? 안 속습니다. 두 번 다시! 대군의 거짓말에 놀아나는 일은 없을 것입니다!
강	낭자가 염려되어 직접 전하러 온 것이오.
자현	!
강	다시 말해주면 좋겠소? 내 동생 휘가! 낭자의 정인이! 오랑캐들

손에 죽었다고!

자현	(듣기 싫어 귀를 막고 비명을 지르는) 아아악!
끝단	(달려들어 진정시키려는) 아씨! 아씨, 진정하세요! 이러지 마세요, 아씨!
자현	(강에게 대들듯이) 그분은 죽지 않습니다.
강	...
자현	나하구 약속했어요! 반드시 살아서 돌아오겠다구!

강하게 부인하는 자현을 보고 선 강.

자현	잘못 알았을 겁니다. 대군이 아닐 거예요!
강	지금은 그리 믿으시오. 그걸로 버텨진다면.
자현	...... (진짜란 말이야? 믿을 수가 없고)

S#31. 자현의 집 앞 (D)

자현과 끝단이 부리나케 달려 들어가고 있다.

S#32. 안채 마당 (D)

안씨와 상봉의 기쁨을 나누고 있는 득식.

안씨	(아들에게 달려들어 얼굴을 어루만지며) 아이구, 우리 아들... 금쪽같은 내 아들이 무사히 돌아왔구나...
득식	(울먹이는) 어머니...
안씨	(여기저기 살피는) 다친 곳은 없느냐? 팔다리 손가락 발가락 다 멀쩡한 거야?
득식	전 괜찮아요. 날아다니는 화살도 잽싸게 피해 다녔는걸요!
안씨	잘했다, 잘했다 내 아들!

자현과 끝단이 들어선다.

자현	오라버니!

끝단	도련님!
득식	... 자현아... 끝단아... (상봉의 기쁨에 이어 휘의 소식 전할 생각에 마음 무거워지는)
자현	(반가움에 눈시울이 뜨거워지며) 마마는? 돌아가신 거... 아니지? 아직은 모르지?
득식	(시선 피하는)
자현	!

가슴 아파 외면하는 안씨와 끝단. 자현, 그대로 무너지는데! 아씨! 자현아! 달려드는 식구들!

S#33. 대비전 (N)

장상궁, 누워 있는 대비에게 탕약을 가져온다. 앞에 탕약을 내려놓고 대비를 일으키려는데.

장상궁	(걱정이 깊은) 마마, 탕제라도 드시고 기력을...
대비 심씨	(일어는 나지만/탕제는 물리는) 나는 약 먹을 자격이 없는 어미네.
장상궁	마마...
대비 심씨	내 손으로... 내 아들을 사지로 밀어 넣었어.
장상궁	어쩔 수가 없으셨습니다. 마마의 잘못이 아니옵니다!
대비 심씨	자식을 지키는 것이 어미의 일이거늘...
장상궁	자책하지 마시옵소서. 하늘은... 마마의 마음을 알아줄 것이옵니다.
대비 심씨	먼저 가신 지아비가... 참으로 원망스럽구나. 어찌하여 나를 두고 가서... 이리 무거운 짐을 지운단 말이냐...
장상궁	마마...
대비 심씨	맏이를 지키기 위해... 다른 자식을 죽게 만든... 천하의 몹쓸 어미가... 나다...
장상궁	... (위로할 말이 없고)
대비 심씨	얼마나 아팠겠느냐... 얼마나 추웠겠느냐... 나를... 얼마나 원망했겠느냐...
장상궁	... (미어지는데)

S#34. 기루 전경 (N)

S#35. 초요경의 방 (N)

오랜 병석을 떨치고 일어난 초요경. 처음으로 단장을 하는 날이다. 경대 앞에서 찬찬히 머리를 올리는데... 분기에 가득 찬 애랑, 초요경을 부추긴다.

애랑	대체 왜 군부인을 가만두는 것입니까! 죽다 살았어요! 이렇게 당하기만 하실 겁니까!
초요경	...... (단장만 계속하는)
애랑	진양대군께서 들어계십니다. 지금이라도 말씀을 하세요! 관아에 고발이라도 하든가!
초요경	대군이 알면 뭐가 달라질 거 같으냐?
애랑	내 여자가 곤죽이 되도록 맞았는데 그냥 두면! 그게 사내예요?
초요경	자기 부인한테 맞은 거야. 그렇다고 정실부인 쫓아내고 기생첩 들이리?
애랑	!
초요경	고발? 그래 하자. 그럼 이 나라가 양반 대신 천기 편을 들어 군부인을 벌하겠느냐?
애랑	......
초요경	대군이 한 번쯤 자기 마누라 야단은 치겠지. 그걸로 내 분이 풀리겠느냐?
애랑	언니...
초요경	얼굴에 손 안 댄 것을 고마워하라더라. 장독이 올라 한 달을 누워 지낼 만큼 사람을 망가뜨려놓고 말이지.
애랑	(억울한데) 그러니까요! 이대로는 분해서 못 살아요!
초요경	복수는, 내 방식대로 할 것이다.
애랑	!
초요경	내가 받은 고통을 백배, 천배로 돌려줄 것이야.
애랑	도울 일이 있으면 말씀해주세요! 그 여자, 가만두지 않을래요!
초요경	오래 걸릴 것이다.
애랑	...
초요경	(서늘해지는) 아주 오래. 그 여자가 자기가 한 짓조차 다 잊어버렸을

때...

S#36. 기방 (N)

양안대군을 모신 강. 시중드는 기녀도 없이 단둘만 앉아 있다.

강   (술잔 올리며) 고초가 크셨습니다.
양안대군   전투 흉내만 내다 온 거라 고초랄 것도 없었다. 유람하듯 다녀온
            원정이야.
            (보다가) 왜 아무것도 묻지 않느냐. 휘의 일이... 궁금하지 않느냐?
강   장례가 치러지지 않습니까. 살아 있든 죽었든 간에...
양안대군   이제 은성의 죽음이 기정사실이 되었으니... 그 아이를 빌미 삼아
            너의 발목을 잡을 일은 없을 것이야. 기쁘지 않으냐?
강   ... (가만히 있다 술 마셔버리는) 동생이 죽었습니다. 동복의 아우가요...
양안대군   ......
강   제가, 기뻐야 합니까?
양안대군   ! (당황했다가 이내 이해하는) 슬퍼할 수 없으니 화를 내는 게로구나.
강   ......
양안대군   이제 겨우 한고비를 넘었을 뿐이다. 넌 이제 동생이 아니라 대비
            와 싸워야 해!
강   (보면)
양안대군   시간이 가장 큰 적이지. 원자가 어느 정도 자라면, 주상이 유고시
            라도 대비가 수렴을 하면 그만이다.
강   (긴장하고)
양안대군   감상에 빠지지 마라. 정작 힘든 싸움은 아직 시작도 안 한 것이야.
강   ......
양안대군   (보따리를 건네며) 이건 조카님께 드리지. 은성의 유품일세.
강   !
양안대군   믿지 않는 사람이 있으면 보여주시게. 눈으로 보게 되면 저도 모
            르게 믿게 마련이야.
강   ......

S#37. 동 앞 (N)

대금을 든 초요경, 들어가지 않고 밖에서 듣고 서 있다.

S#38. 대군저/안방 (N)

자현, 나겸을 찾아왔다.

나겸	대비마마를 뵙게 해달라고?
자현	(절박한) 은성대군을 찾아야 해! 죽은 게 아니야! 실종된 거라구!
나겸	... 실종이 길어지면 희망이 없는 거야.
자현	시신이 없다고 했어. 누구도! 죽은 걸 본 사람이 없어!
나겸	살아 있으면 왜 돌아오지 않는데!
자현	...... (말문이 막히고)
나겸	너두 이제 네 살 길 찾아. 죽은 사람한테 매달리면 네 팔자만 꼬여.
자현	(눈물 고이는데)

S#39. 대군저 앞 (N)

강의 교자가 당도한다. 내리는 강. 어을운이 대문 열어주고. 휘의 유품 보자기 들고 들어가는 강.

S#40. 대문가/마당 (N)

끝단과 함께 나가는 자현, 들어오는 강과 마주친다. 자현에게 다가가는 강.

강	동무를 보고 가는 길이오?

자현, 끝단을 먼저 내보낸다.

자현	나가서 기다려.

눈치 보다 나가는 끝단. 강, 자현을 보는데...

S#41. 안방/동 안 (N)

나겸, 옷장에서 강의 야장을 꺼낸다. 밖에서 고하는 부들이.

부들이(소리) 마님! 대감마님께서 돌아오셨사옵니다.

반가워 일어나는 나겸, 야장 안고 문을 연다. 밖에서 기다리고 선 부들이.

나겸 데워놓은 목욕물이 식지 않았는지 살펴보거라.
부들이 네, 마님.

나겸, 야장을 챙겨 들고 강을 맞으러 나간다.

S#42. 다시 마당 (N)

끝단이 나가자마자 무릎 꿇는 자현.

강 !
자현 (매달린다) 동생을 버리지 마십시오!
강 (당황하는)
자현 은성대군을 찾아주세요.
강 ……
자현 부모님은 말도 못 꺼내게 하시고... 누구한테 부탁할 데도, 하소연 할 데도 없습니다! 마마는 할 수 있으시잖아요?!
강 장례가 치러질 것이오.
자현 ! (굳는) 장례라니요! 왕실에서, 은성대군을 포기하겠다는 말인가 요?

복잡한 표정으로 내려다보는 강.

S#43. 집 안 일각 (N)

대문가로 향하는 나겸.

S#44. 마당 (N)

강, 엎드린 자현을 내려다본다.

자현	안 됩니다! 그럴 수는 없습니다! 대군을! 찾아주세요!
강	......
자현	대감의 동생입니다! 피붙이를 저버리지 마시고... 부디...
강	기어이 눈으로 확인해야 믿겠소?
자현	!

강, 자현 앞에 보따리를 던진다. 자현, 놀라고.

강	확인해보시오.

다가간 자현, 떨리는 손으로 풀어보는데. 자기가 만든 누비옷이다. 낭자한 핏자국에 입을 틀어막는 자현!

자현	(눈으로 보니 고통스럽지만/우겨보는) 이건 그냥... 대군의 옷일 뿐입니다.
강	(화가 나서 자현을 붙잡아 일으켜 세우고) 이 붉은 피를 보고도 우기고 싶소?
자현	(덜덜 떨리고)

강, 손바닥에 전해져오는 자현의 떨림! 온몸이 사시나무 떨듯 떨려오고! 자현, 강의 눈을 본다. 아니라는! 아니라고 말해달라는! 강, 자현을 진정시키려 와락! 안아버리고!

당도한 나겸, 강과 자현을 목격했다. 멎고.

강	희망을... 버리시오!

뿌리치는 자현!

강	주상전하도! 어마마마도! 왕실 전체가 비탄에 빠져 있는데! 언제까지 그 애만 찾아다니겠소!
자현	대감은 지금 포기할 명분만 찾고 계십니다.
강	!
자현	(절박하게) 찾아주세요! 찾아야 합니다!

둘 사이, 팽팽한데.

나겸(소리)	(부드럽게) 우리 대감한테까지 떼를 쓰는 거야?

돌아보는 강. 당황하는 자현.

나겸	(아무것도 못 본 척/강에게) 밤이 늦었습니다. 안으로 드시지요.
강	(태연히 자현에게 인사하는) 살펴 가시오.
자현	……

강, 두 여자 두고 가버리면.

나겸	(차가워지며) 이건 법도가 아니지 않나? 안 된다 했으면 그만이지 남의 지아비에게 매달려 무슨 짓이야?
자현	은성대군의 형님이시라…
나겸	내 남편이야.
자현	…… 미안해. 내가… 생각이 짧았어.
나겸	(대문 열어주며) 오늘은 밤이 늦었으니 그만 돌아가고. 밝은 날에 다시 이야기하자꾸나.

참담한 자현, 바닥에 떨어진 휘의 누비옷을 챙긴다. 나겸, 보기 싫어 돌아서 가버리고. 누비옷을 다시 잘 개어 보자기로 싸는 자현에서.

S#45. 대문 앞 (N)

안절부절 기다리고 있던 끝단, 자현이 나오자 다가든다.

끝단	말씀 다 끝나셨어요?
자현	......
끝단	(자현이 든 보따리 보고) 그게 뭐예요? 이리 주세요! (자기가 들려는데)

자현, 그냥 자기가 끌어안고 걸음 옮기는. 끝단, 뭔가 싶지만 따라가고.

S#46. 집 안 일각 (N)

사랑으로 가던 나겸, 문득 걸음을 멈추는. 초요경의 말이 떠오른다.

인서트) 18씬. 나겸을 비웃던 초요경.

초요경	대군의 마음은 제게 있지 않습니다. 엉뚱한 곳에 재물 낭비하지 마시고 이럴 시간에 진짜 연적이나 찾아보시지요.

휙 돌아보는 나겸! 너였어?

S#47. 강의 처소 (N)

나겸, 강의 환복을 돕는다.

나겸	(누르며/경고하는) 기생은... 참을 수 있습니다. 대장부 일에 필요하다 하시니. 허나 다른 여인을 보지는 마십시오.
강	... (멎는)
나겸	......
강	(봤나? 상관없다) 누군가를 저렇게 갈망하는 사람을... 본 적 있소?
나겸	! 자현이 말씀이십니까?
강	자현 낭자가 휘를 원하는 것만큼... 부인도 나를 원하시오?
나겸	잊으셨습니까? 대감 앞에서 은장도를 뽑았던 접니다.
강	오기 때문이었지, 날 원해서가 아니었소.
나겸	!
강	나가보시오. 이만 쉬고 싶소.
나겸	... (자존심 상하고/건드리는) 자현이의 연심이 아무리 깊어도 죽은 사람이 살아 돌아오겠습니까. 때를 보아 다른 혼처를 찾아주어야지

	요.
강	……
나겸	그것이 먼저 시집간 동무의 도리요, 왕실의 일원이 할 수 있는 배려가 아니겠습니까.
강	(태연하게) 아직은 때가 아니오. 상이라도 끝나야지.
나겸	어마마마의 허락을 받아주세요. 정식으로 혼서가 오간 것도 아니요 그저 얼굴 한 번 본 것이 다이니… 자현이의 앞날을 위해 도련님과의 일은 없었던 것으로 해달라고.
강	대제학은 휘에게 딸을 시집보낼 생각이 없었소.
나겸	?
강	어차피 이루어지지 않을 혼사였지만/어마마마께는 상이 끝나면 말씀드려보리다.
나겸	…… (보고)
강	내가 부인에게 약속한 것은 나의 옆자리요.
나겸	……
강	강샘 따위는 부리지 마시오. 더한 것을 욕심내다 이미 가진 것까지 잃어버리는 수가 있으니.
나겸	!

S#48. 자현의 처소 (N)

외출복 그대로 앉아 있는 자현, 서안 위에 휘의 유품 보따리 올려져 있다. 떨리는 손으로 풀어서 다시 보는. 자기가 만든 것이 맞는지, 몇 날 며칠을 밤새 바느질하던 옷이 맞는지 확인해본다. 맞다. 자기가 한땀 한땀 바느질한 바로 그 옷이다. 무너지는 자현! 오열하는데!

S#49. 포로 막사 (N)

추워서 김관에게 딱 붙어서 자고 있는 기특. 일행으로부터 등을 돌리고 누워 있는 휘. 혼자서 잠들지 못하고 손목에 두른 자현의 댕기를 만져본다. 흘러나오려는 눈물을 꾹 참아보는데…

S#50. 채석장 (다른 날 D)

돌을 옮기는 휘와 기특. 조선인 포로가 넘어지자 다가가 챙기는 휘. 감시병이 채찍을 휘두른다! 언어맞는 휘! 마마! 감싸는 기특. 이를 악물고 견디는 휘.

S#51. 포로 막사 (N)

노역을 끝내고 돌아온 휘와 기특, 김관이 두 사람에게 돼지기름을 발라주고 있다. 손과 발이 동상으로 갈라 터지고 피가 맺힌.

김관	(못 보겠는) 더 이상은 안 되겠습니다! 마마만이라도 여길 떠나셔야 합니다.
휘	그런 소리 마시오. 우린 이제 한 몸이나 다름없소.
김관	가셔야 합니다.
휘	(보는데)
김관	형님이신 진양대군께서... 오랑캐들과 거래를 하신 것 같습니다.
휘	!
기특	(놀라서) 그게 무슨 말씀이세요?
김관	진양대군이 보위에 오르면... 오랑캐들에게 북방의 영토를 내어준다 약속했답니다.
휘	(믿을 수가 없는) ...
김관	엄동설한에 전쟁을 일으킨 것! 마마를 버리고 간 것... 그 모든 게 진양대군의 음모일지도 모릅니다.

가슴에 통증이 온다. 바닥으로 무너지는 휘!

기특	마마!

고통스러워하는 휘에서!

S#52. 대비전 전경 (다른 날 D)

S#53. 대비전 (D)

대비 심씨 앞에 앉아 있는 강. 둘 다 소복 입었다.

강	은성은 없습니다.
대비 심씨	(보면)
강	이제 소자에게 세제위를 주시겠습니까?
대비 심씨	(예상했던 요구다) 북방의 소요가 가라앉아 주상도 쾌차하는 중이다.
강	......
대비 심씨	원자가 무럭무럭 잘 자라고 있으니... 세제 책봉 논의는 없었던 일로 하고 원자의 성장을 기다려야 하지 않겠느냐.
강	(비웃어지고) 전하께서... 일어나 정무를 보실 수 있으십니까?
대비 심씨	아직은 무리가 있을 듯하여 원상제를 도입하려 한다.
강	!
대비 심씨	영상과 좌상, 이판과 대제학, 도승지를 비롯한 여러 충신들이 협의하여 조정을 이끌어갈 것이다.
강	(기가 차서) 차라리 어머니가 수렴청정을 하시지요!
대비 심씨	원자가 너무 어린 나이에 보위를 잇게 되면... 그리 해야겠지.
강	(이가 갈린다) 저한테 미안하지도 않으십니까!
대비 심씨	내가 미안한 것은... 휘다.
강	!
대비 심씨	휘의 희생이... 오랑캐를 물리치고 조정에 안정을 가져다주었지.
강	......
대비 심씨	주상이 강건해지면... 반드시 복수할 것이다. 내 아들을 죽인 놈들에게.
강	그 애를 죽게 만든 사람은, 바로 어마마마십니다.
대비 심씨	... !
강	아직도 모르시겠습니까? 그 누구도 아닌! 어마마마라구요!
대비 심씨	... (괴로운 눈물이 차오르는데)

S#54. 궁 일각 (D)

기다리고 있는 양안대군. 화가 난 강이 다가온다.

강	대비전에서 원상제를 들고 나왔습니다.
양안대군	!
강	어떻게 해서든 시간을 끌어 원자를 세자로 만들겠다는 속셈이에요.
양안대군	대비전에서 명분을 만들어주는구나.
강	? (보면)
양안대군	주상 대신 권력을 휘두르며 왕실을 위협하게 될 신하들이라... 이 씨의 나라에서 백성들이 과연 누구 편을 들 거 같으냐?
강	...... 좋습니다. 싸워보지요. 동생도 치워버린 마당에 남들이 두렵겠습니까?

S#55. 자현의 집 마당/대문 (D)

끝단이 대문을 연다. 소복 차림으로 뒤돌아 서 있는 여인. 문이 열리는 소리에 돌아서는데. 나겸이다. 부들이도 따라온.

나겸	(들어서며) 아씨는 계시느냐?
끝단	(당황하고) 네, 마님.

별채로 가는 나겸.

S#56. 자현의 처소 (D)

자현, 나겸을 맞이했다. 끝단이, 다과상 놓고 나가고.

나겸	난 네가 소복이라도 입을 줄 알았는데.
자현	!
나겸	정식으로 혼인은 안 했어도 따라 죽기라도 할 것처럼 애틋했잖아?
자현	대군의 죽음을 믿지 않거든.
나겸	(보면)
자현	그분은, 반드시 돌아오실 거야.
나겸	(우아하게 별일 아닌 듯) 그럼 조용히 기다릴 것이지, 왜 남의 지아비

를 흔드니?

자현   ! (멎었다가) ... 오해야.

나겸   (비소하는) 누굴 장님으로 아나...

자현   ...... (봤구나 싶고/당황하는데)

나겸   군부인이 되는 데 실패해서 대군의 첩이라도 되려는 거니?

자현   나겸아! (그게 아니라는)

나겸   네가 어떤 앤지, 나 알아.

자현   (보면)

나겸   오냐오냐 키워 예의범절 모르는 천방지축인데도 지체 높은 가문의 딸이라 하여 어디서나 고임받고... 잘못해도 웃으면 다 넘어가고. 대충대충 저 하고 싶은 대로만 사는 안하무인.

자현   ! 내가 부족한 건 사실이지만, 부모님을 욕보이는 건 못 참아!

나겸   아비 없는 자식이라 저런다, 욕먹지 않기 위해 내가 사력을 다할 때... 넌 아무렇게나 살아도 모두가 받아주고 용서해주더라?

자현   (충격받는) 난 우리가... 동무인 줄 알았어. 서로의 행복을 빌어주고 잘되길 바라는 진정한 친구!

나겸   (위협하는) 그런데 왜 남의 남편을 넘보냐구!

자현   (억울해서) 내가 아냐! 진양대군이 욕심을 낸 거야! (뱉어놓고 당황하는)

나겸, 서안을 엎어버린다. 자현, 멎고.

나겸   (깊은 분노) 근데 왜 나한테 말 안 했어!

자현   !

나겸   언제부터야! 말해!

자현   ......

나겸   혼인하고 나서야? 아님, 혼인하기 전부터? 대체 둘이 언제 그런 사이가 된 거야? 네가 내 동무라면! 말을 해줬어야지!

자현   ... 내가 은애하는 건... 네 남편의 동생이야. 진양대군은 그걸 몰라서 잠시 나한테 눈길을 준 거뿐이야.

나겸   (악쓰는) 그런데 왜! 말을 안 했냐구!

자현   네가 너무... 그 사람 좋아하니까. 넌 왕실로 시집가는 게 꿈이었으니까.

나겸	!
자현	나겸이 니가... 상처받는 게 싫었어.
나겸	내가 등신 되는 건 괜찮구?
자현	... (속상한데)
나겸	네가 말만 안 하면... 내 남편이 너 좋아한 게... 없었던 사실이 되니?
자현	나겸아...
나겸	날 위해서라고? 웃기지 마. 넌 네 생각만 했잖아!
자현	아니야, 나겸아... 진양대군은 나한테 진심으로 그랬던 게 아니야. 진양대군의 부인은... 너야.
나겸	쉬쉬한 건 네 혼사가 깨질까 두려워서였겠지. 형이 건들다 만 여자! 동생이 데려가는 꼴이 우스워지니까!

자현, 나겸을 와락 끌어안는다. 어떻게 해서든 진심을 전하려는.

자현	아니야, 아니야, 아니야!
나겸	! (자현의 포옹이 당황스러운데)
자현	사실대로 말하면... 네가 나를 미워하게 될까 봐 두려웠어.
나겸	......
자현	넌 진양대군을 버릴 수 없을 테고... 결국 날 버릴 거잖아.
나겸	!
자현	이렇게 될까 봐 무서웠단 말이야!
나겸	(자현 뿌리치는데)
자현	결국 날 위해서였던 건 맞아. 너한테 미움받기 싫어서. 너한테 버림받지 않으려고.
나겸	진실을 말해줄까?
자현	(보면)
나겸	너하구 난 동무였던 적이 없어.
자현	!
나겸	난 네가... 싫었어.
자현	......
나겸	나한테는 없는 아버지가 있는 것도 싫었고! 그 아버지가 뜨르르한 대제학인 것도 싫었고! 우리 어머니는 나 같은 딸이 있는지 없

	는지도 모르는데! 아들보다 딸이 더 귀한 너네 어머니도 싫었고!
자현	나겸아, 이러지 마... 너도 상처받잖아.
나겸	그러니까 알겠니?
자현	...
나겸	우리는 새삼 절교할 필요도 없어. 동무였던 적이 없는걸.
자현	... (상처받고)

일어나는 나겸. 자현, 잡지 않고.

나겸	앞으로는 날 군부인으로만 대해야 할 거야. 대비마마와 중전마마 다음으로! 이 나라에서 가장 높은 여인!
자현	......
나겸	그래도 지난날의 정이 있어, 오늘 마지막 경고를 주는 거야. 두 번 다시 내 남편을 흔들었다간, 그땐 경고도 없이 부숴버릴 테니까.
자현	......

나겸, 나간다. 자현, 바닥에 엎드리는. 나겸의 오해가, 이 모욕이, 정인의 부재가... 너무나 아프다. 눈물 터뜨리는데...

S#57. 동 앞 (D)

나겸이 나온다. 부들이, 주인 신발 챙겨주고. 안의 대화 들게 된 끝단, 분해서 나선다.

끝단	마님! 쉰네가 다 아는데요, 저희 아씨는 잘못한 거 없어요! 오매불망 일편단심인 우리 아씨를 진양대군께서 거짓말로 오라 가라 하시고... 싫다는 아씨한테 억지로

끝단을 후려치는 나겸! 바닥으로 쓰러지는 끝단!

부들이	(놀라서) 끝단아! (달려들어 부축하려다가 멈칫. 주인 눈치 보는)
나겸	(모멸감에 분한) 니까짓 것도 알고 있었던 것이냐!
끝단	그게 아닙니다 마님!

열 받은 나겸, 끝단을 한 대 더 후려치고! 부들이, 놀라서 제 입을 틀어막고.

나겸　　　네 주인이나 똑바로 모셔.

들이박고 싶은 걸 참느라 주먹에 힘 들어가는 끝단. 나겸, 가버리면. 부들이, 끝단에게 미안해서 연신 돌아보며 가고. 끝단, 일어나 툭툭 털고 안으로.

S#58. 동 안 (D)

자현, 눈물 훔치며 엎어진 서안을 세우고 있다. 끝단, 달려드는.

끝단　　　두세요, 아씨! 제가 해요.
자현　　　......
끝단　　　자기 남편은 못 잡겠구 엄한 아씨한테만 난리 치는 거예요. 마음 쓰지 마세요.
자현　　　......
끝단　　　아씨... 근데 정말로... 대군이 돌아오실까요?
자현　　　돌아... 오실 거야.
끝단　　　만약에요... 만약에요 아씨... 대군께서 영영 돌아오지 않으시면...
자현　　　추억만으로도 나는 살 수 있어.
끝단　　　!
자현　　　우리들의 세월은 짧았지만... 오래 산 그 어떤 부부보다 많은 것을 나눴어.
끝단　　　(보는데)
자현　　　마음이 다하지 않는 한, 우리는 이별한 것이 아니야.
끝단　　　아씨...
자현　　　기다릴 거야. 기다려도 오지 않으면... 혼자서 살아가겠지. 우리가 만든 추억들을 생각하고 또 생각하면서.

끝단, 안타까이 보는데...

자현　　　근데... 보구 싶어.
끝단　　　!

자현	희망이 있을 때는 참을 수 있었어. 돌아오실 거다, 승전보를 울리며 달려오실 거다...
끝단	아씨...
자현	이제는 참아지지가 않아. 너무 아파... 속이 다 타들어 가는 것 같아. 어디로 가야 해? 어딜 가면 만날 수 있어? 언제까지 기다리면 돼?
끝단	... (맘 아프고)
자현	난 이제... 어떻게 살아?

끝단, 자현 안아주고. 자현, 끝단의 품속에서 맘 놓고 통곡하는.

S#59. 우디캐 부락 (다른 날 D)

족장 이하 우디캐족들과 김관, 루시개 나와 있다. 휘와 기특, 우디캐 병사들과 떠나는.

우디캐 족장	(만주어) 반드시 돌아오라. 기한 내에 돌아오지 않으면, 너희 대군의 목숨은 없다.

김관에게 다가가는 휘. 바라보는 김관.

휘	혼자 남으면 어쩌자는 것이오. 같이 간다 했어야지!
김관	인질이 없으면 아무도 보내주지 않을 것입니다.
휘	... (안타깝지만 가야 하고) 몸 성히 계시오. 반드시, 데리러 오겠소.
김관	...... 여기 잡혀 있는 우리 백성들을... 잊지 마십시오.
휘	(끄덕이고/물러나는)

휘와 기특, 대군 행세를 하고 있는 김관에게 인사하고. 김관, 대군인 양 의연하게 받는다. 휘, 차마 떨어지지 않는 발길을 돌리는데...

휘의 정체를 알고 있는 일부 포로들, 묶인 발목으로 엉기적거리며 다가온다.

포로1	마마! 어딜 가십니까!

포로2   즈이를 버리고 어디로 가십니까...

마마, 마마... 부르며 쫓아오는 포로들.

기특   이러지 마세요! 돌아올 거예요! 구하러 다시 올 거예요!

절망하는 포로들, 휘와 기특을 향해 엎드려 울먹이고. 김관과 루시개, 긴장하는데! 통역병, 눈치 채고 족장에게 고하려 하고! 그 순간! 김관이 병사의 칼을 뽑아 통역병의 목을 찔러버린다! 족장, 놀라서 자신도 칼을 뽑고! 다 같이 도망가는 휘와 기특, 김관!

우디캐 족장   (만주어) 잡아!

병사들, 쫓아가는! 뒤에 선 궁수들, 휘 일행을 향해 일제히 살을 쏜다! 휘의 어깨에 맞는 화살 하나! 휘, 앞으로 엎어지고!

마마! 악쓰는 기특과 김관!

화살이 또 날아오고!

휘의 뒤에서 달리던 김관! 휘의 등을 막아준다! 김관의 가슴을 관통하는 화살! 김관! 앞으로 넘어지고! 돌아보는 휘! 무릎을 꿇은 채 휘를 보는 김관! 기특, 도망 못 가고 서 있고.

휘   (소리치는) 부관!
김관   ... 마마...

병사들이 둘러싼다. 휘 일행에게 겨눠진 수많은 살 끝들! 다가오는 족장, 질려서 따라오는 루시개!

우디캐 족장   (만주어) 왕자는 죽이면 안 돼! (하는데)

숨이 다해가는 김관.

휘	부관!
김관	... (생의 마지막 엄을 담아) 전하를... 원자 아기씨를...
휘	부관!
기특	마마!

목이 툭 떨어지는 김관! 그렇게 앉은 채로 죽고. 휘, 김관을 보고 울부짖는 데서
엔딩!

9부

S#1. 우디캐 부락 (D) - 8부 엔딩에서 연결

족장 이하 우디캐족들과 김관, 루시개 나와 있다. 휘와 기특, 대군 행세를 하고 있는 김관에게 인사하고. 김관, 대군인 양 의연하게 받는다. 휘, 차마 떨어지지 않는 발길을 돌리는데...

휘의 정체를 알고 있는 일부 포로들, 묶인 발목으로 엉기적거리며 다가온다.

포로1　　　마마! 어딜 가십니까!
포로2　　　즈이를 버리고 어디로 가십니까...

마마, 마마... 부르며 쫓아오는 포로들.

기특　　　　이러지 마세요! 돌아올 거예요! 구하러 다시 올 거예요!

절망하는 포로들, 휘와 기특을 향해 엎드려 울먹이고. 김관과 루시개, 긴장하는데! 통역병, 눈치 채고 족장에게 고하려 하고! 그 순간! 김관이 병사의 칼을 뽑아 통역병의 목을 찔러버린다! 족장, 놀라서 자신도 칼을 뽑고! 다 같이 도망가는 휘와 기특, 김관!

우디캐 족장　　(만주어) 잡아!

병사들, 쫓아가는! 뒤에 선 궁수들, 휘 일행을 향해 일제히 살을 쏜다! 휘의 어깨에 맞는 화살 하나! 휘, 앞으로 엎어지고!

마마! 악쓰는 기특과 김관!

화살이 또 날아오고!

휘의 뒤에서 달리던 김관! 휘의 등을 막아준다! 김관의 가슴을 관통하는 화살! 김관! 앞으로 넘어지고! 돌아보는 휘! 무릎을 꿇은 채 휘를 보는 김관! 기특, 도망 못 가고 서 있고.

| 휘 | (소리치는) 부관! |
| 김관 | ... 마마... |

병사들이 둘러싼다. 휘 일행에게 겨눠진 수많은 활 끝들! 다가오는 족장, 질려서 따라오는 루시개!

| 우디채 족장 | (만주어) 왕자는 죽이면 안 돼! (하는데) |

숨이 다해가는 김관.

휘	부관!
김관	... (생의 마지막 염을 담아) 전하를... 원자 아기씨를...
휘	부관!
기록	마마!

목이 툭 떨어지는 김관! 그렇게 앉은 채로 죽고. 휘, 김관을 보고 울부짖는데! 그 소리 점점 줄어들어 묵음 되고... 화이트 아웃!

S#2. 경복궁 전경 (다른 날 D) - 3년 후

겉으로 보기에는 더없이 평화로워 보이는 궁의 겨울 풍경.

S#3. 강녕전 복도 (D)

소리 내지 않고, 그러나 빠르게 움직이는 버선발들. 궁녀와 의녀들이 긴박하게 오가고 있다. 대야에 피 묻은 천을 내가는 나인. 탕약을 들이는 의녀.

S#4. 강녕전 안 (D)

온통 휘장을 내려 어두운 방 안. 낮인데도 밤처럼 초를 켜고 있다. 누워 있는 주상의 얼굴에 병색이 짙고. 어린 세자가 근심 깊은 얼굴로 병상을 지키고 있다. 자세가 제법 의젓한데. 대비 심씨가 주상에게 탕약을 먹이고 있다. 정신이 혼미한 주상에게 흘리듯 탕약을 떠 넣어주는 대비. 주르륵 흘러버리는 약물.

세자	(안타까워) 아바마마!

옆에 앉은 중전 김씨가 재빨리 면포로 닦아낸다. 포기하지 않고 다시 탕약을 먹이는 대비.

대비 심씨	(지밀상궁에게/이미 반복해서 주의시킨 바다) 주상의 환후가 새어나가서는 아니 될 것이야.
대전지밀	각별히 입단속을 시키고 있사옵니다.
대비 심씨	한마디라도 말이 새나갈 시엔, 대전 나인 모두 목이 날아갈 줄 아시게.
대전지밀	... (긴장하고)

근심 어린 눈길로 주상의 얼굴을 보다 어린 아들에게 시선을 돌리는 중전 김씨. 고사리손으로 부왕의 손을 잡아보는 세자. 아들의 손길 느끼고 얼굴이 움찔거리는 주상. 어린 아들의 손을 맞잡으려 애쓰며 파르르 떨리는. 중전, 안타까움에 가슴이 미어진다.

중전 김씨	그래도 요 몇 년간 용케 버텨주셨는데...
대비 심씨	다시 일어날 것이다. 세자가 아직 저리 어린데... 일어나고 말 것이야.

S#5. 자현의 집/안방 (D)

안씨 앞에 불려 온 자현. 혼인에 관한 통고를 들은 뒤다.

자현	(단호한) 차라리 죽으라고 하세요. 다른 남자한테는 시집 안 간다고, 분명히 말씀드렸어요.
안씨	(열 받아서) 그래 그럼, 죽어!
끝단	마님! (그러지 말라는)
자현	......
안씨	3년을 빌었으면 망부석도 돌아앉겠다! 더 나이 먹음 재취 자리밖에 없는 거 몰라?!
자현	... 3년밖에 안 지났습니다.

안씨	부모 생각은 안 하냐?
자현	……
안씨	먼저 간 정인은 그리 애달프고… 딸 걱정에 피가 마르는 에미는 불쌍하지도 않아?
자현	… 저는 혼인하지 않아요. 마마가 아니면, 누구의 신부도 되지 않겠어요.
안씨	(잡히는 대로 집어던지며) 그래, 네 맘대루 해! 우리두 우리 맘대루 할 테니까!

자현, 그대로 맞아주는데. 마님! 왜 이러세요! 끝단이 자현을 보호하며 데리고 나간다.

| 안씨 | 보쌈을 해서라두 시집 보내버릴 테니까 그리 알아! |

나가는 자현. 안씨, 속상해 미치겠고!

S#6. 동 앞 (D)

끝단, 자현의 신발 챙겨준다.

끝단	아씨… 정말 이대로 시집 안 가실 거예요?
자현	(서운한) 너까지 이러기야? 왜 마마를 세상에 없는 사람 취급해!
끝단	(안타까운) 안 계시잖아요… 사람들은 그분을 다 잊었어요. 산 사람이 아니에요…
자현	세상은 다 잊어도 나는 못 잊어.
끝단	(답답한) 혼례를 올리신 것두 아닌데 아씨 혼자 수절이 웬 말이에요!
자현	아니!
끝단	(보면)
자현	우리 둘이 언약식을 했어. 두 사람뿐이긴 했지만 부처님 앞에 맹세하구 정표를 주고받았어.
끝단	(애가 타는) 아무도 모르잖아요!
자현	내가 알아! 마마가 알구 하늘이 알아!

끝단   (속상해서 보면)

흔들리지 않는 자현, 안채를 벗어나고... 따라가는 끝단.

S#7. 삼각산 (다른 날 D)

북풍한설이 몰아치는 겨울산. 산길 위에 무언가 움직이는 게 보인다. 카메라 가까이 다가가면... 짐승 같은 몰골의 무사 셋이 걸어가고 있다. 얼굴과 발을 칭칭 동여맨 천들, 가죽들... 제대로 옷을 갖춰 입지 못하고 추위를 덜기 위해 아무거나 덧댄 입성이다. 씻지 못해 때가 찌든 얼굴, 까치집이 된 머리에 안광만이 형형한데... 각자 짊어진 칼과 활, 화살 등이 이들의 정체에 대한 의구심을 갖게 하고.

파삭! 쌓인 눈이 꺼지는 소리에 일제히 고개를 돌리는 세 사람. 나무둥치 뒤에서 토끼 한 마리가 먹이를 찾고 있다. 빠르게 눈빛 주고받는. 하나가 통에서 살을 꺼내어 겨누는데 그보다 더 빨리 단도를 날리는 다른 무사! 단도를 맞고 비틀거리며 도망가는 토끼! 몸집 작은 이가 후다닥! 사냥개처럼 뛰어가 토끼를 잡고 순식간에 목을 꺾어버린다. 한 치의 망설임도 없는 무자비한 손길! 루시개다!

토끼를 들고 일행에게 달려가는 루시개.

루시개   (신나서) 토끼! 토끼, 토끼!

잘했다고 머리를 쓰다듬어주는 손길. 그러나 별다른 표정 없는 그 얼굴은... 휘다! 손목에는 낡디낡은 붉은 댕기 매어져 있고.

S#8. 동 일각 (D)

불 위에서 익어가는 토끼 고기. 휘가 앞에서 날렸던 단도로 고깃덩이를 잘라내어 기특과 루시개에게 준다. 허겁지겁 받아먹는 기특. 고기를 받은 루시개는 살점을 떼어 휘에게 다시 먹여준다. 서로 간에 일체의 말도 없이 이루어지는 일련의 과정들. 오랫동안 함께해온 호흡이다. 세 사람이 아니라 하나의 유기체 같은.

기특   이제 조금만 내려가면 도성입니다. 아씨부터 보셔야지요?

루시개   ?

휘, 잠자코 고기만 굽는다.

S#9. 자현의 집 앞 (D)

대문 앞에 선 세 사람. 휘, 자현이 안에 있을 거라는 생각에 벅차오르는데...

루시개   이게 조선의 궁이야?
기특   (짜증) 아냐!
휘   ...... (그저 보고 선)

S#10. 자현의 집/외벽 (D)

휘, 그리운 자현을 어루만지듯 자현 집의 외벽을 손으로 훑고 있다. 천천히 외벽을 따라 걸어가는 휘. 뒤따르는 기특과 루시개.

기특   마마... 안에 고할까요?
휘   ... (그러고 싶지만/힘겹게 누르며) 아니다. 이 꼴로 나타나면 얼마나 놀
            라겠느냐.
기특   그래도 기뻐하실 것입니다. 지난 3년간 오매불망 기다리셨을 터
            인데... 웬만하면 만나고 가시지요.
루시개   ? (누굴?)
휘   (외벽에서 손 떼고) 궁으로 가자. 어마마마를 뵙고, 전하께 인사도 올
            려야지. 아씨는... 사람 꼴을 갖춘 뒤에 만나자꾸나.
기특   ......

자현의 집 앞을 떠나는 휘와 기특. 루시개, 확인하듯 한 번 더 돌아보는데...

S#11. 궁 일각 (D)

조심스럽게 주변을 살피는 상궁, 대전의 지밀이다. 기둥 뒤에 숨어 있던 글월비
자가 지밀 앞에 모습을 드러내면.

| 대전지밀 | (주변 경계하고/서찰 내어준다) 대군저. |
| 글월비자 | (받아 쥐고 끄덕이는/사라지면) |

잠시 주변 더 살피고 돌아가는 대전지밀.

S#12. 건춘문 앞 (D)

휘 일행이 궁 앞에 당도해 있다. 울컥한 얼굴로 궁을 바라보는 기특, 일렁이는 온갖 마음을 누르고 표정 없이 서 있는 휘, 그런 휘를 보고 선 루시개.

호군들이 이 수상한 일행을 주시하고 있는데...

기특	(앞으로 나서며) 문을 열어라.
호군	?!
기특	... (망설이다) 북방에서 돌아온, 은성대군 마마시다.
휘	...... (사태의 추이를 지켜보고 있는데)
호군	(기가 차서) 아 나 이거 참. 날도 추운데 웬 미친 것들이 이렇게 나돌아 다니는 거야.
기특	무엄하다! 마마께 예를 갖추라!
호군	당나발을 불거면 신부(信符)라도 보이든가! 호패라도 내놓든가! 원정 갔다 죽어서 장사 지낸 지가 언젠데 이제 와 은성대군 타령이야!
기특	! 사지를 넘어오신 분이다! 대전에 고하여 (어깨에 걸쳐지는 휘의 손/ 멎어서 보면)
휘	... (그만하라는)
기특	(억울한) 마마!
루시개	(표정 없이 지켜보고)

돌아서 가는 휘. 쫓아가며 열 내는 기특. 루시개, 따르고.

| 기특 | 상선이나 지밀상궁한테 전언만 넣으면 됩니다. 그들이 나와 마마를 뵙고 나면 바로 윗전에. |

일행 앞을 가로막는 창들! 뒤따라온 호군들이다.

호군   입궁은 안 돼도 그냥은 못 가지.

휘 일행, 긴장하고.

호군   감히 무기를 들고 궁문을 열어라 마라?
휘   ······
호군   꿇어!
기특/루시개 !
호군   어느 소굴 거지새끼들이 역적 모의 중인지, 네놈들을 끌고 가서...

기특과 루시개, 휘의 기색 살피는데... 가로막은 창을 순식간에 빼앗아 호군을 제압하는 휘! 이와 동시에 기특도 무기를 뽑아 대적한다! 루시개를 지켜가며 호군들과 싸우는 두 남자! 점점 늘어나는 호군들! 결정적인 순간, 루시개가 호군을 향해 표창을 날리려 하자 이를 쳐내는 휘! 고개를 젓는. 죽이면 안 된다는. 루시개, 분을 누르고.

외부의 소란에 궁문이 열리며 안에서도 병사들이 쏟아져 나온다. 건춘문 밖으로 나오던 글월비자! 눈앞의 상황에 기겁을 하고! 겁먹고 쫄아 있다 냅다 달린다. 싸우는 와중에 이를 눈여겨보는 휘! 기특과 루시개에게 신호 주면 동시에 다른 방향으로 흩어지는 세 사람! "잡아!" "저놈들 잡아라!" 우왕좌왕 어쩔 줄 모르며 쫓아가는 호군들!

맹렬한 속도로 달려가는 휘! 글월비자가 간 방향이다.

S#13. 대군저 앞 (D)

대궐 못지않게 웅장한 진양대군 강의 사저. 사병들이 곳곳에 지키고 서 있다. 자준이 나와 글월비자를 은밀히 안으로 들이면.

S#14. 사랑채/강의 처소 (D)

강과 나겸 앞으로 글월비자를 데리고 온 자준.

대전지밀이 준 서찰을 바치는 글월비자. 강, 펴본다. 그사이 글월비자에게 주머니 하나 내어주는 나겸.

나겸   수고했네. 돌아갈 때도 조심하고.
글월비자   ... (기쁘고)

S#15. 대군저 앞 (D)

은밀히 빠져나오는 글월비자. 누가 볼세라 다급히 골목을 빠져나가는데 엇갈려 당도하는 한 여인, 자현이다. 문 앞에서 제 주인 쳐다보는 끝단. 자현이 눈으로 재촉하면.

끝단   후우... (한숨 쉬며 마지못해 문을 두드린다) 계세요?

기다리고 선 자현.

S#16. 근처 골목 (D)

바삐 걷던 글월비자, 주변에 오가는 이가 없음을 확인하고는 멈춰 서서 갈무리 해둔 주머니를 열어본다. 내용물 확인하고 만족스러운 표정 되는데 흡! 더러운 천으로 동여맨 손에 입이 막혀 골목 안으로 확! 끌려 들어가는!

S#17. 대군저/사랑채/강의 처소 (D)

강이 궁에서 온 서찰을 태우고 있다. 지켜보는 나겸과 자준.

나겸   백중지세.
강   ......
나겸   주상전하와 대비전 사람들이 반이요, 우리 쪽 사람들이 반입니다.

강	(곰곰 생각하는)
자준	어쩌시렵니까. 주상전하의 환후가 깊으신데 대비마마께서 대감과 종친들을 따돌리시니 혹여라도 때를 놓치면...
강	망극한 일이 일어나기 전에... 고명을 받아내야지.
나겸	(기대감 오르고) 은성대군도 없는 마당에... 대감께서 고명만 받아내시면... 보위는 대감의 것입니다.
강	...... 입궁을 해야겠소.
나겸	(자준에게) 오라버니께서 호판과 다른 대신들에게 연통을 넣어 모두 입궐하라 해주세요.
자준	예.
나겸	(강에게) 관복을 올리지요. (일어나려 하는데)

밖에서 고해지는.

부들이(소리)   마님, 손님이 오셨습니다.

마주 보는 강과 나겸.

S#18. 동 앞 (D)

안에서 나겸이 나온다. 쓰개치마 내리는 자현. 보고 굳는 나겸. 담담하게 서 있
는 자현.

자현	대군을 뵈러 왔어.
나겸	대감께서는 입궁하실 참이다. 한가로이 네 상대를 하고 있을 시간은 없으신데, 어쩌지?
자현	만나주실 거야.
나겸	! (확신이 꼴 보기 싫고)
자현	... (기다리는데)
나겸	돌아가.
자현	(다가서며) 대감! 자현입니다! 드릴 말씀이 있습니다.
나겸	! (노기 오르는데)
자현	(기다리고)

문 열리는. 자준, 나온다.

자준　　　(나겸 눈치 봤다가) 들어오시지요.

자현, 들어간다. 나겸! 약이 바짝 오르고.

S#19. 동 안 (D)

강과 단둘이 마주 앉은 자현. 강, 표정 없이 자현 본다.

자현　　　종친인 원령군이 즈이 집에 혼담을 넣으셨습니다. 물러달라 해주
　　　　　십시오.

강　　　......

자현　　　대군의 중신이라 들었습니다. 허니, 해결도 대군이 하십시오.

강　　　다른 신랑감을 원한 게 아니었소?

자현　　　(노기 오르는) 대체 무슨 말씀이십니까!

강　　　내 여자 되기를, 3년 내내 거절하기에 넓은 아량으로 다른 선택지
　　　　　를 준 것인데?

자현　　　저더러 금수가 되란 말입니까!

강　　　휘는! 돌아오지 않습니다. 그 애는... 죽었어. 인정을 하시지요.

자현　　　(차오르는 눈물) 동생을 사지로 밀어 넣은 것도... 대군이셨지요.

강　　　제 발로 간 것이오. 이 나라의 왕자로서... 의무를 다했을 뿐.

자현　　　기어이... 제 신세를 망쳐놓을 작정이십니까.

강　　　(비소하며) 원령군은 내 사촌이오. 종친에게 시집을 가면서 신세를
　　　　　망치다니... 다른 처자들이 들으면 기가 찰 일이오.

자현　　　저는 혼인을 원하지 않습니다! 그 누구의 신부도! 되고 싶지 않습
　　　　　니다!

강　　　원령군이 그리 싫소?

자현　　　... (가증스러운데)

강　　　정 그렇다면, 나에게 오시오. 지금이라도 받아주리다.

자현　　　! (노려보면)

강　　　(빙긋이 웃는데)

자현　　　(분기를 누르며 일어나는) 괜한 걸음을 했습니다.

강	......
자현	대군에게... 사람다운 마음이 한 조각 남아 있기를 기대한 내가 어리석었어요.
강	... (끝내 굽히지 않는구나) 조심히 가시오. 곧 신부 될 몸이신데.
자현	!

박차고 나가는 자현! 위악 떨던 강, 표정 단번에 식어 내린다.

S#20. 동 앞 (D)

나오는 자현. 몸종 끝단이 얼른 신발을 놓고.

약 올라서 기다리고 있던 나겸, 자현에게 다가가 다짜고짜 뺨을 날린다! 얼굴이 돌아가는 자현.

끝단	(놀라서) 아씨! (자현 지키듯 막아서며/나겸에게 버럭) 뭐하시는 거예요!
자현	......
나겸	(끝단이 제치고) 대군 하나 잡아먹은 걸로는 부족해?
자현	!
나겸	겁이 없는 거야, 법도를 몰라 무식한 거야? 어디 감히 남의 집 사내를 함부로 만나러 오느냐 이 말이야!
자현	... (천천히 시선 주는) 그렇게 불안해?
나겸	!
자현	아직도, 자신이 없어?
나겸	!! (모멸감)
자현	그래서 날! 어떻게 해서라도 치워버리고 싶어?!
나겸	(가까이 얼굴 들이대고 압박하는) 고마운 줄이나 알어. 우리 아니었음! 넌 처녀귀신으로 늙어 죽었어!
자현	... (회한이 차오르는) 동무였던 시절은. 다 잊은 거야?
나겸	! (멎었다가) 우정은 네가 먼저 저버린 거 몰라? 대군들 사이에서 꼬리 치고 다닐 때부터! 우린 더 이상 동무도 뭣도 아니었어!
자현	내 인생! 내 운명을... 늬들 내외가 결정하게 하지는 않아.
나겸	시집가는 게 그리 싫다면... 자결이라도 하지 그래?

끝단	(더 이상 못 참고/자현 끌고 가려는) 아씨, 가요! 뭐하러 상대를 하세요! 그냥 가자구요!
나겸	죽으려면 3년 전에 죽던가.
자현	!
나겸	그 대단한 사랑, 그때 끝냈으면 과연 일편단심이라 칭송이라도 받았지.
자현	... (무참하고)

끝단, 자현을 모시고 나가는데.

나겸	(뒤에 대고) 행복하길 비마. 부디 시집가서 아들 딸 낳고 잘 살아.

더 이상 대꾸 없이 가버리는 자현.

나겸	(퍼붓는) 너도 하고많은 계집들 중 하나라는 거, 결국 시시한 속물이었다는 걸 온 세상에 보여주란 말이야!

멀어져가는 자현의 뒷모습.

S#21. 대군저/안방 (D)

나겸, 부들이에게 명을 내린다.

나겸	자현이네 집에 따로 전갈을 보내.
부들이	뭐라구 보낼까요?
나겸	시집가는 그날까지, 자현일 잘 감시하라고. 죽지도, 도망치지도 못하게.
부들이	...... (마님이 무섭다)
나겸	정벌 나가는 은성대군을 따라 전장까지 갔던 인물이 아니냐. 그냥 두면 무슨 짓을 할지 몰라.
부들이	네, 마님.

태연하게 경대 여는 나겸. 거울 보며 머리 매만지는 나겸에서.

S#22. 한강 (D)

군데군데 얼어붙은 한강. 그 물속에 얼굴이 푹 담겼다 꺼내지는 루시개.

루시개   (차가워서 진저리를 치며) 차거!

기특이 다시 머리를 눌러 넣는다. 손을 버둥거리는 루시개!

CUT TO

새파랗게 질린 입술. 오들오들 떨며 글월비자의 옷으로 갈아입은 루시개. 한강
물에 먹 감고 손발을 씻어 제법 깨끗해졌다. 그녀에게 신부를 쥐여주는 휘.

기특   (걱정되는) 잘 할 수 있을까요? 조선말도 잘 못 하는데.
루시개   (들은 대로) 대비. 대비만 찾으면 된다.
기특   (미치겠는) 마마! 대비마마!
루시개   아 맞다! 마마!
휘   (루시개의 치마 들추는)
루시개   ! (왜 이래? 덜컹! 가슴이 내려앉고)

흰 속치마 한 자락 찢어내는 휘. 단도로 손가락을 벤다. 배어 나오는 핏방울. 그
피로 찢어낸 천에 제 이름 한자를 쓰는. 徽(아름다울 휘).

S#23. 건춘문 앞 (N)

호군에게 신부를 내보이는 루시개. 호군, 어딘지 이국적인 루시개의 생김새에
갸웃한다. 보조개가 파이며 귀엽게 웃어 보이는 루시개. 눈웃음에 마음 약해져
서 그냥 통과시키는 호군.

루시개, 건춘문을 통과하기 전 뒤돌아서 어딘가에 시선 보내고.

숨어서 지켜보고 있던 휘와 기특. 루시개가 들어가고 나서가 더 걱정인데...

S#24. 궁 안 (N)

루시개, 한눈팔지 않고 똑바로 걸어간다.

루시개   무조건 앞으로, 앞으로. 대비전... 대비마마...

거대한 궁궐. 루시개를 두고 멀어져가는 카메라.

S#25. 폐가/헛간 (N)

루시개의 옷을 대강 걸쳐 입고 손발이 묶인 채 휘 앞에 조아리고 있는 글월비자.
마주 앉은 휘, 그 옆에 기특. 글월비자가 받은 주머니 들고 있다.

휘   어찌하여 사사로이 대군의 집을 드나드느냐.
글월비자   (덜덜 떨며) 소인은 그저... 위에서 시키는 대로 한 것뿐입니다.
휘   위가 누구냐...
글월비자   ... (계속 떨고 있는데)
기특   살고 싶으면 빨리 불어!
글월비자   전 그저 서찰을 전한 것뿐입니다!
휘   누가 보낸 서찰이냐!
글월비자   ... (겁에 질리는데)

압박하듯 보고 선 휘에서.

S#26. 자현의 집 전경 (N)

S#27. 자현의 처소 (N)

자현, 서안 위에 휘가 붓꽃 그려준 손수건을 펴놓고 보고 있다. 눈물 한 방울이
뚝. 자현, 손수건을 소중히 접어 넣고. 펼쳐놓은 보따리에 짐을 챙기기 시작한다.

S#28. 대비전 앞 (N)

대비 심씨, 장상궁의 부축을 받아 처소로 돌아오고 있다. 연일 계속된 밤샘 병간
으로 지쳐 있는 대비 심씨, 걷다가 휘청! 하면 우르르 걱정하며 모여드는 나인들.

장상궁   마마, 아니 되겠습니다. 오늘 밤은 처소에서 좀 쉬십시오.
대비 심씨   아니다. 옷만 갈아입고 다시 주상에게 가겠다.
장상궁   (속상한) 이러다 마마께서 먼저 쓰러지십니다.
대비 심씨   중전 혼자서는 힘들 게야.
장상궁   (속상해도 더 이상 만류 못하고/뫼시는데)

앞을 툭! 가로막는 루시개.

장상궁   무엄하다! 어느 안전이라고 함부로 길을 막느냐!
루시개   대비?
대비 심씨   (보는)

장상궁 이하 나인들 기함하고!

루시개   아, (그제야 생각난) 마마? 대비마마?
장상궁   뭣들 하느냐! 저년을 당장 끌어내지 않고!

나인들, 우르르 달려가 루시개 끌어내리는데 나인들 손이 몸에 닿기도 전에 날
려버리는 루시개! 장상궁, 자객이다 싶어 대비부터 감싸는데!

장상궁   (목이 터져라 외치는) 게 아무도 없느냐! 금군을 불러오너라! 금군을!

장상궁의 입을 틀어막는 루시개. 위험을 느끼지만 의연하게 서 있는 대비 심씨!
장상궁 제압한 채, 품에서 받아 온 혈서 꺼내 대비의 눈앞에 보여주는 루시개!

대비 심씨, 휘의 이름을 알아본다! 눈 커지고! 혈서를 향해 다가가는 손길이 덜
덜 떨리는. 루시개, 대비가 가져가도록 둔다. 뿌리치는 장상궁!

장상궁   (걱정되어 대비 곁으로) 마마!
대비 심씨   ... (확인하고) 휘?

장상궁	?!
대비 심씨	이것이 휘의 피냐...? 내 아들, 휘 말이다!

지켜보는 루시개. 눈물이 차오르는 대비 심씨의 얼굴에서.

S#29. 길 (N)

평교자에 탄 강, 궁으로 가고 있다. 몸종이자 호위병인 어을운이 수행하고. 뒤에는 자준과 호판 정연과 박부경 등 다른 대신들이 줄줄이 따라오고 있다.

S#30. 건춘문 앞 (N)

금군의 호위 속에 궁으로 들어가는 휘와 기특. 삿갓에 베일로 둘 다 얼굴을 가렸다.

S#31. 대비전 마당 (N)

불을 환하게 밝힌 채 루시개와 함께 기다리고 있는 대비 심씨. 휘가 들어선다. 뒤로 물러나는 금군들과 기특. 다가오는 사내의 처참한 몰골에 가슴이 무너지는 대비 심씨. 그러나, 얼굴 확인했다. 셋째 왕자, 은성대군 휘다. 어머니 앞에 절부터 올리는 휘.

휘	불초 소자... 이제 돌아와 어마마마를 뵈옵니다. (그래놓고 엎드려 일어나질 못하는)

천천히 다가가는 대비 심씨의 발걸음. 바닥에 무릎 꿇어 아들의 얼굴을 들어 올린다. 온통 눈물범벅인 휘의 얼굴. 대비 심씨의 눈에서도 걷잡을 수 없는 눈물이 흐른다. 와락! 아들을 끌어안는! 오랜 세월의 회한! 반가움과 절망으로 아들의 등을 친다. 보고 있던 나인들이 돌아서 눈물을 훔치고. 기특도 줄줄 우는데 그 얼굴 빤히 쳐다보는 루시개. 기특, 쪽팔려서 고개 돌리고.

대비 심씨	살아... 있었느냐. (휘의 더러운 얼굴을 만져보면서) 옥 같던 얼굴은 어디가고... 얼마나 얼마나 고생이 깊었으면...

휘	... (그저 말없이 보기만)
대비 심씨	주상이... 사경을 헤매고 있다. (억장이 무너지는)
휘	!
대비 심씨	하늘이... 이 에미를 가엾이 여겨... 너라도 돌려주신 것인지...
휘	...... 전하의 환후가 얼마나 급박한 것입니까.
대비 심씨	요즘 같아서는 한 치 앞을 모른다.
휘	!
대비 심씨	진양의 욕심이 무서워 조정에도 종친들에게도 알리지 못하고...
휘	형님은 다 알고 있을 것이옵니다.
대비 심씨	(멎고)
휘	대군저를 오가는 궁녀 하나를 잡아두었습니다.
대비 심씨	!

S#32. 궁 일각 (N)

강의 무리가 궁으로 들었다. 기세가 자못 삼엄하고.

S#33. 강녕전 (N)

휘의 귀환에 마지막 기력을 내어 자리에 앉은 주상. 내관과 상궁들이 양편에서 붙잡아 간신히 앉아 있다. 대비 심씨가 지켜보는 가운데 주상에게 절을 올리는 휘. 제대로 의관을 갖추었다.

주상	(힘겹게 손 내밀며) 가까이... 이리 가까이 오라.

휘, 다가가 주상의 손을 잡는데... 회한이 가득한 형제의 해후. 주상의 짓무른 눈에서 눈물이 흐르고.

주상	이제 내가... 안심하고 눈을 감을 수 있겠구나.
휘	(울컥하는) 무슨 말씀이십니까. 신이 돌아왔는데... 막내 휘가 왔는데... 하루빨리 강건해지셔서 그간 못다 한 우애를 나누어야지요...
주상	생각하고... 또 생각하였다. 보위를 진양에게 주는 게 맞는지. 그것이 종사를 위한 길은 아닌지.

대비 심씨	주상... (그런 소리 하지 말라는)
주상	허나 진양은... 세자를 살려두지 않을 것이다.
휘	!
주상	너 또한... 그냥 두지 않겠지.
휘	......
주상	네가 지켜라.
휘	전하...
주상	우리 가족을... 지켜다오.
휘	......
주상	새 나라가 또다시 왕자의 난에 휘말리면... 백성들의 신망을 얻을 수 없을 게야... (기어이 푹 쓰러지는!)
휘	전하! (안아 드는)
대비 심씨	! (멎고)
주상	(동생의 품속에서) 아무도... 죽게 하지 마라. 핏줄은... 살려야 한다.
휘/대비 심씨	전하!/주상!

곧 숨이 넘어갈 것 같은 주상! 애타게 부르짖는 모자!

S#34. 강녕전 앞 (N)

강이 자준 이하 대신들 무리와 함께 서 있다. 위세와 압박감이 느껴지는. 상선이 내관들과 함께 그들을 막아선다.

상선	오늘은 아니 됩니다.
강	(굴하지 않고) 전하께서 편찮으시다기에 청심환을 갖고 왔네. 이를 올리려 하니 안에 고하시게.
상선	아무도 들이지 말라는 대비마마의 엄명이 계셨사옵니다.
자준	(나서는) 주상전하의 동생을 한낱 잡인 취급하는 겐가?
상선	(밀리지 않는) 밝은 날 다시 오시지요.
강	청심환을 올리겠다 하지 않는가! 오늘 밤, 전하께 변고가 생기면. 상선이 훗날을 어찌 감당하려고 이러는 게요!
상선	!
자준	(버럭) 문을 여시오!

하는데 갑자기 터져 나오는 곡소리! 상선, 사색이 되고 강, 기대감에 부풀어 올라 다급히 내관 제치고 들어가려는데! 문이 열리고 대비 심씨가 나온다.

강	어마마마!
대비 심씨	(보는)
강	무슨 일입니까! 전하는! 주상전하는요!
대비 심씨	승하하셨다.
강	! (드디어!)
대비 심씨	(복을 하라는) 상선.
상선	(울면서 들어가고)
강	일을 어찌 이런 식으로 하십니까. 가장 가까운 지친을 놔두고! 전하를 홀로 가시게 하다니요! 대체 고명은 누가 받으며! 유훈은 누가 받든단 말입니까!
휘(소리)	걱정 마시지요.
강	! (설마)

문지방을 넘는 버선발. 서서히 모습을 드러내는 이는, 휘다. 비록 말랐으나 이전의 몰골과는 비교가 안 되는 옥골선풍! 굳어버리는 강. 주상의 죽음보다 휘의 출현이 더 놀라운데! 수런거리는 대신들! 강, 이를 의식하고!

휘	고명은 제가 받았습니다. 세자저하가 성년이 될 때까지 어마마마께서 섭정을 하시며! 대군들은 저하께 충성을 다할 것!
강	......
휘	이것이 대행왕의 마지막 유지입니다.
대비 심씨	(강을 본다)
강	... 고명을... 네가 받았다고?

다가와 강을 끌어안는 휘.

강	!
휘	제가 돌아왔습니다, 형님.
강	......
휘	죽지 않고. 살아서 말입니다.

강   ...... (서늘한데)

S#35. 자현의 집 전경 (N)

S#36. 동/자현의 처소 (N)

야반도주 준비를 끝낸 자현. 보따리를 들고 조심조심 나간다.

S#37. 집안 일각/대문가(혹은 후문) (N)

집 안을 빠져나가려는 자현, 주변 살피며 문가로 다가가는데. 빗장 벗기고 밖으로 나가려는 순간! 빗장 다시 탁! 내리는 손길. 득식이다.

득식(소리)   포기해.
자현   ! (뒤로 도망가려는데)

벌써 와서 지키고 선 하인들.

자현   오라버니! 제발!
득식   군부인 아니었음 이번에두 꼼짝없이 개망신당할 뻔했다.
자현   !
득식   널 잘 지키라고 전갈을 보내셨기에 망정이지......
자현   ... (분하고/절망스러운) 나겸이가?
득식   (하인들에게) 오늘부터 매일 밤 별채를 지킨다. 혹여라도 아씨를 놓치면 늬들 다 목이 날아갈 줄 알아!
하인들   예, 도련님!

망연해지는 자현! 절망하는데!

S#38. 자현의 처소 앞 (새벽)

자물쇠가 질러진 방문. 그 앞은 하인들이 굳게 지키고 섰다.

S#39. 동 안 (새벽)

꼿꼿하게 앉아 밤을 새운 자현, 경대를 연다. 거울 속에 비친 자신의 모습. 서랍에서 가위를 꺼내 드는데... 보다가, 머리채를 싹뚝! 자른다.

S#40. 대군 처소 (D)

휘와 강이 옷을 갈아입고 있다. 관을 벗고, 관복을 벗으면 시중드는 내관들이 소복을 입힌다. 휘의 시중을 드는 기특. 그사이 씻고 새 옷을 입어 제 인물을 찾았다. 스치는 옷자락 사이로 보이는 휘의 등에 난 상처와 흉터들. 칼자국과 채찍 자국이 가득하다.

강	상처가 많구나.
휘	(담담한) 전쟁터에 있었으니까.
강	살아 돌아와서... 다행이다.
휘	... 죽을 수 없었어. 기다리는 사람이 있으니까.
강	... 하필이면 국상 중에 귀환하니... 전하를 잃은 슬픔에, 너를 되찾은 기쁨을 드러내기가 어렵구나.
휘	......
강	너 역시 힘들겠지. 그리운 이에게 달려가지도 못하고.
휘	... (굳는)
강	허나 다른 사내의 신부 될 연이니 안 보는 게 나을 게야.
휘	! (쳐다보면)
강	자현 낭자 말이다.
휘	!! (멎고)
강	그래도 옛정이 있으니 너의 생환을 얼마나 반기겠느냐.
휘	!! 자현이, 혼인을 한다고?
강	종친인 원령군과 짝이 된다지?

아직 소복이 다 입혀지지도 않았는데 박차고 나가는 휘. "마마!" 기특, 당황해서 따라 나간다.

S#41. 동 앞 (D)

박차고 나오는 휘. 옷 추스르며 달려 나간다. 뒤따르는 기특. "마마! 마마!"

그런 두 사람 지켜보는 자준과 어을운.

S#42. 동 안 (D)

천천히 마저 소복을 입은 강. 문이 열린 채다. 밖에는 어을운과 자준이 대기 중
인데.

자준	어찌하면 좋겠습니까? 갑자기 돌아온 은성대군에게 고명을 빼앗겼으니...
강	3년을 하루같이 이제나 저제나... 고명을 받아내기 위해 숨죽이고 엎드려 있었건만...
자준	... (안타깝고)
강	즉위식까지 사흘.
자준/어을운	(긴장해서 보면)
강	사흘 안에... 어린 세자가 은성의 호위 아래 왕으로 즉위하기 전에! 고명을 뒤집고 대비전의 자교를 받아내야 합니다.
자준	일이 되겠습니까? (어렵지 않겠냐는)
강	대비전으로 가야겠습니다.
자준	(읍하고)
강	은성이 궁을 비웠으니... 남은 절차는 다 내 소관이 되지 않겠습니까.
어을운	...... (도발한 이유를 알았다/신발 준비하고)

강, 밖으로 나간다.

S#43. 길 (D)

말을 달리는 휘. 따라 달리는 기특.

S#44. 자현의 집 앞 (D)

이른 아침. 하품하며 나오는 하인, 대문을 활짝 열어 하루의 시작을 알리는데!
다급히 와 서는 말! 휘가 구르듯이 뛰어내린다. 당황하는 하인.

하인   뉘... 뉘시오?

휘, 하인 제치고 들어가는!

하인   (따라가는) 이보시오! 어디서 오신 손님이오?

기특도 따라 들어간다.

S#45. 자현의 집/마당 (D)

하인들이 마당을 쓸고 있다. 성큼성큼 들어온 휘, 성대감을 찾는다.

휘   대감마님 계시느냐! 아씨는 어디 계시느냐?

비질하던 하인들, 놀라고. 뒤따라온 하인! 휘를 막아서는.

하인   대체 뉘신데 이러십니까!

자현을 찾듯 사방을 둘러보는 휘! 따라온 기특.

소란에 방에서 문 열고 나오는 성억 대감.

성억   어인 소란이냐!

부엌에 있던 안씨와 끝단도 나온다. 휘를 알아보고 자기 눈을 의심하는 안씨! 자
현의 초조반상 들고 나오던 끝단, 놀라서 상을 놓치는데!

성억   이른 아침부터 남의 집에서 이 무슨 무례한 행태요!

휘	대감! 접니다! 은성입니다!
성억	! (휘의 얼굴 가만 보는... 어느 순간 알아채고 경악하면) 산 자냐, 귀신이냐!
휘	주상전하께서 승하하셨습니다!
성억	! (그제야 휘의 소복 눈에 들어오고/털썩 주저앉는)

사람들 모두 동쪽을 향해 엎드리며 곡한다. 뒷걸음질 치는 안씨, 별채로 달린다.

휘	따님을 만나야겠습니다.
성억	!
휘	제가 돌아왔다고! 살아서 왔다고 전해주십시오!
성억	(후들거리며 일어나는/그러나 굳게) 아니 되오.
휘	!
성억	내 딸은 이미 다른 혼처가 정해졌소. 대비전의 명이 없이는... (불가하다는)

휘, 돌아서 별채로 가는. 기특, 따르고.

성억	대군! 지금은 아니 됩니다!

S#46. 자현의 처소 (D)

단발한 자현 보고 기겁한 안씨.

안씨	너 대체 무슨 짓을 한 거야!
자현	산사에 가겠습니다. 비구니가 되겠어요.
안씨	(미치겠는) 이것아! 대군이 왔어! 살았더라구! 널 찾아왔어!
자현	! (멎고)

S#47. 중문에서 별채까지/자현의 처소 (D)

하인들, 휘를 말리려 하나 소용없다. 아랑곳하지 않고 별채로 향하는 휘! 중문 박차고 별채로 들어가며 소리친다.

| 휘 | 낭자! 자현 낭자! |

굳게 닫힌 처소의 문. 휘, 잠시 막막하게 서 있는데. 뒤따라 들어서는 성억.

| 성억 | 궁으로 돌아가십시다. 가서 빈전을 지키셔야지요. |
| 휘 | (소리치는) 낭자! |

문이 열리고! 자현이 모습을 드러낸다! 가슴이 무너지는 휘! 달려 나오는 자현!
버선발로 뛰쳐나온다! 안씨도 따라 나오고.

| 자현 | 마마! |
| 휘 | (팔을 벌리고) |

눈물범벅이 되어 휘의 품속으로 뛰어드는 자현에서!

S#48. 대비전 (D)

대비 심씨 앞에 앉은 강. 둘 다 소복 차림.

강	고명은... 어마마마의 뜻입니까?
대비 심씨	나라의 앞날을 걱정한 대행왕의 유지다. 얼마나 고심하며 내린 결정이겠느냐.
강	어마마마께서... 여왕이 되고 싶으신 줄은 몰랐습니다.
대비 심씨	무엄하구나! 어린 세자를 지키라는 유지를 그리 왜곡하다니!
강	큰아들은 갔습니다. 이제 소자에게 의지하실 땝니다. 자교를 거두어주세요.
대비 심씨	이미 공표된 대행왕의 유지를 내 마음대로 바꿀 수는 없는 법!
강	저도 어마마마의 아들입니다! 소자는 왜 안 되는 것입니까!
대비 심씨	때 되면 돌아가면서 아무나 차지하는 게 왕좌인 줄 아느냐!
강	(보면)
대비 심씨	조선이 이번 대에서도 승계의 원칙을 세우지 못하면! 새 나라의 뿌리가 흔들리는 게야!
강	능력 있는 자가 보위를 잇는 게 원칙이 되어야 합니다! 백부님을

제치고 아바마마가 보위를 이어받았던 것처럼요!

대비 심씨	조선은 장자승계가 원칙인 나라다! 늬 백부는! 기생을 궁으로 끌어들이고 남의 집 부인들까지 손대는 패륜을 저질러 쫓겨난 것이야!
강	세자는 어린앱니다! 왕이 될 수가 없습니다!
대비 심씨	내가! 이 어미가 살아 있어! 헛된 욕심을 부리지 말거라!
강	욕심은 어마마마께서 부리고 있는 게 아닙니까! 여왕이 되고자 하는 욕심에 멀쩡한 아들을 허수아비로 만드셨습니다!
대비 심씨	이번이 마지막이다.
강	!
대비 심씨	한 번만 더 불경한 언사로 왕실을 흔들면! 아무리 내 아들이라도 용서치 않을 게야!
강	... (억울함에 분기 오르고)

S#49. 동 앞 (D)

문 벌컥! 노기 띤 채 나오는 강. 기다리던 자준, 따르고.

강	백부님은 입궁하셨습니까? 어디 계십니까?
자준	빈전에 들어계실 것이옵니다.

양안대군을 찾아 걸음 옮기는 강. 따르는 자준과 어을운.

S#50. 궁 일각 (D)

대비가 심정과 함께 빈전으로 가고 있다.

대비 심씨	진양은 대행왕이 남긴 유지를 받들 생각이 없어 보입니다.
심정	설마...
대비 심씨	허나, 세자가 즉위하고 나면 저도 받아들일 수밖에 없을 터!
심정	사흘입니다. 사흘만 무사히 지나면... (된다는)
대비 심씨	은성을 찾아오세요. 은성이 진양을 막아주어야 합니다.
심정	예, 마마.

심정, 다른 방향으로 다급히 가고. 슬퍼할 겨를이 없다, 긴장한 채 빈전으로 향하는 대비 심씨.

S#51. 산사 일각 (D)

휘, 자현과 마주 서 있다. 둘이서 언약식을 했던 그 절로 자현을 데려온. 무슨 말부터 해야 할지, 어디서부터 얘기해야 할지 모르겠는데... 너무 벅차서 오히려 가볍게 대하는 휘.

휘	머리가... 이게 뭐요...? 그동안 오매불망 그린 여인은... 내가 알던 낭자의 모습은... 이게 아니었는데...
자현	(발끈하는) 마마두 뭐 전 같지는 않으시거든요? 엄청 마르고! 뭐 좀 늙은 것도 같고!
휘	(웃으며/자현의 머리 쓰다듬어보는) ...
자현	... (부끄러운데)
휘	아기 같다...
자현	! (더 부끄럽고)
휘	그래도 여전히 예쁘오.
자현	... (어쩔 줄을 모르겠고) 버티고 버티다... 더 이상은 버텨지지가 않아 머리를 잘랐습니다. 비구니가 될지언정! 다른 사람의 신부가 될 수는 없었으니까!
휘	... (울컥 오르고) 고맙소. 기다려주기를 바랐지만 낭자가 이미... 다른 이에게 시집을 갔을 수도 있다고... 그래도 원망할 자격은 없다고... 그렇게 스스로를 다스리곤 했는데...
자현	! (화나는) 돌아온다고 약속했으면서! 죽지 않는다고 했으면서!
휘	(보면)
자현	절 믿지도 않았다구요? 3년을 하루같이! 모두가 마마는 죽었다 했지만! 귀 막구 듣지 않으면서!
휘	......
자현	기다리고 또 기다렸는데... 제가 벌써 시집갔을 줄 아셨단 말이에요?

자현을 와락 끌어안는 휘! 자현, 뿌리친다! 밀어내고! 밀어내는 자현을 기어이

끌어안는 휘! 휘의 품에서 울음 터뜨리는 자현에서. 휘, 그런 자현을 더 깊게 안는다. 휘의 손목에 매달린 낡은 댕기끈 보게 되는 자현, 비로소 누그러지는데...

휘	(안은 채) 두렵소.
자현	(보면)
휘	이것이 꿈일까 봐.
자현	(울컥 오르고)
휘	수많은 밤, 낭자의 꿈을 꾸었소. 눈 뜨면 꿈인 것을 알게 되니 허망하여... 그대로 다시는... 눈 뜨고 싶지 않은 날들이었소.

자현, 휘의 품속에서 돌아서 그의 얼굴을 양손으로...

자현	꿈이 아닙니다. 마마의 눈앞에 있는 사람은... 저예요! 자현이에요! 우리가 이제... 다시 함께하게 된 거예요.

휘, 못 참고 당겨 안아 입 맞추는.

CUT TO

휘, 낡은 댕기끈으로 산발된 자현의 머리를 묶어준다. 짧게 올려붙이듯 억지로 묶여지는 머리. 다 묶고 나면, 자현의 얼굴을 앞으로 돌려 부드러운 손길로 잔머리를 정리해준다.

자현	(살펴보려는) 다친 데는 없으십니까? 아프신 데는요?
휘	... (당황해서 막으며) 다 괜찮소.
자현	어디에 계셨던 것입니까? 그간 어떤 고초를 겪으셨기에...
휘	...... (아무 말도 하고 싶지 않은)
자현	(애틋하게 보는데)
휘	중요한 건... 내가 돌아왔다는 사실이오.
자현	약속해주세요. 다시는, 다시는 제 곁을 떠나지 않겠다고.
휘	...... (끄덕이고)
자현	(그러나 가슴 아픈) 돌아오자마자 전하를 여의셨으니... 어찌 위로를 올려야 할지...

휘	내가 왔기에... 비로소 눈을 감으실 수 있었던 거요.
자현	......
휘	그대 못지않게... 전하께서도 필사적으로 버텨주셨소.
자현	...... (휘의 아픔이 염려되는)

S#52. 궁녀들 처소/목욕실 (D)

궁녀들이 씻는 공간. 가운데 나무통이 놓였다. 그 앞에서 루시개와 대치 중인 궁녀들. 훔쳐 입은 궁녀복 벗기고 제대로 씻기려는데. 으르렁거리며 다가오지도 못하게 하는 루시개. 이미 몸싸움이 있은 후다. 서로가 상태 엉망이고.

궁녀1	우리가 이렇게 당하면서까지 쟤를 꼭 씻겨야 되냐?
궁녀2	냄새가 장난 아니야! 저런 애를 어떻게 윗전에 내놓니?
궁녀1	아니 우리가 왜 오랑캐 계집 시중까지 들어야 되냐고! 고분고분해도 하기 싫을 판에 미친개한테 물려가면서까지!
궁녀2	(그래도 루시개 달래보는) 야, 너 지금 냄새 나거든? (다가가 옷깃에 손대며) 대군마마 계속 모시려면 깨끗하게 씻구 새 옷을 입어야 (하다가) 으악!

루시개가 손등을 물어뜯었다!

| 궁녀2 | 물었어? |
| 궁녀1 | (보고 놀라는) |

루시개, 여전히 으르렁거리는데! 문이 열린다. 장상궁 들어오면 조아리는 궁녀들.

장상궁	(위엄 서린) 아직도 단장을 끝내지 못한 것이냐.
궁녀2	마마! (보라고 손등 내미는/핏자국이 선명하다)
궁녀1	저것은 사람이 아닙니다! 짐승이에요!
장상궁	(상황 파악되는) 모두 나가 있거라.
궁녀1	(아부 찬스다) 아니 되옵니다! 위험한 아입니다!
장상궁	(스윽 쳐다보면)

깨갱하고 물러나는 궁녀들. 문 닫히면, 루시개 앞으로 다가가는 장상궁. 탐색하던 루시개, 장상궁을 향해 으르렁거리는데!

근엄하던 장상궁, 갑자기 루시개에게 으르렁댄다! 루시개를 압도하는! 루시개, 놀라서 멎고.

CUT TO

사태 정리한 장상궁, 머리 싹 쓸어올리는데... 엉망으로 헝클어진 루시개, 놀라서 딸꾹질하고 있다.

장상궁	(다시 엄근진 모드로) 스스로 벗어라.
루시개	... (당황하고)
장상궁	(위협적으로 슥 다가가면)

바로 옷고름 풀어내리는 루시개.

S#53. 자현의 집 앞 (D)

자현, 휘가 돌아가야 하는 걸 알면서도 떨어지기 싫어 잡은 손길에 힘이 들어가고. 기특, 말고삐 잡고 기다리면. 자현을 대문가로 데려가는 휘.

휘	아무 걱정도 하지 마시오.
자현	안 합니다. 제 소원은, 이미 다 이루었습니다.
휘	(보면)
자현	감히 함께하는 것까지 바라지도 못했습니다. 제 소원은 그저... 마마의 생사를 아는 것이었습니다.
휘	... (보는데)
자현	마마가 돌아가셨으면 따라가면 그뿐인데... 혹시나 아직 살아계신 것은 아닌지... 나 혼자 먼저 가 있으면 어떡하나... 그래서 버틴 것입니다.
휘	(울컥했다 진정하고) 들어가시오. 이제 모든 것은 내 알아서 하리다.
자현	가시는 걸 보겠습니다.

| 휘 | (잘린 머리칼이 짠한/쓰다듬어주는) 머리는... 금방 다시 자랄 것이오. |

민망해서 손으로 가려보는데...

| 휘 | 궁이 어느 정도 정리가 되면 다시 올 거요. |
| 자현 | (끄덕이고) |

휘, 다시 말에 오르려는데. 자현, 달려가 붙잡는. 기특, 연인들이 짠하다.

휘	(보면)
자현	이것이 꿈은 아니지요?
휘	(저려오고)
자현	분명, 마마가 오신 거지요? 헛것이 아니지요?
휘	(손 잡아주며) 그대가 아니었다면... 낭자가 없었더라면... 난 진작에 포기했을 것이오.
자현	!
휘	돌아오려고, 이 얼굴을 다시 보려고... 지난 세월을 견뎌왔소.
자현	......
휘	꿈이 아니오.
자현	(끄덕이는데)

휘, 자현을 다시 대문가에 데려다준다. 문 열고 자현을 안으로 들여보내는.

휘	계속 이러면... 두고 갈 수가 없소.
자현	할 일 많으신 거, 알아요. (참겠다는)
휘	기다리시오. 이제는 두려움 없이.
자현	(다시 끄덕이고)

휘, 대문을 닫는다. 닫히는 틈으로 마지막까지 휘를 보려는 자현에서.

S#54. 궁 일각 (D)

강과 자준, 양안대군과 조우한다. 어을운, 좀 떨어져서 주변 살피고.

양안대군	은성이 살아 돌아왔다지요?
강	...... 3년 공든 탑이 무너지려 하고 있습니다.
양안대군	대비전에서는 고명을 물리고자 하는 의지가 있습니까?
강	역시나 제 편은 아니셨지요.
양안대군	허나 민심이 조카님의 것이지. 조정은 물론이요 종친들까지 한 목소리로 애기왕의 등극을 반대하는 주청을 올리겠습니다.
강	세자의 등극을 반대하면 대비전에서는 은성을 내세울 것입니다. 대행왕이 세제로 생각했던 인물이니까요.
양안대군	결심하시게. 대비전의 마음을 움직일 수 없다면, 실력행사밖에 길이 없어.
강	... (마지막 갈등이 일고)

양안대군과 자준, 강을 보는데...

강	(이윽고 결심하는/자준에게) 즉위식 전에 동궁의 호위를 넘겨받으세요.
자준	!
강	대전지밀을 통해 세자의 신변을 확보하고, 우리 쪽 대신들과 함께 대비전으로 가서... 옥새를 받아내야지요.
양안대군	좌상 김추와 은성을 어떻게 누를 생각인가?
강	... 세자가 우리 손에 있으면 함부로 날뛰지는 못할 겁니다. 그래도 방해가 되면... 베어야지요.

벅찬 양안대군! 긴장하는 자준!

강	조문이 끝난 대신들을 즈이 집으로 모이라 해주십시오. 대비전에 나아가기 전에 결속을 다져놓아야겠습니다.
양안대군	빠짐없이 연통을 하겠네.

결기를 다지며 다시 돌아서는 강! 거사를 향해 발자국을 떼는 강의 얼굴에서!

S#55. 길 (D)

휘와 기특이 궁으로 말을 달리고 있다.

S#56. 건춘문 안 (D)

말에서 내린 휘와 기특이 다급히 걷고 있는데. 마주 오는 심정.

심정　　대체 어디에 계셨던 겁니까? 대비마마께서 애타게 찾고 계십니다.

휘　　　곧 빈전으로 가겠습니다.

심정　　진양대군이 대행왕의 유지에 반발하여 대비전에서 한판 하고 갔습니다.

휘　　　! (멎는) 동궁전 호위는 지금 어디서 하고 있습니까?

심정　　그야 익위사지요. 즉위하면 이제 내금위가 넘겨받게 될 테고... (하다가 문득)

기특　　진양대군의 손위처남이 내금위장 아닙니까?

휘　　　대전지밀도 형님의 사람이에요. (믿을 수 없다는) 그들 손에 세자저하를 맡길 수는 없습니다.

심정　　　!

휘, 동궁의 처소로 발길을 돌리고.

S#57. 동궁의 처소 (D)

중전 김씨, 김추가 보는 가운데 세자에게 소복을 입히고 있다. 눈물이 줄줄 흐르는데...

김추　　　(속이 문드러지지만) 의연하십시오.

중전 김씨　　... (참아보려 애쓰고)

김추　　　지아비는 보냈으나 곧 보위에 오를 세자의 어미십니다. 저하의 앞날을 위해 의연한 모습을 보이셔야 합니다.

중전 김씨　　(하염없이 눈물 흐르는데)

모후의 눈물을 닦아주는 세자.

세자   울지 마십시오, 어마마마.
중전 김씨   (그 작은 손을 잡고) 약속하시는 겁니다, 세자.
세자   (보면)
중전 김씨   백성을 사랑하는... 훌륭한 왕이 되겠다고.

세자, 끄덕이면. 모자의 모습을 아프게 보는 김추에서.

S#58. 동 앞 (D)

중전 김씨와 김추, 세자를 데리고 나오는데. 처소 앞을 메운 자준과 내금위 군사들.

김추   (위협을 느끼고) 이게 무슨 일이오?
자준   이제 곧 보위에 오르실 몸이니 내금위에서 호위를 담당하라는 윗전의 명이 있었사옵니다.
중전 김씨   ! (불안해서 김추 보는데)
휘(소리)   윗전이라면 어디서 내린 명이냐?

사람들, 돌아보면! 휘와 심정이 익위사들을 데려오고. 자준, 말문이 막히는데!

심정   세자저하의 호위는 원래 하던 대로 익위들이 하는 것이 맞을 것이오! 정식으로 보위에 오르시면, 그때 내금위가 호위를 넘겨받도록 하시오.
자준   윗전에서 저하의 안위를 염려하시어...
김추   (호령하는) 대비전의 자교가 아니라면! 군사들을 썩 물리거라!
자준   ...... 내금위장은 접니다. 곧 보위에 오르실 저하의 호위를 내금위가 맡는 것이 지당하거늘 어찌하여 명분 없이 물리려 하십니까?
심정   군사들을 물리라지 않소!

팽팽하게 대결하는 양측. 불안감에 중전 김씨의 손을 꼭 잡는 어린 세자.

휘	내금위장이 말하는 윗전이... 진양 형님이오?
자준	!
휘	형님은 어디 계십니까?

S#59. 대군저 전경 (N)

S#60. 강의 처소 (N)

나겸, 소복을 입은 채 강 앞에 앉아 있다.

나겸	결심을... 하신 것입니까?
강	오늘 밤 조정대신들과 회합이 있을 것이오. 부인의 내조가 필요하오.
나겸	(벅차오르고) 소첩의 목숨이라도 바치겠습니다.
강	... (보는데)

밖에서 어을운이 고한다.

어을운(소리)	대감마님, 은성대군 오셨사옵니다.
나겸	! (당황해서 강 보는)
강	... (긴장하는데)

S#61. 동 앞 (N)

휘가 기특과 함께 기다리고 있다. 처소 앞을 지키고 선 어을운. 문 열리고 나겸이 나오면서 눈물로 맞이하는데...

나겸	대군! 이게 웬일입니까! 생환 소식에 기뻐하였더니 연이어 국상이라니요...
휘	면목이 없습니다, 형수님.
나겸	그간 얼마나 고초가 크셨는지요...
휘	......
나겸	들어가세요. 형님께서 기다리고 계십니다.

휘, 안으로 드는데. 기특, 신발 챙기면. 나겸, 언제 울었냐는 듯 표정 사라지고.

S#62. 동 안 (N)

강, 휘와 마주 앉았다.

강	... 정인과 회포는 잘 풀었느냐?
휘	하루만 더 늦었어도 비구니가 될 뻔했습니다. 머리를... 잘랐더군요.
강	!
휘	형님은... 이 동생이 돌아올 거라고 믿으셨습니까?
강	(굳고)
휘	나를... 기다리셨냐구요...
강	설마 죽기를 바랐겠느냐!
휘	(보다가/치받치는) 허면 왜! 날 적진에 버렸는데?
강	! 무슨 헛소리냐?
휘	오랑캐들 손에 3년을 잡혀 있었던 접니다. 다 들었고... 다 알았지요.
강	(노려보면)
휘	보위를 얻기 위해 나라땅을 팔아먹었다는 게 알려지면 민심은 더 이상 형님 편이 아닐 겁니다.
강	!
휘	영원히... 아무도 모를 줄 아셨습니까?
강	증좌 없이 함부로 입을 놀리면, 전장에서 살아남은 귀한 목숨을 보장받을 수 없을 것이다.
휘	훌리가이 족장에게 준 비밀문서!
강	! (굳고)
휘	그 더러운 협상이 세상에 알려지면! 형님이 그토록 욕심내는 보위는커녕! 대군의 지위도 지키지 못할 것입니다. 조정의 어느 대신도 형님의 편에 서지 않을 것이며, 조선의 어느 백성도 형님을 받들지 않을 테니까.
강	...... (분기 오르고)
휘	(강의 부인을 기다리며/계속 압박해가는) 세자저하를 지키는 왕실의 수

호자로, 어린 왕과 어마마마를 받드는 충신으로 사십시오. 그럼 아무도 모르는 일로 덮어드릴 테니.

강   (휘의 멱살을 잡는) 그런 모략을 하고도 무사할 줄 알았더냐!

휘   ... 아닙니까? (맞지 않냐는)

강   (노려보고)

휘   (아니라면) 서둘러 세자저하의 호위를 바꾸는 이유가 무엇입니까! 자식을 잃은 어마마마를 잔인하게 압박하는 이유는요!

강   ...... (노려보고) 증좌를... 내놔.

휘   (보는데)

강   내가! 더러운 협상을 했다는 증좌를!

휘   그 비밀문서! 제 손에 있습니다!

경악하는 강의 얼굴! 굳건한 휘! 서로를 노려보는 휘와 강의 얼굴에서!

대군 사랑을 그리다

10부

S#1. 강의 처소 (N)

강, 휘와 마주 앉았다.

휘	형님은... 이 동생이 돌아올 거라고 믿으셨습니까?
강	(굳고)
휘	나를... 기다리셨냐구요...
강	설마 죽기를 바랐겠느냐!
휘	(보다가/치받치는) 허면 왜! 날 적진에 버렸는데?
강	! 무슨 헛소리냐?
휘	오랑캐들 손에 3년을 잡혀 있었던 겁니다. 다 들었고... 다 알았지요.
강	(노려보면)
휘	보위를 얻기 위해 나라땅을 팔아먹었다는 게 알려지면 민심은 더 이상 형님 편이 아닐 겁니다.
강	!
휘	영원히... 아무도 모를 줄 아셨습니까?
강	증좌 없이 함부로 입을 놀리면, 전장에서 살아남은 귀한 목숨을 보장받을 수 없을 것이다.
휘	홀리가이 족장에게 준 비밀문서!
강	! (굳고)
휘	그 더러운 협상이 세상에 알려지면! 형님이 그토록 욕심내는 보위는커녕! 대군의 지위도 지키지 못할 것입니다. 조정의 어느 대신도 형님의 편에 서지 않을 것이며, 조선의 어느 백성도 형님을 받들지 않을 테니까.
강	...... (분기 오르고)
휘	(강의 부인을 기다리며/계속 압박해가는) 세자저하를 지키는 왕실의 수호자로, 어린 왕과 어마마마를 받드는 충신으로 사십시오. 그럼 아무도 모르는 일로 덮어드릴 테니.
강	(휘의 멱살을 잡는) 그런 모략을 하고도 무사할 줄 알았더냐!
휘	... 아닙니까? (맞지 않나는)
강	(노려보고)
휘	(아니라면) 서둘러 세자저하의 호위를 바꾸는 이유가 무엇입니까!

자식을 잃은 어마마마를 잔인하게 압박하는 이유는요!

강　　　…… (노려보고) 증좌를... 내놔.

휘　　　(보는데)

강　　　내가! 더러운 협상을 했다는 증좌를!

휘　　　그 비밀문서! 제 손에 있습니다!

경악하는 강의 얼굴! 굳건한 휘! 서로를 노려보는 휘와 강의 얼굴에서!

휘　　　(강의 손길 뿌리치며) 딴생각이 들 때마다! 제 손에 있을 형님의 치부
　　　　를 떠올리세요.

강　　　! (모욕감에)

휘　　　그리고 누르세요. 평생을, 그렇게 사셔야 할 겁니다.

강　　　모함하지 마라!

휘　　　저도 이게 모함이면 좋겠습니다. 누구보다 간절히.

강　　　!

S#2.　동 앞 (N)

휘가 나온다. 성큼성큼 가버리고. 기특 따르는데... 이를 보는 어을운.

S#3.　다시 동 안 (N)

분노와 공포에 휩싸여 잠시 멍어 있던 강, 벽에 걸어둔 활이 눈에 띈다. (혹은 벽장
같은 데 보관하고 있던 활을 찾아 꺼낸다.) 들고 뛰쳐나가는 강.

S#4.　동 앞/대문가 (N)

강이 활을 들고 뛰쳐나온다. 놀라는 어을운!

휘와 기특은 멀어져가고.

강, 활을 들고 휘의 뒤를 쫓는데! 어을운, 함께 쫓고!

부들이에게 다과상 들려 오던 나겸, 활을 든 강의 모습 발견하고 놀라면!

대문 가까이 간 휘와 기특!

강, 활시위를 당기고! 그 팔을 잡는 손. 어느새 다가온 나겸이다. 지금은 아니라는!

그사이, 휘와 기특, 대문을 빠져나가고! 시위를 놓는 강! 대문 기둥으로 날아가 꽂히는 화살!

나겸	(긴장한 채) 왜 이러십니까! 계획도 없이 우리 집에서 은성대군이 죽어 나가면 훗날을 어찌 감당하시려구요!
강	...... (대문 쪽을 노려보고 섰는데)

S#5. 대군저 앞 일각 (N)

궁으로 돌아가는 휘와 기특, 다급히 모퉁이를 돌아가는데...

다른 쪽에서 오는 일단의 대신들. 양안대군을 앞세워 정연과 박부경 등 진양파 대신들이 몰려온다.

S#6. 강의 처소 (N)

양안대군과 강, 대신들이 모여 있다. 서안 위에 놓인 장검과 맹약서.[1] 그 옆에 문방사우들. 차가운 강의 얼굴과 서안 위의 장검 때문에 긴장하는 대신들.

강	3년을 기다린 세월이 허사가 되었습니다. 코흘리개 어린애가! 나

---

[1] 우리는 애국충절의 마음으로 모였으며 이는 오로지 나라를 위하는 마음뿐이니 후세의 역사가 이를 평가하리라. 병약한 대행왕의 사후, 어린 세자의 몸으로는 나라가 바로 서지 못할 것은 자명한 일, 이에 강건하고 지혜로운 진양대군 이강이 보위에 오르도록 도울 것이며 대의가 성공하는 그날까지 피와 살을 바쳐 충성을 다할 것이다. 또한 오늘의 맹약을 어긴 자는 목숨으로 그 값을 치를 것이다.

라의 명운을 쥐게 되었단 말입니다!

양안대군   더 이상의 정치 공세! 명분 싸움! 이런 게 다 소용이 없게 되었지요!

다들 긴장하고. 정연의 목으로 침이 꼴깍.

강   어디까지 저와 함께할 것인지... 각자의 결의를 밝혀주시지요.
양안대군   성공하면 혁명이요, 실패하면 역모니... 시작과 끝을 함께하여 거사를 성공시킨다면 공신의 반열에 올라 자자손손 태평성대를 누릴 것이지만 실패하면 역도가 되어 멸문지화를 당할 터.
강   그만한 각오가 되어 있으신지... 묻고 있는 것입니다.

좌중에 긴장된 침묵이 흐르고. 박부경이 먼저 나선다.

박부경   이미 칼은 뽑았습니다. 우리들의 주군은... 오래전에 정해지지 않았소!

과감하게 먼저 이름 쓰고 수결하는 박부경. 정연, 눈치 보다 마지못해 따라 쓰고... 다른 사람들, 차례로 이름 쓰고 수결을 올린다. 그들을 지켜보는 강과 양안대군.

S#7.   대비전 안 (N)

휘와 도승지 심정이 대비전에 들어 있다. 국상을 당기기 위해 이일역월제[2]를 제안한 휘.

대비 심씨   이일역월제로 국상기간을 당기자는 말이냐?
휘   그러면 바로 내일 즉위식을 할 수가 있습니다.
심정   (찬성하는) 낮에도 진양이 대비마마를 겁박하다시피 하고 가지 않았습니까? 하루빨리 세자를 보위에 올려야 합니다.

---

2)   이일역월제(以日易月制)는 날을 달로 치는 것으로, 27일 만에 국상이 끝나는 단상제(短喪制)를 뜻한다.

휘	이 나라의 대통이 세자에게 있음을! 아직은 어리다 하나 왕실 모두가 한마음으로 보필하여 나라의 근간을 다져가야 함을, 형님도 인정하게 만들어야 합니다.
대비 심씨	허면 너도 조정에 나오거라.
휘	!
심정	(설득하고) 세자저하를 보호하려면! 고명을 받은 대군이 대비마마의 섭정을 돕는 게 힘이 될 것이야.
휘	(고민하는데) ......

S#8. 휘의 처소 앞 (N)

휘의 처소 앞으로 다가오는 대전지밀 홍상궁, 몇몇 나인들. 홍상궁, 주변 살피는데...

S#9. 휘의 처소 (N)

문이 열린다. 문틈에 꽂아놓은 작은 종잇조각이 바닥에 툭 떨어지고. 종잇조각을 밟는 발. 홍상궁이다. 방 안에는 휘와 기특의 낡은 보따리, 옷가지와 짐들 보이고. 뒤따라 들어온 나인들이 처소 안 여기저기를 뒤지기 시작하는데...

긴장된 표정으로 나인들 지켜보는 홍상궁.

S#10. 다시 대비전 안 (N)

휘	... 청이 하나 있습니다.
대비 심씨	(보면)
휘	자현 낭자의 혼담을 없었던 일로 해주십시오.
대비 심씨	...
심정	(눈치 보며) 그게 그렇게 쉬운 일은 아닙니다. 혼담을 넣은 원령군도 엄연한 종친인데... 서로가 위신이... (말이 아니라는)
대비 심씨	세상은 네가 죽은 줄만 알았고... 죄 없는 성소저를 생과부로 만드느니 새 길을 열어주는 것이 그 아이를 위한 것이라 보았다.
휘	이제라도 물러주십시오. 모두가 제자리를 찾아가야 합니다.

대비 심씨	... 데리고 온 오랑캐 계집은 누구냐.
휘	...... 생명의 은인입니다. 여진족 손에 자랐으나 조선인 포로의 딸입니다. 탈출을 도와준 탓에 거기서는 살 수 없어 따라온 것입니다.
대비 심씨	그뿐이냐.
휘	예.
대비 심씨	......

S#11. 장상궁의 처소 (N)

단장 마친 루시개가 궁녀복을 입고 있다. 제 손으로 변신시킨 루시개의 환골탈태를 뿌듯하게 보는 장상궁.

| 장상궁 | 씻기고 제대로 입혀놓으니 오랑캐 티가 안 나는구나. (돌려보며) 타고난 얼굴이나 태가 나쁘지는 않아. |

루시개, 궁녀복이 답답한데...

| 장상궁 | 앉아보거라. |

털푸덕! 아무렇게나 바닥에 앉는 루시개. 장상궁, 심히 거슬리고.

장상궁	일어나거라.
루시개	(째려보는)
장상궁	어서 일어나라는데두!

루시개, 불만 가득한 태도로 다시 일어서는데.

| 장상궁 | 다시 앉아. |

변함없이 철푸덕! 장상궁, 시범을 보인다.

| 장상궁 | 어른 앞에서는 꽃잎이 바닥에 내려앉듯 살포시 앉아서 양 무릎을 |

바닥에 대고 앉는 것이다.

루시개   싫어! 다리 아파!

한숨 쉬는 장상궁, 서랍에서 엿가락 하나 꺼낸다. 한입 아그작 깨물어 먹고. 급 관심 보이는 루시개. 엿가락을 루시개 코앞에 갖다 대는 장상궁. 루시개, 한입 깨물어보려고 이빨을 부딪쳐보는데!

장상궁   (강아지 훈련시키듯) 기다려.

멈추는 루시개. 엿가락을 들고 일어나는 장상궁, 따라 일어나는 루시개. 천천히 엿가락 내리는 장상궁. 따라 내려앉는 루시개!

장상궁   그렇지! 그 속도로! 살포시!

제대로 무릎 꿇은 루시개. 장상궁, 자! 엿을 한입 먹여준다. 루시개, 장상궁 손가락까지 왕창 깨물어 먹는! 으악! 장상궁의 비명이 궁을 울린다!

S#12. 자현의 처소 (N)

자현, 멎어 있다. 끝단이 휘가 어설프게 묶어놓은 자현의 머리를 다시 묶어주고 있는데... 득식이 휘와 함께 내려온 루시개에 대한 소문을 전한 상태.

끝단   (놀라서) 대군마마께서... 여잘 데리구 오셨다구요?
득식   그렇다니까!
자현   ... 이유가 있으시겠지. 잡혀 있던 포로거나... 뭐 그런...
득식   3년이야.
자현   (보면)
득식   거기서 살림 차리고 애 낳구 살았을 수도 있다구! 대군은 뭐 남자 아니냐?
자현   ...... (당황하고)
끝단   (빗 든 채 득식 몰아내는) 지금 뭔 소리를 하시는 거예요? 3년 내내 피 말리며 오매불망 기다려오신 아씨한테! 되도 않는 헛소문이나 전 하면서 속상하게 하실 거예요?

득식	(밀려나며 억울한) 헛소문 아냐! 진짜래두! 본 사람이 있어!
끝단	나가요, 나가! 아씨 앞에 얼씬두 하지 마요!

득식, 쫓겨나고! 자현, 믿지 않지만 그래도 걱정이 드는데...

S#13. 휘의 처소 (N)

안으로 들어서는 휘. 바닥에 떨어진 종잇조각 발견하고. 집어 드는 손길. 착잡한데...

CUT TO

휘 앞에 기특.

기특	아직 엉덩이 한번 제대로 못 붙인 제 처소도 누군가 뒤지고 간 흔적이 있었습니다.
휘	......
기특	대전지밀을 잘라내야 합니다. 진양대군의 끄나풀이에요!
휘	(곰곰 생각해보는데)
기특	금부에 고할까요?
휘	두어라.
기특	마마! (그러면 안 된다는)
휘	대전지밀을 잘라내면 또 다른 세작을 심을 것이고... 차라리 우리가 알고 있는 선을 감시하는 게 나아.
기특	아... (거기까지는 생각 못했고)
휘	형님께서... 초조하신 게다.
기특	!
휘	(참담한)
기특	......
휘	(울컥 치받치는) 형님은... 정말로 날 버리고... 오랑캐와 야합을 했던 거야.
기특	... (위로할 말이 없고)

휘, 분노와 설움이 소화가 안 되는데...

S#14. 경복궁 전경 (다음 날 D)

S#15. 편전 (D)

즉위식을 끝낸 세자. 면복³⁾을 입은 소년왕 '이명'이다. 수렴 뒤에 이제 대왕대비
가 된 심씨가 앉아 있고. 양안대군과 강, 휘 형제. 조정 대신들 열을 지어 있다.

강   감축드리옵니다 전하!
휘   만백성을 위한 성군이 되시옵소서!
소년왕   (대왕대비 쪽 보면)
대왕대비 심씨 하루빨리 국정이 제대로 돌아가기를 바라는 여러 대신들의 주청
             으로 국상을 앞당기고 사위를 마쳤소.

일동, 듣고 있다.

대왕대비 심씨 과문한 여인의 몸으로 섭정의 막중한 책무를 맡아 걱정이 많은
             데... 아시다시피 은성대군이 북방의 난을 평정하는 데 공이 높고
             3년을 적진에서 고생하며 구사일생으로 살아 돌아왔습니다.
휘   (담담하고)
강   ... (보는데)
대왕대비 심씨 연치 어린 세자가 보위에 오르니... 대군에게 병조판서의 직을 맡
             겨 주상을 보위하게 할까 하오!
강   !

양안대군과 진양파 신하들, 당황하고.

휘   신, 은성대군 이휘! 전하를 위해 충심을 다하겠나이다!
강   (휘를 노려보고)

---

3) 면복(冕服)은 왕, 왕세자, 왕세손이 국가의 큰 행사에서 입었던 옷이다. 면류관과 곤복으로 되어
   있다(즉위식에서는 상복을 벗고 면복을 입었다고 한다).

김추, 심정과 도연수 등 은성파 신하들이 입 모아 외친다.

일동   성은이 망극하옵니다!

안도하는 소년왕. 수렴 뒤의 대왕대비 심씨도 안도의 한숨 내쉬고. 기분 더러운
강에서.

S#16. 편전 앞 (D)

강과 휘, 편전을 빠져나오는데. 편전 앞을 지키고 있던 내금위장 자준 보이고.

강   무고한 나를 모함하더니... 아우님은 병권을 가져가신다? (기가 차
            서) 다른 생각은 네가 하고 있는 게 아니냐!
휘   대비전에서 연치 어리신 전하를 지키기 위해 종친을 등용하신 것
            입니다.
강   누구는 종친이 아니라더냐!
휘   전장에 다녀온 경험을 높이 산 덕이라 하니 형님께 감사할 일이
            지요. 절 북방에 보내주신 덕에... 오늘날 병판의 직을 받았으니 말
            입니다.
강   !
휘   (자준에게) 그동안 대행왕을 모시느라 고생하셨습니다. 이제는 고
            된 내금위가 아닌 중추원으로 발령을 내드릴 터이니 짐을 옮기시
            지요.
자준   ! (강을 쳐다보면)
강   지금 내금위장이 나의 처남이라 하여 좌천을 시키는 것이냐!
휘   (여유롭게) 좌천이라니요, 품계가 동일한테 무슨 말씀입니까? 정 맘
            에 안 드시면, 잠시 지방에 내려가 쉬실 수 있는 자리도 생각해보
            지요.
강   (압박하듯 가까이) 어디까지 할 셈이냐.
휘   ... 형님이 모든 것을 포기할 때까지.
강   ! (굳고)
휘   전하가 성년이 되실 때까지! 한순간도 멈추지 않을 것입니다.
강   (열 받는데)

앞서가는 휘! 노려보는 강!

자준	(분이 올라 강에게) 이게 말이 됩니까? 죽었던 자가 살아 와서 조정을 흔들고 있어요!
강	... (휘의 뒷모습 노려보고 섰는데)
자준	어찌하실 겁니까!
강	(이가 갈리는) 형 노릇을 해야지요. 장가도 보내고... 세상도 가르치고.
자준	? (보는데)
강	......

S#17. 대왕대비전 전경 (다른 날 D)

S#18. 동 안 (D)

대왕대비전에 대비 김씨와 나겸이 함께 들었다. 나겸, 대왕대비 심씨에게 은성대군 혼사를 당기자고 주청한 상태.

대왕대비 심씨	은성의 혼인을 서두르자는 것이냐? 아무리 단상제로 국상을 일찍 끝낸다지만... 그래도 바로는.
나겸	물론 예가 아닌 줄은 아오나 은성대군은 경우가 경우인지라.
대비 김씨	(보면)
나겸	제가 한때는 동무인 자현이가 동서 되는 것을 꺼리었으나... 3년 동안 생이별을 한 사람들 아닙니까. 정인들을 더 기다리게 하구 힘들게 만드는 것이 왕실에도 그다지 좋은 기운을 주지 못할 듯합니다...
대비 김씨	(나서는) 일리 있는 청입니다, 어마마마. 성소저가... 너무 가엾습니다. 선대에도 특별한 사정이 있으면 국상 기간에도 종친의 혼사를 허한 예가 있으니... 허락해주시는 게 어떨는지요.
대왕대비 심씨	주상의 연치가 어리니 법도에 더욱 신경이 쓰인다. 왕이 어려서 예가 무너졌다 할까 봐.
나겸	아닙니다, 어마마마. 혹시나 싶어 점복을 받아봤는데... 은성대군의 혼사가 왕실의 부흥을 가져올 것이라 하옵니다.

대왕대비 심씨 ......
나겸   서운관에 일러 길일을 받아보소서...

대왕대비 심씨, 대비 김씨와 시선 주고받는데...

S#19. 자현의 집 앞 (다른 날 D)

하인이 문을 열어준다. 안으로 드는 나겸, 따르는 부들이. 나겸은 혼인날에 자현이 우정선물로 준 노리개를 하고 왔다.

S#20. 자현의 처소 (D)

자현, 수를 놓고 있다. 밖에서 끝단이 고하는.

끝단(소리)   아씨, 아씨!
자현   (멎어서 보면)

문 열고 다급히 들어오는 끝단.

자현   무슨 일이야?
끝단   군부인께서 오셨어요.
자현   나겸이가?
끝단   지금 안방에 들어계십니다.
자현   (다급히 일어나며) 또 무슨 일을 꾸미려고...

밖으로 나가는 자현, 따르는 끝단.

S#21. 동/안방 (D)

안씨에게 사주단자 내미는 나겸.

안씨   (반갑기도 하고 어리둥절하기도 하고) 아니, 때가 때이니만큼 혼사는 먼
              일인 줄 알았는데...

나겸	어마마마께 읍소하여 혼사를 당겨달라 청을 넣었지요.
안씨	... (감격하는) 이렇게 고마울 데가... 안 그래도 우리 자현이 노처녀로 늙어가는 거 보기가 그래서 속상했었는데... 고맙네, 고마워.
나겸	대신 정식으로는 못 하고... 조용히 치르자고 하십니다. 해서 사주단자도 법도에 안 맞게 제가 가지고 온 것입니다.
안씨	그런 거야 다 이해하지~
나겸	(미소하는데)

S#22. 집 안 일각 (D)

굳은 얼굴로 안채로 가는 자현, 따르는 끝단.

S#23. 안 방 앞 (D)

나겸이 나온다. 배웅하는 안씨.

안씨	자현이 보고 가야지?
나겸	... 그래야겠지요.

안으로 들어서는 자현.

안씨	아이구, 마침 저기 오네!

자현, 나겸이 하고 온 노리개 발견하고 멈칫 서는.

안씨	(좋기만 하다) 아이구 우리 딸, 동무가 아주 기쁜 소식을 가져왔네?
자현	... (무슨 수작인가 싶어 보는데)

S#24. 자현의 처소 (D)

자현과 마주 앉은 나겸, 일부러 노리개를 만지작거린다.

자현	(경계하는) 무슨 속셈이야?

나겸	... 좀 서운하다. 널 위해 이토록 애를 썼는데.
자현	날 딴 데 시집 못 보내서 안달일 땐 언제구! 이제 와서 날 위하는 척하는 이유가 뭔데?
나겸	... (진심인 척) 난 네가... 죽은 정인을 잊고 새 사람을 만나기 바랐던 거야.
자현	(기가 차서) 그걸 지금... 나더러 믿으라는 거야?
나겸	... 싫든 좋든 동서가 될 수밖에 없는 운명인데... 왕실의 화평을 위해서라두 화해를 해야 하지 않겠니?
자현	......
나겸	정식으로 혼례일을 받아 왔어.
자현	!
나겸	아직은 내가 밉겠지.
자현	(부인 못하고)
나겸	솔직히 말하면 나도... 네가 편하지는 않아. 그렇다고 우리가 원수로 지낼 수는 없잖니? 형제 사이도 그렇고... 왕실 어른들한테 우리 사이 들통나서 좋을 게 뭐 있어.
자현	... (아직은 믿어지지 않는) 진심이야?
나겸	... (의미심장하게) 진심은... 시간이 말해주겠지. 내가 어떤 마음인지는... 세월을 두고 지켜봐. 하지만 네가 왕실의 식구가 되기를 원한다면, 겉으로라도 나하구 잘 지내주기를 바래.
자현	네가 날 받아들여 준다면... 나도 노력할 거야. 나 역시 어른들 걱정시키고 싶은 마음은 없어.
나겸	(자현의 경계심 풀기 위해 노리개 들어 보인다) 싸우기도 하고/ 안 보고 지낸 때도 있었지만... 이건 늘 몸에 지니고 있었어.
자현	......
나겸	너까지 시집을 가면... 이미 혼인한 설화까지... 이제 우리 셋 다 부인이 되는 거야.
자현	......
나겸	우리가 아이를 낳으면... 또 그 아이들이 동무가 되겠지?
자현	...... (마음이 좀 풀리는 것도 같은데)

S#25. 자현의 집 앞/대문가 (D)

가는 나겸. 모시고 가는 부들이.

나겸   (손짓하며) 들어가.

자현, 그대로 보고 섰고. 그 뒤에 끝단이. 나겸, 돌아서 가면. 곱지 못한 시선으로 보는 끝단.

끝단   (대문 닫아버리며) 믿지 마세요 아씨. 뱀 같은 여자예요. 그동안 죄 없는 아씨를 얼마나 핍박했는지 다 잊으셨어요?
자현   그걸 어떻게 잊겠어. 쓰라린 내 상처에 언제나 소금을 문지르던 일을.
끝단   그러니까요!
자현   (돌아서 처소로 가며) 하지만 이제 식구 될 사이잖아.
끝단   ......
자현   속마음은 어찌되었든, 서로가 노력은 해야지.
끝단   ... (뭐라고 더 못하겠고)

S#26. 자현의 집 앞 (D)

대문이 닫히자 한번 돌아보는 나겸. 입가에 씨익 걸리는 미소. 자현의 운명을 제 손에 쥔 느낌이다.

S#27. 궁가 전경 (N)

S#28. 궁가/안방 (N)

얼굴을 베일로 가린 초요경이 앉아 있다. 불려 와 있는 자객단 단장. 단장 앞에 뚜껑 열린 상자 하나 놓였고. 금은보화가 가득한 내용물 확인한 단장, 뚜껑을 닫는다.

초요경   일이 성공하면, 우리 대군께서 더 큰 상을 내리실 것이네.

단장	......
초요경	돈이 문제겠는가. 천한 태생을 벗어나 다른 세상으로 갈 수 있는 길이 열리는데.
단장	......
초요경	무장한 사람이 아무도 없는 날이니 거칠 것이 없지. 자네들이 맘만 먹으면 쥐새끼 한 마리도 살아남을 수 없다는 거... 알고 있다네.
단장	......
초요경	(보고)
단장	... 명단을 주시지요.
초요경	?
단장	우리가 날려버려야 할 목들의.
초요경	!

S#29. 옆방 (N)

긴장한 채 대기 중인 어을운. 옆에서 다 듣고 있는.

S#30. 대군저/강의 처소 (N)

양안대군과 강, 자준과 나겸이 모여 있다. 나겸, 남편에게 봉투를 내밀면. 강, 봉투를 열어본다. 일시가 적혀 있다. 보다가 양안대군에게 내어주는 강.

강	이것이 우리가 거사를 일으킬 날짜입니다.
양안대군	(확인하고 놀라는) 이건... 은성의 혼례일이 아니냐?
나겸	(기대되는) 적들이 한 곳에 모이는 날이지요.
자준	좌의정 김추는 평소에 호위병들을 달고 다닙니다. 집에서나 밖에서나 기회가 없었지만... 이날만큼은 방심하고 무장이 없을 것입니다.
나겸	(양안대군에게) 우리 쪽 대신들은 혼례에 참석지 마라 이르십시오.
자준	은성대군과 반대파들을 한 번에 쓸어버릴 수 있는! 유일한 기회입니다.
양안대군	주상은 어찌할 작정이고?

강	은성에게 맡겨야지요.
양안대군	?!
강	은성을 어린것에게 보내고 대전에 연기를 피울 것입니다. 불이라도 난 줄 알고 주상을 피신시키면... 그것이 덫이 되어 은성의 역심을 증명해줄 것입니다.
양안대군	(이해했다/끄덕이고)
강	제가 잔칫집을 정리하고 나면... 백부님께서 어마마마에게 가서 고해주세요. 은성이 보위에 오르고자 주상의 외조부인 좌상 김추를 죽이고 범궁을 했다고.
양안대군	!
강	허니 은성을 잡아들여야 한다고...
양안대군	(비밀문서 거론하는) 은성이 당하고 있지만은 않을 걸세. 우리 조카님을 겁박할 무기를 쥐고 있지 않은가...
나겸	그러니 가야 합니다.

일동, 보면.

나겸	도련님이 언제 어느 때 그걸 들고 나와 우릴 칠지 모르는데... 당하기 전에 먼저 쳐야지요!
강	눈치 보며 평생을 전전긍긍하구 사느니... 승자가 되어 은성이 가진 모든 걸 가져오고 말겠습니다.
나겸	... (자현도 포함인가? 뭔가 걸리고)
양안대군	대왕대비가 쉽게 믿어주지 않을 텐데...
강	증인이 나설 겁니다.
양안대군	!
강	누구라도 믿을 수밖에 없는 확실한 증인이.
나겸	... (누군지 안다. 표정 묘해지고)
양안대군	은성이 눈치 챌 일은 없겠는가?
강	신랑 될 꿈에 젖어 아무것도 모를 것입니다. 돌아오고 나서 계속 절 의심하고는 있지만... 설마 장가가는 날이 장례식이 될 거라고는... 미처 짐작도 못하겠지요.
나겸	(의미심장한) 신혼집이 마음에 들어야 할 텐데 말입니다...
강	......

S#31. 궁가 앞 (다른 날 D)

휘가 자현을 데리고 대문 앞에 서 있다. 뒤에 따라온 기특과 루시개, 끝단. 주머니 하나 든 끝단은 소문의 루시개가 궁금해 흘깃거리며 쳐다보고.

자현	여기가 누구네 집입니까?
휘	나도 모르오. 어마마마께서 낭자와 함께 가보라 하시더이다.
자현	?
기특	(신혼집일 거 같다/싱긋거리며 문을 열어주는) 일단 들어가 보시죠.

대문 안으로 발을 들이는 휘와 자현, 일행들. 뒤따르던 루시개와 끝단이 동시에 들어가려다 몸 부딪히는데! 서로 양보 안 하고 팽팽하게 노려보는. 루시개, 팔로 퍽! 치고 들어간다! 불시에 당한 끝단, 열 받고!

끝단	이거 지금 해보자는 거지?

어이없어하며 쫓아가는 끝단!

S#32. 동 안/마당 (D)

휘와 자현 일행이 안으로 들어서는데 마당에 누가 뒤돌아서 있다. 기척에 돌아보면, 강이다. 멎는 휘와 자현. 일각에 어울운 서 있고.

강	(다가오며) 어서들 오시게.
휘	...... (착잡하게 보는)

자현, 불편하고 어색하지만 일단 인사는 한다.

휘	형님이 웬일이십니까?
강	어마마마께서 네가 살림 나게 될 집을 보여주라 하시더구나.
자현	!
강	너 없는 동안 궁가 관리는 다 내 일이었으니... 이 집도 내가 관리하던 곳이다. 한번 둘러보거라.

안채로 데려가는 강. 휘와 자현, 마지못해 따라간다. 루시개, 마음이 무거워지고.

강	새 집은 싫다고 했다면서?
휘	비어 있는 궁가도 많은데 공사를 벌이는 게 민폐 같아서. (자현에게) 새 집이 아니어도 괜찮겠소?
자현	무슨 상관입니까? 마마와 함께라면 초가삼간 누옥도 상관없습니다!
강	... (마음이 복잡한/그러나 웃으며) 전장도 마다하지 않고 따라갔던 사람답소이다.
자현	(쑥스러운데)
휘	...... (사랑스럽게 보고)

다소 들떠서 안으로 들어가 보는 자현. 기특과 끝단도 여기저기 둘러보고. 루시개만 뚱하다.

S#33. 궁가 일각 (D)

강이 휘와 자현을 데리고 집 안을 둘러보게 하고 있다.

호기심에 가득 차서 여기저기 문을 열어보는 자현. 아직은 비어 있는 집이지만 그래도 좋다. 자현의 반응에 휘도 기쁘고. 드디어... 우리가 같이 살게 되는구나... 감개무량하다. 그들을 보고 선 강.

S#34. 동/안채 (D)

자현과 끝단이 안방으로 들어간다. 루시개는 관심 없는 척, 그러나 보고 싶어서 방문가에서 기웃대고.

안채 마당에서 기다리는 강과 휘.

강	어떠냐. 먼 길을 돌고 돌아... 드디어 정인과 함께하게 된 소회가.
휘	밤마다 두렵습니다. 잠에서 깨면... 조선땅이 아니라 그 끔찍한 감옥일까 봐.

강	……
휘	깔고 자는 푹신한 금침이 낯설고 보드란 비단옷은 남의 것만 같습니다. 눈앞에 보이는 정인은… 꿈인지 생신지 모르겠구요…
강	(마지막 기회를 주는 것이다) 죽다 살아 와서 그렇게 원하는 여잘 가졌으면! 둘이 행복하게 살아. 관심도 안 두던 정치에 목숨 걸지 말고!
휘	… (강을 쳐다보며) 난 봤어.
강	…
휘	남의 나라에 끌려가 마소보다 못한 취급을 받으며 짐승처럼 살아가던 우리 백성들을!
강	!
휘	노예보다 못한 포로가 되어 죄 없이 고통당하는 삶을! 내가 직접 겪었다구!
강	……
휘	전하는 어리고! 친정을 하게 되시려면 아직 멀었지만! 그래도!
강	……
휘	자기 욕심에 나라를 팔아먹고! 백성을 나락으로 떨어뜨린 형님 같은 사람은! 왕이 될 자격이 없습니다!
강	(올라오는데)
휘	부디 잊지 마십시오! 제 경고를.
강	(기회를 줄 수가 없겠구나) 원하는 걸 빼앗긴 기분을… 너는 모르지.
휘	내 것이 아닌 걸 탐한 적이 없으니까!
강	언젠가는… 너도 알게 될 것이다. 그게 얼마나 뼈아픈 좌절인지를.
휘	(노려보는데)

S#35. 안방 (D)

자현, 끝단과 함께 벽장도 열어보고 창문도 열어보고… 방 구경을 하고 있다.

끝단	그니까 여기가 이제 아씨 방이 될 거라는 거죠?
자현	넓다, 그지?

루시개, 문 밖에서 흘깃거리며 구경하고.

자현	들어와서 봐.
루시개	(안 본 척 외면하는)
자현	(루시개의 손 잡아끌며 안으로) 이리 들어와 보라니까.

당황하는 루시개. 자현, 루시개를 앉힌다.

자현	(저도 앉으며/얘기해보고 싶었던) 오랫동안 마마를 보좌했다 들었어. 내가 보답을 좀 하고 싶은데...
루시개	(외면하고)
자현	(눈 맞추려 애쓰며) 뭐 갖고 싶은 건 없니?
루시개	......
끌단	(답답해서) 야, 말 좀 해봐. 너 우리말 몰라?
루시개	(불쑥) 알아.
자현	(반갑고) 지난 세월 마마가 어찌 사셨는지, 너는 알지? 얼마나 고초를 겪으셨는지... 무슨 일을 하셨는지...
루시개	... 궁금해?
끌단	이게 어디서 반말을.
자현	괜찮아. 우리말이 서툴 테니... 그저 뜻만 통하면 돼.
루시개	우리는 밤낮을 함께했어.
자현	! (멎고)
끌단	(미쳤나 싶은) 이게 점점!
루시개	휘! 기특! 나! 셋이서 붙어 다녔어.
끌단	!

S#36. 우디캐 마을 (D/N) - 회상

역질이 돌고 있는 마을. 휘와 기특이 먼저 죽은 동포들의 시체를 구덩이로 옮기고 있는데 휘는 이미 습역에 걸린 상태. 땀과 열에 정신이 몽롱하다.

멀리서 감시 중인 우디캐 병사들.

루시개(소리)	북방에는 겨울 역질이 돌았어. 조선의 포로들은 치료도 못하고 죽어 나갔지.

기어이 쓰러지는 휘! 기특이 달려드는데!

기특   마마!

우디캐 병사들이 다가와 기특만 끌고 간다.

기특   놔라 이놈들아! 마마는 살아계신다! 마마는 안 죽었단 말이야!

그러거나 말거나 기특만 끌고 가는 병사들.

시체 더미 위에서 숨을 몰아쉬는 휘, 서서히 눈이 감기는데...

병사들, 기특을 끌고 멀어져가고... 해가 진다.

CUT TO

달밤이다. 병이 옮을까 봐 천으로 얼굴 가리고 나타난 루시개. 시체들 뒤집어보고 휘를 찾아낸다. 얼굴 천 내리고 휘의 얼굴에, 가슴에 귀를 대보는 루시개. 아직 숨이 붙어 있다! 확인하고!

S#37. 오두막 (D)

- 루시개가 휘를 눕혀놓고 불을 피우고 있다.
- 데운 물을 조금씩 휘의 입속에 넣어주는 루시개.

S#38. 오두막 (다른 날 D)

갑자기 루시개의 손목을 잡는 휘! 루시개, 멎고. 눈을 뜨는 휘, 깨어난 것이다. 좋아서 환하게 웃는 루시개!

S#39. 안방 (D) - 다시 현재

루시개의 이야기에 충격받고 굳어 있는 자현. 자현 기색에 신경 쓰는 끝단.

| 루시개 | 내가 살렸어. 나 아니었음, 휘 죽었어. |

눈물이 뚝 떨어지는 자현. 휘가 살아서 다행이고, 그 곁에 루시개가 고마우면서... 아픈...

S#40. 몽타주 (D)

- 우디캐 마을. 기력을 차린 휘와 루시개가 포로 막사를 기습한다. 경비병들을 죽이고 막사를 열어젖히는. 포로들 사이에 끼껴 누워 있던 기특, 휘를 보고 벌떡 일어나는데!
- 산길. 조선 포로들이 도망가고 있다. 후방을 지키며 추적하는 우디캐 병사들에게 화살을 날리는 휘와 기특, 루시개!
- 국경지대. 포로들을 무사히 데리고 나온 휘 일행. 포로들 눈물 흘리며 휘에게 절하는데... 휘, 포로들 일으켜 세우고... 생사고락을 함께한 포로들과 작별하는 휘 일행 위로.

| 루시개(소리) | 살아난 휘가 포로들 다 데리고 왔어. 다들 고향 갔어. |

S#41. 궁가/안방 (D) - 다시 현재

굳어서 듣고 있는 자현과 끝단.

자현	(충격을 누른 채) 이름이... 루시개라지?
루시개	(보는데)
자현	네가 부럽다.
루시개	?
자현	마마 곁에서... 나보다 더 오랜 시간을 보냈으니... 내가 모르는 걸 알고... 생사의 고비를 함께 넘고... 먼 길을 함께 내려오고... 어쩌면 나보다 더... 끈끈한 사이겠구나.
끝단	(자르는) 모시고 다닌 아랫것이 뭐가 부러우세요? 챙겨둔 거나 주고 보내세요. (들고 있던 주머니 준다)
루시개	(째려보면)
자현	(끝단에게 받아서 루시개에게 주며) 뭐가 필요할지 몰라서... 댕기랑 버

선, 노리개 몇 개 넣었어. 치수를 알면 치마저고리를 한 벌 해주고 싶기도 한데... (남자옷 입고 있으니) 달리 필요한 게 있으면 말을 해주려무나.

루시개	... (받기는 싫은데/욕심도 나는)
자현	고맙다. 마마를 지켜주어서. (하는데 후두둑 눈물 나는)
루시개	(당황하고)
끝단	왜 우세요, 아씨...
자현	난 마마께서 그리 고생하신 줄도 모르고... 그저 돌아오신 것만 좋아서...
루시개	(보면)

문이 열리고 휘가 자현 찾는다.

휘	구경 다 했으면 그만 돌아(가자는데 자현 보고 놀라 후다닥 들어간다) 무슨 일이오?
자현	(외면하며 눈물 닦는데)
휘	(끝단에게) 왜 이러시느냐? (루시개 보며) 너 뭐 이상한 소리 한 거 아냐?

루시개, 팩해서 나가버리고. 끝단, 눈치껏 자리 피해준다.

휘	(애가 타서) 집이 마음에 안 들면 여기 안 살아도 좋소. 궁가는 많으니 다른 집을 내어달라고 하면 되오.
자현	(도리질하는/아니라는)
휘	그런데 왜 우는 것이오?
자현	지난 3년간 마마가 힘들 때, 무서울 때... 아플 때... 주릴 때... 함께 하지 못한 것이 아파서요. 마마 혼자... 그 고초를 겪게 한 것이 너무 후회돼서요.
휘	낭자는... 늘 내 옆에 있었는데?
자현	! (보면)
휘	넘어지면 일어나라고 소리쳐 줬고... 울고 있으면 눈물을 닦아주었고... 기운이 빠지면 힘내라고 격려해주지 않았소?
자현	... (뭉클하고)

휘	매 순간, 낭자의 기도가 끝없이 전해지고... 느껴졌소.
자현	......
휘	지나간 이별을 아파하지 말고... 이제부터 함께하게 될 평생을 기
	뻐합시다.

자현, 휘의 품속으로 무너지는데.

S#42. 궁가 일각 (D)

기특, 엉뚱한 데로 가는 루시개를 잡아챈다.

기특	너 왜 그래! 마마 모시고 돌아가야지!
루시개	안 가!
기특	네가 안 가면, 어디 갈 데는 있고?
루시개	... (없다. 속상하다.)
기특	왜 그러는데?
루시개	나 저 여자 싫어!
기특	이게 어디서! 너 진짜 마마가 오냐오냐해 주니까 막 까불어도 되
	는 줄 아는데 여기는 조선땅이야! 궁의 법도는 지엄하다구!
루시개	우리 그냥 돌아가면 안 돼?
기특	미쳤구나?
루시개	여긴 사람도 너무 많고... 휘는 맘대루 볼 수도 없어.
기특	이게 어디서 아직도 마마 이름을 함부로!
루시개	너네 안 가면, 나라도 갈래.
기특	... 그럼 그러든지.
루시개	!
기특	돌아가면 맞아 죽구두 남을 텐데, 정 소원이면 가봐.
루시개	(약 오르고)

S#43. 궁가/안방 앞 (D)

휘가 자현을 데리고 나오는데. 기다리고 있던 강, 눈물 흘린 자현의 얼굴에 심상
치 않은 두 사람의 분위기 느낀다.

강	(자현에게) 어떠시오? 여기저기 손을 보긴 했는데... 더 고치고 싶은 데가 있으면 말씀해주시오.
자현	아닙니다. 그간 너무 관리를 잘해주셔서 새 집 같습니다. 하나하 나 살림만 채우면 되겠어요.
강	행복하십니까.
자현	... 무서울 정도로요.
강	지난 기다림의 세월 동안... (나에게) 단 한 번도 흔들린 적이 없으 십니까?
휘	(경고하는) 형님!
자현	흔들릴 새가 없었어요.

휘와 강, 자현을 본다.

자현	날마다 밤마다... 매 순간마다... 대군을 그리느라 다른 생각은 아 무것도 할 수가 없었지요.
강	......
자현	누구보다... 잘 아시리라 믿습니다.
강	(결심이 섰다/휘에게) 둘이서... 잘 살아보거라. 행복하게.
휘	......
자현	감사합니다, 대감.
강	(자현에게/중의적인) 아우가 힘들게 하면 언제든 얘기하시오. 내가 다 해결해줄 테니.
휘	형님까지 나설 일은 없게 하구 살아야지요.
자현	(환하게 웃으며) 걱정하지 마십시오, 약조를 어길 분은 아니시니까 요.
휘	(보면)
자현	돌아오겠다는 약속도 지켜주셨잖아요.

강, 사랑하는 두 연인을 보고 섰는데...

S#44. 길 (D)

자현을 바래다주는 휘. 방해 안 되게 멀찍이 뒤에 떨어져서 가는 기특과 루시개,

끝단.

자현의 앞길에 담장에서 넘어온 꽃가지가 늘어져 있으면 휘가 치워주고 햇살이
따가우면 손으로 이마를 가려주기도 하는.

기특과 끝단, 다정한 두 사람이 보기 좋아 울컥하는데... 루시개는 가슴 한구석이
아려오고.

뒤쪽 분위기 모른 채 다정히 걸어가는 휘와 자현.

휘	미안하오.
자현	? (보면)
휘	좀 더 기다리면 혼례식도 번듯하게 하고 우리 집도 더 잘 꾸밀 수 있을 텐데...
자현	! 아니에요! 전 지금 너무 좋아요!
휘	우릴 더 이상 기다리게 할 수 없어 혼례를 올려준다는 명목이지만...
자현	어리신 전하를 보위에 올린 왕실이 즈이 아버질 하루라도 빨리 배후로 세우고 싶으신 거겠죠.
휘	... (멈추는) 알고 있었소?
자현	(따라 서는) 저두 조정 대신의 딸이니까요.
휘	......
자현	이유는 아무래도 좋습니다. 마마 곁에 있을 수만 있다면.
휘	... (울컥하는데)

S#45. 자현의 집 앞 (D)

자현을 바래다준 휘 일행.

휘	(인사하는) 들어가시오.
자현	먼저 가세요.
휘	들어가는 거 보고 가겠소.
자현	마마가 가시는 걸... 보고 있겠습니다.

기특, 부럽고. 끝단과 루시개, 오글거린다. 심술 난 루시개, 받은 선물 주머니를 대문가에 툭 던져 넣고.

휘, 웃으며 돌아서는데... 기특과 루시개를 데리고 멀어져가면... 대문가에서 그 모습 보고 선 자현과 끝단.

자현	기분이 이상해.
끝단	(보면)
자현	나보다 루시개가 더 마마 가까이 있는 사람 같아.
끝단	쳐내라 하세요. 궁녀도 아닌데 뭐 저렇게 계속 붙어 다녀.
자현	생명의 은인이라고 하셨어. 3년을 한 몸처럼 함께했다는데... 그런 고마운 사람을 어찌 내가 함부로 이래라저래라 하겠어.
끝단	아씨가 무슨 기분인지 알 것도 모를 것도 같은데! 남은 날들은 아씨와 함께하시게 될 거예요. 그러니까 신경 뚝!
자현	......

자현의 서운한 마음을 알아주듯 가다가 돌아보는 휘, 손인사하는데... 같이 손 흔들어주는 자현. 휘가 사라지자 아쉬움 누르며 돌아서는데... 들어가며 대문 닫으려던 끝단, 문가에서 루시개가 버리고 간 주머니 발견하고 주워 드는.

끝단	이게 진짜... 사람 성의를 무시해도 분수가 있지... (하다가 문득 수상한데) 루시갠지 무슨갠지 딴생각하는 거 아냐?

S#46. 대군저 외경 (다른 날 N)

S#47. 대군저/창고 (N)

S#48. 창고 (N)

함에 무기들이 착착 깔린다. 어느 정도 차면 비단이 깔리고 그 위를 예물로 덮는. 무기들을 예물로 위장하는 중이다. 장정들이 준비하는 광경을 지켜보는 나겸의 표정.

S#49. 강의 처소 (N)

강과 양안대군, 자준과 어을운, 나겸이 모여 있다.

강	(나겸에게 확인하는) 예물함은 준비되었소?
나겸	완벽합니다.
양안대군	정말 혼자서 되겠느냐? 필요하면 함께하마.
강	백부님은 어마마마를 맡아주셔야지요. 전갈을 보내면, 바로 대비전으로 가십시오.
양안대군	(알겠다는)
강	(자준에게) 대전 병사들은 포섭이 되었습니까.
자준	제가 내금위장에서 떨려났다고 쉽게 배신할 애들이 아닙니다. 몇 년 동안 이 집에서 나간 용채를 받아먹고 살았으니... 시키면 하는 수밖에요.
강	신부는 부인이 맡아주시오.
나겸	자현일... 데려오라는 겁니까?
강	대제학과 거래를 제대로 하려면, 역도의 신부가 인질이 되어주어야 하오.
나겸	... 잘 가둬두지요.
강	(낮게) 다치게는 하지 마시오.
나겸	!
강	(다시 설명 계속하는) 어린것 뒤에서 국정을 어지럽힌 원상들은 모두 제거할 것입니다. 그래야 앞으로도 걸림돌이 없을 테니까.

저마다 결의에 차는데...

강	내일이면... 세상이 바뀔 것입니다.

단호한 강의 얼굴에서.

S#50. 자현의 처소 전경 (N)

S#51. 동 안 (N)

내일은 혼례일. 시집가기 전 마지막 밤을 어머니와 같이 보내는 자현이다. 나란히 펴진 이부자리 위에 자리끼와 고운 혼례복 놓였고, 모녀가 야장 입고 잘 준비하고 있다.

안씨	(혼례복 쓸어보며/감개무량한) 우리 딸, 드디어 시집을 가네? 평생 끼구 살아야 되는 줄 알았더니.
자현	자주 올게요.
안씨	(흘기며) 행여나!
자현	왕실로 시집가는 게 장점이 하나 있더라구요.
안씨	장점은 무슨. 안 되는 거 많고 눈치 볼 거 투성인데.
자현	시어머니랑 따로 사는 거.
안씨	(알아들었다/흘기는)
자현	시집살이를 안 하니까 내가 대장이잖아요. 친정에 오는 거 누가 뭐랄 사람두 없구...
안씨	벌써부터 꼼수는! 그러다 궁에 불려가 혼나는 수가 있어! 아예 들어와 살라면 어쩔래?
자현	(배시시 웃는데)
안씨	남들은 시집가는 날 친정 떠나기 싫어 울고불고 한다는데, 넌 그리도 좋니?
자현	좋아요.
안씨	아우 꼴 베기 싫어.
자현	그럼 가지 마요?
안씨	가, 가!

투닥거리며 나란히 자리에 눕는 두 사람. 안씨, 이불 위로 딸의 손 잡아본다.

안씨	잘 살아.
자현	...
안씨	늬들이 어떤 인연이냐.
자현	......
안씨	그동안 마음고생이 자심했으니 내일부터는 꽃길만 걷는 거야.

자현	(안씨에게 파고드는) 그동안 속 썩여드려서 죄송해요.
안씨	너 때문에 수명이 몇 년은 줄었어.
자현	효도할게요, 이제부터.
안씨	잘 사는 게 효도야.
자현	...... (내일이 온다는 게 꿈만 같은데)
안씨	시집가면, 어른 되는 거야.
자현	시집을 가도 어른이 되어도... 제가 어머니 딸인 거는 변함이 없잖아요.
안씨	... (눈가가 시큰한데)

S#52. 집 안 일각 (N)

자리끼 든 끝단, 자현의 처소로 가는데 득식이 불쑥 튀어나온다.

끝단	깜짝이야!

눈가가 벌건 득식, 울음을 참는 표정인데...

끝단	(뭐지?) 아씨 시집가는 게 그렇게 서운하세요? 뭘 울기까지 하고 그러세요...
득식	(버럭) 내가 뭐 자현이 땜에 우는 줄 알아?!
끝단	눈에 뭐 들어갔어요?
득식	... 넌 정녕 아무렇지도 않은 것이냐?
끝단	저야 뭐 어차피 아씨 따라가니까... 아씨가 시집간다고 크게 달라질 게 없어서.
득식	(OL) 십수년 동고동락한 이 집을! 날! ...떠나는데 아무렇지도 않냐구!
끝단	(정색하는) 도련님.
득식	(애달프게) 응...
끝단	(시선 꽂으며) 정신 좀 똑바로 챙기세요.
득식	난 너랑 평생 이 집에서 같이 살 줄 알았는데! 내 마음이 막... 이렇게... (옷을 쥐어뜯으며) 찢어지는데! 넌 어쩜 나한테 눈길 한번 안 주고.

끝단	(말 끊고) 그럼 뭐 저하구 혼인이라도 하실 거예요?
득식	! (그건 아니지)
끝단	안 되죠?
득식	(끄덕이면)
끝단	그럼 뭐 도련님 장가가기 기다렸다가 소실로 들어앉아요?
득식	(듣던 중 반가운 소리다) 내가 생각해봤는데.
끝단	그건 제가 싫어요.
득식	...
끝단	우리 사이에 뭔가 이루어질 가능성은 요만큼도 없죠?
득식	...... (말문이 막히고)
끝단	내일 일찍 일어나야 되니까 얼른 가서 주무세요.
득식	(얼떨결에 끄덕끄덕)

끝단, 칭찬하는 표정 주고 시크하게 돌아서 간다. 득식, 미쳐버리겠고!

S#53. 궁가/안방 (다음 날 D)

새살림이 제법 들어와 있는 안방. 휘가 혼례복을 입고 있다. 기특, 시중드는데...

S#54. 궁가 일각 (D)

구석에 웅크리고 앉아 있는 루시개. 기특이 다가온다.

기특	너 정말 안 갈 거야?
루시개	......
기특	우린 출발한다?
루시개	......
기특	정신 차려. 마마는 이 나라 대군이야. 엄한 마음 품어봤자 너만 깨져.
루시개	내 맘은! 내 꺼야!
기특	(쪼그리고 앉아 루시개와 눈높이 맞추며) 그럼 그거 밖으로 꺼내지 마.
루시개	!
기특	니 맘 너만 알고 아무한테도 보이지 마.

루시개   (열 받고 슬픈데)

S#55. 자현의 집 전경 (D)

하인들이 문을 연다. 손님 맞을 준비하는 잔칫집 풍경.

S#56. 길 (D)

신랑 휘 일행이 가고 있다. 루시개 없이 기침만 따라가고. 혼주이자 사자인 강이 앞장선다. 초요경이 매수한 자객단 단장과 수하들이 함을 메고 따라가고.

신랑 일행 구경하는 동네 사람들 중에 자객단 단원들 섞여 있다. 구경꾼들 속에 얼굴 가린 초요경이 일행을 보고 있다. 단장 얼굴 확인하고 인파 속으로 숨어버리는 초요경.

단장이 눈짓하면, 자현의 집 쪽으로 가는 자객들. 함꾼으로 위장한 자객들과 무장한 채 구경꾼으로 위장한 자객들, 두 팀이다.

S#57. 자현의 처소 (D)

혼례복 다 차려입은 자현. 안씨가 지켜보는 가운데 끝단이 신중한 손놀림으로 신부의 얼굴에 연지 곤지를 찍는다. 마지막으로 다 찍고 경대 보여주는 끝단. 자현, 경대에 비치는 자신의 얼굴 확인하고.

S#58. 자현의 집 앞/대문가 (D)

신랑의 행렬이 당도하고. 휘를 돌아보는 강. 형을 보는 휘. 형제의 마지막 눈빛이 교차하고.

강   신랑이 당도했다. 신랑, 은성대군 이휘가 입장한다 이르라!

대문이 열린다. 강이 앞장서고 일행들 들어간다. 문지방을 넘어가는 휘.

S#59. 궁가 (D)

루시개, 혼자 돌멩이 차며 돌아다니다가 안 되겠다, 휘가 장가가는 거 보려고 집을 나서는데...

S#60. 자현의 집 담장가 (D)

무기를 숨긴 자객들이 담장 밑으로 붙는다.

S#61. 동 안 (D)

신랑 일행이 다 들면, 어을운이 기다렸다 대문에 빗장을 지르고.

S#62. 자현의 처소 (D)

끝단, 자현의 옷매무새 점검하는데... 자현은 이제 정말 시집간다는 생각에 긴장하고.

문 열리고 득식이 고하는.

득식   어머니! 신랑이 왔답니다!
자현   ! (흥분 오르고)
안씨   그래? (자현 살피며) 이제 다 된 거지? 빠진 거 없지?

끝단이 새삼 자현 살피고 안씨, 서둘러 나간다.

S#63. 자현의 집/마당 (D)

신랑 일행을 맞으러 나온 성억과 안씨, 끝단과의 이별에 심란한 득식. 마당에는 흐뭇하게 보는 김추와 도연수 등 서 있고.

강, 어을운에게 시선 주면. 어을운, 준비하고.

성억	오시느라 수고하셨습니다.
안씨	아니 무슨 함들이 저리 많아요? 약식으로 한다더니 예물을 얼마나 가져오셨길래...
휘	... (문득 이상하고)
강	보시겠습니까?

위장한 함꾼들, 일사불란하게 함을 풀어헤치고!

| 김추 | (의아한) 아니 혼례를 진행해야지 마당에서 무슨 예물부터... |
| 휘 | (뭔가 이상한데) |

함마다 덮여진 비단들! 일제히 헤쳐지고 무기 나오면! 함꾼들, 무기 들고 김추와 도연수에게로 달려가는데!

| 강 | (당황한 척) 무슨 짓들이냐! (휘 돌아보고) |
| 휘 | 형님! |

어을운과 기특, 각자의 주인인 강과 휘를 보호하려 하고. 어을운은 숨겨둔 단도를 꺼내서 방어한다. 단장이 호각 불고!

S#64. 담장 (D)

호각 소리에 무기 꺼내며 일제히 담을 넘어가는 자객들!

S#65. 자현의 처소 (D)

아무것도 모르고 마냥 기다리고 있는 자현.

S#66. 마당 (D)

경악한 휘! 분노하는 강!

| 강 | 웬 놈들이냐! |

단장, 도연수부터 벤다! 무너지는 도연수! 기특과 어을운은 강과 휘를 지키려 애쓴다! 휘는 사태 파악이 안 되고!

단장은 도연수에 이어 김추를 베러 가고! 자객1이 강을 공격하러 온다! 어을운 이 자기 팔로 막아내며 강에게 오는 칼날을 막아주고! 위기감 느낀 휘! 자객을 제압하고 무기를 빼앗아 대적한다! 결사적으로 강에게 달려드는 자객1! 휘와 어을운, 기특이 물리쳐주는데! 아수라장이 된 잔치판! 도망가는 손님들! 하인 들! 하녀들! 성억과 득식, 안씨를 보호하는 데 급급한데...

S#67. 자현의 처소 (D)

자현, 끝단이와 함께 나갈 준비하는데... 밖에서 비명 소리!

자현	(넋어서 보며) 이게 무슨 소리야?
끝단	(저도 의아한) 아씨, 잠시만요. 나가서 보고 올게요.

끝단, 나가는데. 자현, 걱정돼서 밖을 살피고.

S#68. 마당 (D)

휘와 어을운이 물리쳐주지만 마지막 순간, 자객의 칼이 강의 팔을 벤다! 얼굴로 피가 튀고! 피로 물드는 강의 얼굴!

놀란 휘가 자객을 베어버리고! 치명상을 입고 쓰러지는 자객1. 숨은 붙어 있다.

마당에 쓰러진 시체들! 나와서 본 끝단, 경악해서 다시 별채로!

S#69. 신당 (D)

나겸이 향을 피워놓고 절하고 있다. 지아비가 성공하기를 간절히 바라는 마음으 로 공들여 절하는데...

S#70. 자현의 집/자현의 처소 (D)

자현, 바깥의 소란에 얼굴을 내미는데... 다급히 뛰어든 끝단, 경악하며 자현을 안으로 밀어 넣는다.

끝단	아씨! 전쟁 났어요! 전쟁!
자현	뭐?
끝단	사람이 죽고! 다들 막 싸우고 있어요!

놀란 자현, 끝단을 뿌리치고 달려 나간다!

끝단	아씨! 안 돼요! 가면 죽어요!

달려가다 바닥에 떨어지는 족두리! 자현, 아랑곳없이 달려간다!

S#71. 마당 (D)

노구의 몸으로 힘겹게 저항하는 김추! 휘, 김추를 구하러 가는데! 한 발 늦었다! 단장이 김추를 베고!

휘	대감!

휘, 단장과 일전을 벌일 각오로 달려가는데! 휘를 외면하고 가버리는 단장! 살육을 끝낸 자객들, 단장 따라 도망가고. 휘, 쓰러진 김추에게 가는.

김추	... (죽어가는) 궁으로! 궁으로 가세요, 대군!
휘	(미어진다/아들처럼 죽어가다니) 함께 가시지요!
김추	난군들입니다! 가서 전하를 지키세요! 전하께 무슨 일이 있을지 알 수 없습니다!
휘	... (눈물이 터지는) 아드님도 저 대신 죽었습니다! 좌상을 두고 갈 수는 없습니다!
김추	관이의 죽음을 헛되이 하지 마십시오! 가서 전하를... 지키세요!

김추의 숨이 넘어가고. 휘, 미치겠는데! 자현이 왔다!

자현   마마!

휘, 경악으로 눈이 커지고!

휘   (다급한) 오지 마시오!

자현, 달려온다. 휘, 죽은 김추를 놓고 자현에게 가는.

자현   (경악으로 떨리는) 이게 무슨 일입니까! 누가 이런 짓을!
휘   아직은 모르오! 내 뒤에 꼭 붙어계시오!

다가오는 강. 피로 물든 강의 모습에 놀라는 자현!

강   궁으로 가자. 무슨 사단이 난 게 틀림없어!
휘   (보면)
강   어서! 놈들이 범궁을 하면 어찌하려고!
휘   (자현 때문에 망설이는데)

강, 상처의 고통에 주저앉는.

휘   형님! (다가드는데)
강   너라도 가거라!
자현   (휘 보내는) 가서 전하를 지키세요! 형님은, 저한테 맡기시구요.
휘   ...... (갈등하고)
강   (힘겹게 일어난다) 이 집 식구들은 우리가 책임지겠다. 어서 가서 궁
           에 사태를 알려!

휘, 자현의 손 한번 잡아준다. 안타까이 떨어지는 두 연인의 손길! 강, 이를 지켜
보고! 달려 나가는 휘! 따라가는 기특!

S#72. 자현의 집 앞 (D)

타고 온 말에 올라타는 휘! 기특도 다른 말 잡아타는데!

기특   이게 무슨 일입니까, 마마! 자객들이 진양대군과 대신들을 노렸
                 어요!
휘   일단 궁으로 가자! 전하가 무사하신지 확인을 해야 해!

이랴! 박차를 가하면, 달려 나가는 말들! 뒤이어 도착하는 루시개. 휘와 엇갈리
고 만다.

S#73. 다시 자현의 집 마당 (D)

자객들이 빠져나간 잔칫집. 성억과 안씨가 자현에게 달려오고.

안씨   (혼비백산한) 자현아!
성억   몸은 괜찮은 것이냐? 다친 데는 없고?
자현   (정신이 없다) 아버지는요? 어머니는 괜찮으세요?

강, 쓰러진 자객에게 다가간다. 어을운에게 칼 건네받고 바닥의 자객에게 겨누
는!

강   누구냐! 누구의 사주를 받고 온 것이냐!
자객   ... (고통의 신음만)
강   (자객의 상처를 발로 누르고) 누가 시킨 일이냐고!
자객   으악!
강   (누르고 있으면)
자객   난 모른다.
강   (짓이기는데)
자객   (비명을 지르고)

칼끝을 자객의 목에 겨누는 강. 칼끝이 자객의 목을 파고든다.

자객	......
강	(칼 더 깊숙이)
자객	은... 은성.
자현	! (돌아보는)
자객	은성대군의 사주다.

소스라치는 자현! 원하는 대답을 들은 강의 얼굴에서 엔딩!

대군, 사랑을 그리다 1

초판 1쇄 인쇄 2019년 2월 25일
초판 1쇄 발행 2019년 3월 5일

지은이 조현경
발행인 박효상
총괄이사 이종선
편집장 김현
기획·편집 김설아 김효정 신은실
교정 김정연
디자인 이연진 김성엽
마케팅 이태호 이전희
관리 김태옥

종이 월드페이퍼 **인쇄·제본** 현문자현
출판등록 제10-1835호
발행처 사람in
주소 04034 서울시 마포구 양화로11길 14-10(서교동) 3F
전화 02) 338-3555(代) 팩스 02) 338-3545
E-mail saramin@netsgo.com
Homepage www.saramin.com

:: 왼쪽주머니는 사람in의 임프린트입니다.
:: 책값은 뒤표지에 있습니다.
:: 파본은 바꾸어 드립니다.

ISBN 978-89-6049-752-8(04680)
    978-89-6049-751-1(세트)